Estratégias de Diferenciação

Idéias para obtenção de vantagem competitiva em cenários cada vez mais concorridos

Estratégias de Diferenciação

Idéias para obtenção de vantagem competitiva em cenários cada vez mais concorridos

Edilberto Camalionte (coordenador)

André Eduardo Santos

Carlos Roberto Lago Parlatore

Celi Langhi

Claudia Ghitelar

Daniel Capel

Fernanda Czarnobai

Renata Sasaki

René Eduardo de Salomon

Walter Malieni Jr.

Estratégias de Diferenciação:
idéias para obtenção de vantagem competitiva em cenários cada vez mais concorridos
Copyright © DVS Editora 2006

Todos os direitos para a língua portuguesa reservados pela editora.

Nenhuma parte desta publicação poderá ser reproduzida, guardada pelo sistema *retrieval* ou transmitida de qualquer modo ou por qualquer outro meio, seja este eletrônico, mecânico, de fotocópia, de gravação, ou outros, sem prévia autorização, por escrito, da editora.

Revisora(s): Vera Lúcia Ayres da Costa
Mônica Aguiar
Produção Gráfica, Diagramação: ERJ Composição Editorial
Design da Capa: Spazio Publicidade e Propaganda
ISBN: 85-88329-36-0

Dados Internacionais de Catalogação na Publicação (CIP)
(Câmara Brasileira do Livro, SP, Brasil)

Estratégias de diferenciação : idéias para obtenção de vantagem competitiva em cenários cada vez mais concorridos / Edilberto Camalionte , (coordenador) . -- São Paulo : DVS Editora, 2006.

Vários autores.
Bibliografia

1. Administração de empresas 2. Diferenciação (Sociologia) 3. Empresas - Responsabilidade social 4. Gestão do conhecimento 5. Governança corporativa 6. Marketing social 7. Planejamento estratégico I. Camalionte, Edilberto.

06-2208 CDD-658.4012

Índices para catálogo sistemático:

1. Estratégias de diferenciação : Vantagens competitivas : Administração de empresas

658.4012

Prefácio

Há tempos acompanhamos a evolução das estratégias empresariais, cada vez mais complexas, coerentes com um cenário cada vez mais competitivo, não apenas entre as empresas brasileiras, mas com o padrão globalizado que o futuro exige.

Até pouco tempo, as empresas conseguiram se diferenciar por ter um produto inovador, preços competitivos, uma distribuição adequada ou uma marca que tomasse conta da cabeça do então fiel consumidor.

Hoje a realidade é outra. A empresa que não consegue ter excelentes produtos perto do consumidor, com preços competitivos e uma marca forte, certamente passará por grandes problemas, se ainda não sucumbiu. Essas são precondições para participar do mercado, e não a certeza do sucesso. As empresas passaram a buscar estratégias para serem vistas de um modo diferente pelos seus consumidores.

A primeira fase foi tentar se diferenciar pela qualidade no atendimento aos clientes. No Brasil, várias iniciativas nesse sentido resultaram no Código de Defesa do Consumidor, na profissionalização dos Serviços de Atendimento ao Cliente (SAC) e na criação de uma cultura em que o cliente está no centro do processo. Assim surgiu a Administração em Marketing, uma forma de mostrar para o mercado que todas as suas ações têm por objetivo colocar o cliente no centro do processo.

Estamos agora na segunda fase, na qual os clientes e não-clientes passam a enxergar a empresa além da sua função óbvia — produzir bens, gerar empregos e pagar impostos. As empresas passaram a ser vistas como uma forma de ajudar a suprir determinadas lacunas em ações sociais que não conseguem ser totalmente resolvidas pelo Estado.

Algumas dessas ações que as empresas usam para que o seu papel tenha maior visibilidade são encontradas neste livro, escrito por professores do curso de pós-graduação em Administração em Marketing e Gestão de Marketing de Serviços, da Fundação Armando Alvares Penteado — FAAP.

Esta obra é dividida em cinco partes:

O primeiro capítulo, introdutório, escrito pelo professor Carlos Roberto Lago Parlatore, mostra a fundamental importância da diferenciação como ferramenta para dar às empresas a competitividade necessária em qualquer segmento e de qualquer porte.

O segundo capítulo, escrito pelos professores André Eduardo Santos e Daniel Capel, e pelas professoras Claudia Ghitelar e Renata Sasaki, é o resultado de uma profunda pesquisa, relacionada à importância da forma de captar, interpretar e distribuir um dos elementos fundamentais para a administração: a Gestão do Conhecimento. Serão mostradas várias maneiras utilizadas pelas empresas para a administração de seus negócios com base nessa técnica, e os resultados obtidos com essa forma de agir.

A terceira parte trata de outro ponto fundamental para a diferenciação: a criação e manutenção de uma forma aberta e transparente de gestão, denominada Governança Corporativa, escrita pelo professor Walter Malieni Jr. De forma objetiva, relacionará a teoria e prática empresarial, e os ganhos para as empresas que se diferenciam por adotar esse modelo de gestão.

No quarto capítulo, o leitor poderá identificar uma das formas que vem tomando cada vez mais a adoção de práticas de responsabilidade social, e sua divulgação, que se transforma em Marketing Social. São vários os exemplos de empresas de todos os segmentos que querem ser vistas dessa maneira, muitas com bom sucesso no que diz respeito à aceitação pelo seu público e que, assim, conseguem se distinguir de seus concorrentes. Essa estratégia foi descrita aqui pelo professor René Eduardo de Salomon, fartamente pontuada com exemplos do mercado brasileiro.

Por fim, no quinto capítulo, poderemos conhecer uma forma de diferenciação, atribuindo à marca uma relação com aspectos culturais, na qual a empresa é vista como geradora ou mantenedora de atividades ligadas à cultura. Essa parte é explicada pelas professoras dra. Celi Langhi e Fernanda Czarnobai.

Com este livro, esperamos, ajudar os empresários na formulação de estratégias inovadoras, que possam tornar nossas empresas mais competitivas e que possam criar mais diferenciação. Aos alunos e estudiosos, esperamos que ele sirva de inspiração para que consigam desenvolver outras pesquisas nessa área, uma das mais dinâmicas e importantes, já que servem de base para as demais ciências empresariais, como marketing, finanças e gestão de pessoas.

Boa leitura!

Edilberto Camalionte
Coordenador dos cursos de pós-graduação em Marketing,
da Fundação Armando Alvares Penteado — FAAP,
e organizador do livro.

Sumário

CAPÍTULO I

Administração e Planejamento Estratégico, Ferramentas Indispensáveis na Obtenção da Vantagem Competitiva ... 1

Um Mundo Repleto de Mudanças 2
Reações Adversas a Novas Idéias: as Tribos *Dexa* e *Komuta* 3
Produtos Virando *Commodities* 4
Diferenciação pelos Serviços, pela Causa, pelas Estratégias 7
Conceituando a Estratégia 8
Tipos de Estratégias Empresariais 11
A Diferenciação Obtida pelos *Clusters* e pelos Grupos
Estratégicos Competitivos 14
Gestão Estratégica 16
O Processo de Definição da Estratégia 17
A Função do Planejamento Estratégico 18
O Diagnóstico Estratégico 19
A Análise Externa: Ambiente Geral e o Ambiente de Negócio 19
Ambiente Interno/Operacional 27
A Definição das Diretrizes Organizacionais 31
A Visão 33
Os Objetivos Estratégicos 34
O Estabelecimento do *Mix* Estratégico. A Formulação da Estratégia ... 35
A Implementação da Estratégia 36
Conclusão 37

Capítulo 2
A Gestão do Conhecimento
Como um Recurso Competitivo   39

A Gestão do Conhecimento e a Sociedade em Rede 40
Atualidades de Gestão do Conhecimento 62
Contextualizando Gestão do Conhecimento 68
Fatores que Contribuem na Aplicação da Gestão
do Conhecimento 90
Gestão do Conhecimento e a Capacidade de Competir da Empresa 106
Conclusão 122
Bibliografia 123

Capítulo 3
A Importância da Governança Corporativa para
a Gestão Estratégica das Empresas   131

Introdução 132
Os Desafios da Separação entre Propriedade e Controle 133
A Quem as Empresas Devem Servir? 139
O Exercício do Controle das Corporações por Parte dos Acionistas 142
A Importância das Decisões dos Conselhos para a Conquista de
Investidores e Recursos 144
Práticas Diferenciadas de Governança Corporativa no Âmbito
dos Conselhos 146
A Influência das Práticas Diferenciadas de Governança sobre o
Valor de Mercado das Empresas 159
As Iniciativas Brasileiras de Aprimoramento da Qualidade das
Práticas de Governança Corporativa 163
Construção de Marcas Fortes e Geração de Valor aos Acionistas 169
Conclusão 178
Bibliografia 179

Capítulo 4
Responsabilidade Social, um Problema de Todos — 183

Responsabilidade Social, um Problema de Todos 184
Fortalecimento da Sociedade Civil 186
Marco Legal das Entidades sem Fins Lucrativos 189
Cidadania Corporativa (A Diferença entre Investimento Social
Privado e Responsabilidade Social Empresarial) 190
A Construção da Imagem por Meio das Relações Públicas 192
A Responsabilidade Social e as Empresas Exportadoras 193
Os Novos Padrões de Responsabilidade Social 195
A Declaração Universal dos Direitos Humanos da ONU e o Local
de Trabalho 200
Um Quadro Exploratório das ONGs no Brasil 202
O Terceiro Setor 204
Projetos Sociais 227

Capítulo 5
Marketing Cultural: Princípios e Práticas — 231

Introdução 232
Marketing Cultural 239
Marketing Cultural no Brasil e no Mundo 249
Legislação 254
Marketing Cultural e Financiamento da Cultura nos Estados Unidos 256
Marketing Cultural e Financiamento da Cultura na Alemanha 260
Marketing Cultural e Financiamento da Cultura na França 262
O Processo de Marketing Cultural 264
Conclusão 274
Bibliografia 274
Webgrafia 275

Anexo A

Lei Rouanet: nº 8.313, de 23/12/91   277

CAPÍTULO 1
Disposições Preliminares 278

CAPÍTULO 2
Do Fundo Nacional da Cultura – FNC 281

CAPÍTULO 3
Dos Fundos de Investimento Cultural e Artístico – FICART 284

CAPÍTULO 4
Do Incentivo a Projetos Culturais 287

CAPÍTULO 5
Das Disposições Gerais e Transitórias 293

Anexo B

Lei nº 9.874, de 23/11/99   297

CAPÍTULO 1

Administração e Planejamento Estratégico, Ferramentas Indispensáveis na Obtenção da Vantagem Competitiva

Carlos Roberto Lago Parlatore

Agradeço a Deus: a vida, a família e os verdadeiros amigos.

Um Mundo Repleto de Mudanças

Dentro do grupo de perguntas fáceis de serem respondidas, existem aquelas consideradas óbvias, como a que farei agora: Alguém ainda não percebeu que o mundo está mudando, e rapidamente? Não precisamos nos esforçar para notar essa mudança, não é mesmo?

Tudo muda o tempo todo, menos o eterno mudar, dizia Heráclito, séculos atrás.

Mudanças efetivadas nos conceitos, nos modelos, nos paradigmas. Mas o que são paradigmas? Como eles agem e afetam nossa existência? Paradigma, palavra de origem grega, significa exatamente conceitos, modelos que aprendemos a aceitar como válidos para explicar uma determinada situação.

Um paradigma é mudado quando se muda o conceito sobre alguma coisa ou situação. Dessa maneira, tudo tende a voltar ao começo, ao zero mesmo, e um novo conceito se estabelece como válido. Enfim, a mudança de um paradigma enseja uma nova idéia, um novo conceito em se fazer, processar ou produzir algo.

Justamente por isso, a mudança de um paradigma é, a princípio, difícil de ser aceita, até que se prove que ela seja melhor que o conceito anterior. Afinal, quem já não experimentou barreiras ao lançar uma nova idéia?

Maquiavel já dizia que "não há nada mais difícil de manipular, mais arriscado de conduzir, mais incerto de ser bem-sucedido do que liderar a implementação de uma nova ordem".

Foi assim com Galileu Galilei, no século XVI, quando demonstrou que era a Terra que girava em torno do Sol, e não o contrário.

Também foi assim com Charles Darwin, quando demonstrou em sua teoria da evolução das espécies que o homem poderia ser descendente de primatas.

Foi assim também com Henry Ford, que inventou o automóvel, acabando de vez com a era dos carros de tração animal.

Todos foram desacreditados no início, quando apresentaram suas idéias, até que elas fossem suficientemente comprovadas.

Sabem por quê? Porque é mais fácil deixar tudo como está a se aventurar em uma nova empreitada. Sair da zona de conforto custa, no mínimo, a vontade para mudar.

Capítulo I ■ Administração e Planejamento Estratégico...

Reações Adversas a Novas Idéias: as Tribos *Dexa* e *Komuta*

Existe uma lenda que exemplifica as reações humanas diante de novas idéias. É a lenda sobre duas tribos de índios que viveram muitos anos atrás em uma área cercada por florestas. Uma delas chamava-se *Dexa* e a outra, *Komuta*.

Essas tribos eram compostas por guerreiros primitivos que ainda não conheciam o fogo, e se alimentavam da carne de animais da floresta, notadamente búfalos.

Por não conhecerem o fogo, eles comiam a carne crua desses animais. O sabor era sempre o mesmo, mas era esse o modelo, o paradigma conhecido até então.

Um dia, após uma forte tempestade, um raio caiu sobre uma árvore, incendiando-a. O fogo atingiu parte da floresta à sua volta, e por causa disso os búfalos que ali se encontravam acabaram padecendo no incêndio.

A partir desse dia, os índios das duas tribos comeram a carne dos búfalos da maneira como a encontraram, ou seja, assada, e a apreciaram muito mais do que aquela que até então conheciam.

Como os índios já sabiam que a carne assada era melhor do que a crua e isso era resultado do fogo, agora conhecido, o que eles faziam toda vez que queriam comer carne de búfalo? Colocavam fogo na floresta.

É isso mesmo. Esse passou a ser o novo conceito, o novo paradigma. Carne é para ser comida assada, portanto, é necessário incendiar a floresta para assá-la.

E assim os índios viveram por muitos anos, queimando suas florestas, mas apreciando o sabor da carne de búfalo assada. Eles perceberam, então, que precisavam se organizar para manter as florestas vivas, pois elas acabariam sumindo se não fossem replantadas.

Ao lado do pelotão de homens encarregados de incendiar as florestas para que todos comessem a carne assada, os chefes criaram grupos de homens encarregados de replantar as florestas, de recolher os animais, de guardar os animais etc.

O tempo foi passando, até que um guerreiro mais atento e criativo procurou o chefe de uma das tribos, a *Dexa*, e mostrou-lhe uma nova idéia, uma nova invenção, algo que revolucionaria o modelo, o conceito, o paradigma até agora conhecido: a **churrasqueira**!

Com isso, ninguém precisaria mais queimar toda a floresta, mas apenas um pouco de madeira para conseguir o fogo e com ele assar a carne.

O chefe da tribo *Dexa* achou a idéia fascinante, incrivelmente criativa, ótima!

Então, levaram a idéia ao chefe da outra tribo, a *Komuta*, que teve a mesma reação do chefe da tribo *Dexa*. Entretanto, em seguida, seu semblante mudou, denotando que algo o estava preocupando.

Afastando-se um pouco do local e levando consigo o chefe da tribo Dexa, ele lhe confessou que a idéia era realmente revolucionária, magnífica, muito criativa mesmo. Mas havia um problema: o que fazer com o batalhão de homens contratados para queimar as florestas; para replantar as florestas, para recolher e armazenar os animais, enfim, o que dizer à tribo? E como mostrar uma idéia tão criativa que não havia sido pensada e apresentada por eles há mais tempo?

A idéia era ótima, mas ele disse ao amigo: "Vamos deixar assim mesmo. Vamos continuar do jeito a que estamos habituados; e mais, vamos nos unir para evitar que outras idéias do gênero nos tirem da zona de conforto tão desejada".

Ao se unirem, as duas tribos então formaram uma só, com o nome *Dexakomuta*, que com o tempo foi mudando sua forma de pronúncia e escrita, passando primeiro a se chamar *Deixakomuta,* depois, *Deixacomuta,* e finalmente *Deixa como tá.* E a churrasqueira só foi conhecida séculos depois.

Os *"Deixa como tá"* estão até hoje entre nós, atrapalhando novas e boas idéias, impedindo que melhores idéias apareçam e sejam implantadas, nos levando à tão conhecida zona de conforto. Às vezes, sem que percebamos, nós mesmos agimos como os *"Deixa como tá"* — ou será que não?

Produtos Virando *Commodities*

Voltando ao tema mudanças, o jornal *O Estado de S. Paulo*, em matéria publicada em 2001, afirmou que o mundo mudou mais nos últimos 50 anos do que em toda a sua existência.

Parece incrível, mas como indicado por Kotler (1997), perto de 90% de todos os cientistas que já viveram na história da humanidade estão vivos e em atividade hoje em dia.

Esse tipo de pesquisa científica sem precedentes está contribuindo significativamente para o aumento no índice de mudanças nas tecnologias e nos

Capítulo I ■ Administração e Planejamento Estratégico...

processos disponíveis a todos nós. E isso tem sido associado a um encurtamento do período de comercialização das novas invenções.

A fotografia, por exemplo, levou mais de um século (112 anos) desde a sua invenção até a viabilidade comercial; o telefone encurtou essa distância pela metade, e ainda assim foram necessários 56 anos; o aparelho de televisão, vejam só, 12 anos, e o transistor, somente três anos. O processador Pentium levou somente um mês, desde seu nascimento tecnológico, para estar disponibilizado comercialmente.

Visto de outra maneira, o telefone levou 40 anos para atingir 10 milhões de usuários no mundo todo; a televisão, 18 anos; o computador pessoal, 15 anos; e a *World Wide Web*, somente cinco anos. Durante 2002, o bilionésimo PC (computador pessoal) foi produzido pelo setor de computadores, e prevê-se que o segundo bilionésimo seja produzido durante os próximos seis anos.

Há 15 anos, não tínhamos no Brasil sequer o advento comercial da telefonia celular. É isso mesmo... ela ainda não estava comercializada por aqui em 1990.

Hoje temos mais de 80 milhões de aparelhos celulares em uso no Brasil, e cerca de 1 bilhão no mundo. Ou seja, um em cada seis habitantes do planeta já faz uso dessa tecnologia, que permite aproximar ainda mais as pequenas distâncias entre as pessoas.

Há apenas 20 anos, o uso dos indispensáveis computadores pessoais era incipiente. Entretanto, Bill Gates já escreveu, em 2003, que esses hoje indispensáveis computadores em breve desaparecerão. Eles serão cada vez mais interligados a outros produtos.

Estima-se que nos Estados Unidos as pessoas já interagem, todos os dias, com 150 sistemas de computação "embarcada", produtos como telefones celulares, *palms*, bombas de gasolina e sistemas de pagamento no ponto-de-venda, utilizando-se de 90% dos microprocessadores atualmente em uso. (HOOLEY *et al.*, *Estratégia de marketing e posicionamento competitivo*, 2005.)

Da mesma forma, a Associação da Indústria de Semicondutores estima que, somente em 2001, o setor de *microchips* tenha produzido em torno de 60 milhões de transistores para cada homem, mulher e criança na face da Terra. Esse número deve aumentar para cerca de 1 bilhão até 2010. (HOOLEY *et al.*, 2005.)

Toda essa tecnologia é hoje maciçamente disponibilizada a preços reduzidamente inferiores. A revista *The Economist*, em 2001, publicou um comparativo demonstrando que o preço de 1 MHz de poder de computação, que em 1970 custava US$ 7.601, em 1999 era de apenas US$ 0,17. O custo de transmitir

Estratégias de Diferenciação

1 trilhão de *bits* também foi drasticamente reduzido de US$ 150.000 para desprezíveis US$ 0,12, nesse mesmo período.

É isso mesmo! Os preços, o tempo e a distância estão reduzindo-se rapidamente, com as empresas utilizando a Internet para comercializar as suas ofertas em mercados verdadeiramente globais. Um resultado é que agora estão surgindo segmentos de mercado que rompem as barreiras entre as nações, desde produtos e serviços de *fast-food*, passando por livros e brinquedos, até computadores e automóveis. Ao menos no ciberespaço, o mundo sem fronteiras de Ohmae (1990) já existe.

Com tanta rapidez e velocidade, como produzir diferenciais competitivos no mundo de hoje? Olhe à sua volta. Hoje estamos cercados de diferentes ofertas de produtos para a satisfação de nossos hábitos, desejos e de nossas necessidades.

Necessidade... mas o que significa, na realidade, essa palavra? Por vezes, nem sabemos que as temos, mas logo descobrimos, tal é a criatividade das ofertas que parecem preencher uma lacuna que não temos certeza de que está aberta.

Necessidades sendo preenchidas por produtos e serviços à nossa disposição. Diferentes escolhas, múltiplas utilidades, uma infinidade de produtos dispostos e preparados para preencher essa lacuna e satisfazer essa tal de "nossas necessidades". Philip Kotler (2000) já afirmou que o marketing não cria necessidades, mas apenas as identifica, para que possam ser satisfeitas.

Então, de novo eu proponho, olhe para o mundo à sua volta, um mundo repleto de produtos. Vamos lá, escolha um, preencha sua lacuna de necessidades. É fácil? Nem tanto. E por quê? Por uma simples razão: os produtos são todos muito parecidos. Mesmo sabendo que a perfeição está longe de existir, como escolher aquele que realmente nos satisfaça plenamente?

Olhe, por exemplo, para os automóveis no segmento menos sofisticado. Qual a diferença entre o Corsa, da GM, o Fiesta, da Ford, e o Pálio, da Fiat, entre outros?

Todos eles têm a mesma potência, praticamente os mesmos acessórios, *design* muito parecido e quase o mesmo preço. E as cores então? Todos dispõem de várias opções, mas, pensando bem, para que tantas cores se a maioria acaba sendo da dupla chamada "PP". Não, não se trata de nenhum outro partido político, mas, sim, das cores Preta e Prata mesmo. Portanto, como diferenciar esses carros?

E a moda? Ah, aí diferenciação fica ainda mais difícil. As mesmas cores, o mesmo corte, o mesmo caimento, tecidos praticamente idênticos.

No segmento dos equipamentos e eletrodomésticos, a diferenciação acaba sendo novamente dificultada. Sem contar a tecnologia, que pouco se diferencia entre eles, o *design* também acaba sendo muito parecido. Há algum tempo, os televisores eram pretos e os computadores pessoais, beges. Hoje temos exatamente o contrário: todos os PCs foram tingidos de preto e os televisores são agora beges ou prata.

Podemos ainda citar vários exemplos, como os relógios de pulso com tecnologia muito semelhante, as marcas de calçados, o estilo arquitetônico dos apartamentos, a decoração dos ambientes internos, enfim, uma infindável série de exemplos para comprovar o que estamos querendo dizer: que os produtos viraram *commodities*. Sim, *commodities*, do termo comum, igual, muito parecido.

Então, novamente, como diferenciá-los? Quais deles preenchem melhor nossa lacuna de necessidades?

Diante de tanta padronização, de tanta semelhança em tecnologia e *design*, a diferenciação acaba vindo por outros atributos que não somente a qualidade do produto em si. Até porque qualidade não é hoje objeto de diferenciação, é, ou deveria ser premissa.

É como honestidade, que nunca deveria ser citada como qualidade, e, sim, como premissa básica em qualquer relação. Mas deixemos isso de lado, pois este não é um livro para tratar dessas importantes filosofias de vida, não é mesmo?

Diferenciação pelos Serviços, pela Causa, pelas Estratégias

A tão estimulada diferenciação pode vir aliada aos detalhes, como menciona Tom Colleman em seu livro *Nos bastidores da Disney*, no qual ele cita a atenção aos detalhes como uma importante característica dessa notável organização, diferenciando-a das demais em seu segmento.

A diferenciação é feita, nesse caso, por meio dos serviços — estes, sim, ainda muito distantes da excelência atingida por alguns produtos. A diferenciação é feita pela atenção, pelo atendimento, pela confiança/credibilidade, pela ética e integridade demonstradas por determinada organização. Não fosse assim, por que alguém abriria uma conta-poupança no Bradesco, Unibanco ou Itaú se as taxas de rendimento são idênticas?

Quem determina a rentabilidade das aplicações em poupança não é a instituição bancária, mas, sim, o Banco Central — e essa também é padronizada, é igual para todos os bancos. A diferenciação, nesse caso, é feita por meio da confiança, da credibilidade e, é claro, por oferecer um atendimento adequado.

A diferenciação também pode se dar por meio de uma causa, seja ela de naturezas distintas, como social, cultural, ou até mesmo, e mais recentemente, ambiental. E também por causas que são identificadas com nossas crenças, nossos valores e hábitos. É o caso, por exemplo, da British Air Lines, que mantendo a necessária qualidade de seus vôos se diferenciou dos concorrentes, outras companhias aéreas, pela causa defendida com extrema criatividade. Em parceria com a Unicef, a British decidiu, estimular os passageiros, que regressavam para casa a bordo de suas aeronaves, a doar para a instituição as moedas recebidas de diferentes países, ajudando com esse gesto as crianças carentes do mundo todo.

Aquelas moedas, quando levadas aos países de origem dos passageiros, muitas vezes, se transformariam em uma grande inutilidade, e se perderiam por não poderem ser utilizadas como dinheiro. Em cinco anos, mais de 7 milhões de libras esterlinas, cerca de R$ 35 milhões, foram arrecadados com essa campanha de natureza social.

Com a crescente dificuldade em ser diferente em um mercado altamente competitivo, a diferenciação é também perseguida pela adoção de parcerias estratégicas, como a construção de grupos estratégicos competitivos.

No mercado atual, obter vantagem competitiva tornou-se o grande alvo, o grande objetivo para a obtenção do esperado êxito nos negócios. Oferecer algo, que, embora pareça semelhante, traz consigo o tão desejado diferencial que o torna especial, tornou-se, portanto, o grande desafio.

Mas isso não se obtém de maneira empírica e desestruturada, em um mundo tão competitivo e ávido por resultados. Deve se organizar estratégias.

A seguir, apresentamos uma visão geral sobre estratégia empresarial e sua importância para o mundo dos negócios.

Conceituando a Estratégia

A origem militar da estratégia

Há cerca de 2.500 anos, na China, Sun Tzu escreveu um livro extraordinário chamado *A arte da guerra*. Ele nos ensina que o mérito supremo consiste em quebrar a resistência do inimigo sem lutar.

Capítulo I ▪ Administração e Planejamento Estratégico...

E o mais importante: *A arte da guerra* mostra com grande clareza como tomar a iniciativa e combater o inimigo, qualquer inimigo. Sun Tzu escreveu: "Se você se conhece e ao inimigo, não precisa temer o resultado de uma centena de combates".

As verdades de Sun Tzu podem, da mesma forma, mostrar o caminho da vitória em todas as espécies de conflitos comerciais comuns, batalhas em salas de diretoria e na luta diária pela sobrevivência, que todos nós enfrentamos. Essa obra tem sido largamente utilizada pelos professores de Administração e Planejamento Estratégico nos cursos de pós-graduação da Fundação Armando Alvares Penteado (FAAP).

Outra figura relevante foi o general prussiano Carl Von Clausewitz, que por meio da sua grande obra *Da guerra* (1832) conseguiu expor suas idéias fundamentais sobre estratégia. Esse grande livro merece, mais do que nunca, toda a atenção dos modernos estrategistas do mundo empresarial, por realizar a façanha ímpar de proporcionar novas formas de organizar o pensamento em uma época turbulenta e oferecer um norte seguro para o mapeamento da estratégia em um ambiente instável.

Negócios e guerra podem ter muitos elementos em comum, mas como fenômenos totais permanecerão distintos para sempre pela natureza diversa e inconciliável das forças que lhes dão origem e dos resultados que engendram.

É impossível conceber atividades empresariais sem a criação de valor para benefício da sociedade ou sem o desejo das pessoas de nela se engajar produtivamente. Hoje, esse fato é mais verdadeiro do que nunca.

Tradicionalmente dominado por grandes empresas, o mundo dos negócios se tornou o palco prioritário da criatividade de cidadãos que buscam a independência econômica e a vibração do mercado.

Embora tudo tenha começado com o livro de Igor Ansoff sobre estratégia, em 1965, a difusão do conhecimento sobre o assunto intensificou-se apenas a partir dos anos 1970. Seguiu-se, então, uma explosão de demanda por livros e serviços, que passou a denominar-se planejamento estratégico.

Mais recentemente, isso passou para uma nova fase, em que não é mais usada a palavra planejamento, ficando só a palavra estratégia com conceitos amadurecidos pelo tempo.

Em pouco tempo, acumulou-se grande quantidade de conhecimentos, e hoje há uma enorme bibliografia disponível.

> Se você conhece o inimigo e conhece a si mesmo, não precisa temer o resultado de cem batalhas. Se você se conhece, mas não conhece o inimigo, para cada vitória ganha sofrerá também uma derrota. Se você não conhece nem o inimigo nem a si mesmo, perderá todas as batalhas.
> (Sun Tzu)

O grande motor dessa evolução foi o crescente grau de exigências das empresas, que queriam cada vez mais embasamento para orientar suas ações, proteger suas posições no mercado e crescer.

Nos últimos anos, os executivos passaram a viver mais intensamente o problema da definição das estratégias de suas empresas; não estavam mais se contentando com o planejamento estratégico proposto por especialistas.

Os estudiosos do assunto tiveram de melhor desenvolver os conceitos básicos e aprofundar seus conhecimentos para poder resolver problemas específicos. Uma estratégia de negócio tem diversas características específicas.

O processo de formulação da estratégia não resulta em qualquer ação imediata. Em vez disso, estabelece as direções gerais nas quais a posição da empresa crescerá e se desenvolverá.

Portanto, a estratégia deve ser usada, em seguida, para gerar projetos estratégicos por meio de um processo de busca. O papel da estratégia, nessa busca, é primeiro o de focalizar a atenção em áreas definidas pela estratégia, e, em segundo lugar, o de excluir as possibilidades não identificadas que sejam incompatíveis com a estratégia.

O conceito moderno de estratégia

O conceito moderno de estratégia nos leva a pensar que, no momento da formulação de estratégias, não é possível enumerar todas as possibilidades de projetos que serão identificadas. Portanto, a formulação de estratégias deve basear-se em informações bastante agregadas, porém ainda incompletas e incertas a respeito de classes de alternativas.

Quando a busca identifica alternativas específicas, a informação mais precisa e menos agregada que se torna disponível poderá lançar dúvidas sobre a prudência da escolha original da estratégia. Portanto, o uso apropriado da estratégia exige *feedback* estratégico em todas as suas etapas.

Uma vez que tanto a estratégia quanto os objetivos são utilizados para filtrar projetos, eles parecem ser semelhantes. No entanto, são distintos. Os objetivos estratégicos representam os fins que a empresa está tentando alcançar, enquanto a estratégia é o meio para alcançar esses fins. Os objetivos são regras de decisão de nível mais alto.

Uma estratégia que é válida sob um conjunto de objetivos pode perder sua validade quando os objetivos da organização são alterados. A estratégia e os objetivos são intercambiáveis, tanto em momentos diferentes quanto em níveis diversos de uma organização.

Assim, alguns atributos de desempenho (como participação no mercado) podem ser um objetivo da empresa em um momento e também sua estratégia em outro momento. Além do mais, à medida que os objetivos e a estratégia são elaborados por toda uma organização, surge uma relação hierárquica típica: os elementos de estratégia em um nível gerencial mais elevado tornam-se objetivos de um nível mais baixo. Essa sinergia e coerência devem sempre coexistir.

Em resumo, estratégia é um conceito fugaz e um tanto abstrato. Sua formulação tipicamente não produz qualquer ação produtiva concreta imediata na empresa.

Acima de tudo, é um processo dispendioso, tanto em termos de dinheiro quanto do tempo da administração. Como a administração é uma atividade pragmática e voltada para resultados, torna-se necessário fazer uma pergunta: Um conceito abstrato, como o de estratégia, é uma contribuição útil para o desempenho da empresa?

Um observador empresarial treinado é capaz de identificar uma estratégia específica na maioria das empresas bem-sucedidas. Entretanto, embora sejam identificáveis em muitos casos, freqüentemente as estratégias não são explicitadas. Ou elas são um conceito privado, compartilhado somente pelos mais altos administradores, ou apresentam um sentido difuso, compreendido em termos genéricos, mas raramente verbalizado, de um fim comum a toda a empresa.

Tipos de Estratégias Empresariais

Estratégias competitivas genéricas: custo; diferenciação e enfoque

A primeira é a estratégia competitiva de custo, na qual a empresa centra seus esforços na busca de eficiência produtiva, na ampliação do volume de produção e na minimização de gastos com propaganda, assistência técnica, distribuição, pesquisa e desenvolvimento etc., e tem no preço um dos principais atrativos para o consumidor. Podemos incluir nesse rol empresas como: Casas Bahia, Habib's e Wal-Mart, por exemplo.

A opção pela estratégia competitiva de diferenciação faz com que a empresa invista mais pesado em imagem, tecnologia, assistência técnica, distribuição, pesquisa e desenvolvimento, recursos humanos, pesquisa de mercado, qualidade etc., com a finalidade de criar diferenciais para o consumidor. Como diferenciação, podemos citar as canetas Mont Blanc, o restaurante Fasano, as bolsas Louis Vuitton, por exemplo.

A estratégia competitiva de enfoque significa escolher um alvo restrito no qual, por meio da diferenciação ou do custo, a empresa se especializará, atendendo a segmentos ou nichos específicos. Brastemp, chocolates Kopenhagen, e biquínis Rosa Chá são exemplos dessa estratégia.

A adoção de qualquer estratégia competitiva tem seus riscos, suas armadilhas.

Na estratégia de custos, as principais armadilhas são: a excessiva importância que se dá à fabricação; a possibilidade de acabar com qualquer chance de diferenciação; a dificuldade de se estabelecer um critério ABC de controle de custos; e, o mais importante, que apareça um novo concorrente com nova tecnologia, novo processo, e abocanhe parcela significativa de mercado ou o mercado passe a valorar o produto por critérios diferentes.

Na estratégia de diferenciação, as principais armadilhas são representadas pela diferenciação excessiva, pelo preço *premium* muito elevado, por um foco exagerado no produto e pela possibilidade de ignorar os critérios de sinalização.

Na estratégia de enfoque, o risco é de o segmento escolhido não propiciar massa crítica que permita à empresa operar.

Ainda na estratégia de enfoque, o risco é a empresa deixar de ser lembrada quando o produto for comentado, ou seja, o risco é o enfoque se dar no produto e não na empresa em si.

Estratégias de crescimento

Idealmente, uma empresa deve selecionar uma estratégia de crescimento que resulte em aumento de vendas ou da participação de mercado, e se espera que esse crescimento possibilite um aumento do valor da empresa.

O crescimento pode ser atingido de várias maneiras. O crescimento interno é conseguido por meio do aumento das vendas, da capacidade de produção e da força de trabalho. Algumas empresas buscam deliberadamente esse caminho para o crescimento, em vez de tomar os rumos alternativos da aquisição de outras empresas.

O crescimento interno, ou orgânico, não inclui apenas o crescimento no mesmo negócio, mas também a criação de negócios, seja na direção horizontal seja na vertical.

Algumas empresas optam pelo crescimento com a aquisição de outras organizações.

Crescimento por meio da integração vertical

A integração vertical envolve o crescimento por meio da aquisição de organizações diferentes em um mesmo canal de distribuição. Quando uma organização adquire outras companhias que a suprem, ela se engaja na integração inversa. A organização que adquire outras empresas que estejam mais próximas dos usuários finais do produto (atacadistas, varejistas) está engajada na integração direta.

A integração vertical é usada para obter maior controle sobre uma linha de negócios e aumentar os lucros por intermédio de maior eficiência ou melhor esforço de vendas. O Bradesco, adquirindo a financeira Fininvest, Martinelli ou Zogbi, por exemplo, está aumentando sua participação no segmento financeiro, adquirindo rapidamente conhecimento, *expertise, know-how,* o que levaria muito tempo para ser obtido internamente.

Crescimento através da integração horizontal

A integração horizontal envolve o crescimento pela aquisição de empresas concorrentes em uma mesma linha de negócios. É adotada em um esforço para aumentar seu porte, suas vendas seus lucros e sua participação potencial no mercado de uma organização.

Não há nenhum mistério em formular uma estratégia, o problema é fazê-la funcionar. É o caso da Brahma adquirindo a Pepsi-Cola, a Portugal Telecom adquirindo a Telesp Celular.

Crescimento pela diversificação

O crescimento pela diversificação, envolve o crescimento por meio da aquisição de empresas em outras indústrias ou linhas de negócios diferentes. Quando a empresa adquirida tem produção, tecnologia, produtos, canais de distribuição e/ou mercados similares aos da empresa compradora, a estratégia é chamada de *diversificação relacionada* ou concentrada. Ela é utilizada quando a organização pode adquirir maior eficiência ou impacto no mercado com o uso de recursos compartilhados. É o caso da Rede Globo adquirindo emissoras de TV, editoras, jornais e revistas, por exemplo.

Quando a empresa adquirida é de uma linha de negócios completamente diferente, a estratégia é chamada de *diversificação não relacionada* ou conglomerada. É o caso dos grupos Votorantin e Silvio Santos, investindo em bancos, indústria de cimentos, emissoras de TV, empresas de papel e celulose etc.

Uma empresa também pode crescer por meio de fusões e *joint ventures*.

Na fusão, uma companhia se une a outra para formar uma nova organização. Via de regra, as duas deixam de existir para dar lugar à empresa criada. É muito comum vermos fusões no segmento bancário, na mídia e nas grandes corporações em geral. É o caso do Bradesco incorporando o BCN, por exemplo.

Na *joint venture*, uma organização trabalha com outra em um projeto específico muito grande ou complexo para ser controlado somente por ela. A tecnologia conhecida por apenas uma delas, por vezes, não supre a total necessidade do conhecimento para explorar um novo negócio.

Na junção de capital humano, *expertise* e competência, as empresas que se unem não desaparecem do mercado, ao contrário do ocorrido nas fusões. A Autolatina foi uma *joint venture* entre a Volkswagen e a Ford, por exemplo.

A Diferenciação Obtida pelos *Clusters* e pelos Grupos Estratégicos Competitivos

Os *clusters* industriais, de serviços ou os agroindustriais podem ser de simplicidade equivalente aos de lojas comerciais nas grandes cidades ou podem, após uma longa evolução, apresentar características de complexidade muito maior. Os *clusters* mais completos devem satisfazer algumas condições que têm correlação entre si, reforçando-se mutuamente.

Veja, a seguir, alguns requisitos para que o *cluster* seja completo e se torne competitivo:

Capítulo 1 — Administração e Planejamento Estratégico...

1) Alta concentração geográfica (preferencialmente, todo *cluster* deve localizar-se em um só município).
2) Existência de todos os tipos de empresas e instituições de apoio relacionados com o produto/serviço do *cluster*.
3) Empresas altamente especializadas (cada empresa realiza um número reduzido de tarefas).
4) Presença de muitas empresas de cada tipo.
5) Total aproveitamento de materiais reciclados ou subprodutos.
6) Grande cooperação entre empresas.
7) Intensa disputa: substituição seletiva permanente.
8) Uniformidade de nível tecnológico.
9) Cultura da sociedade adaptada às atividades do *cluster*.

A principal conseqüência passa a ser a vantagem competitiva das empresas que estão no *cluster* em relação às demais empresas fora dele.

Alguns exemplos de *clusters*: na Alemanha, o *cluster* do aço, em Dormund, Essen e Düsseldorf; o *cluster* de ferramentas de marcenaria, em Velbert; o *cluster* de automóveis, em Stuttgart, Munique, Ingolstadt, Neckarsulm e Regensburg.

Na Itália, o *cluster* de móveis, na região de Brianza; o *cluster* de pedras preciosas e trabalhadas, em Carrara; o *cluster* de embaladoras, em Bolonha.

No Brasil, na região do ABC, em São Paulo, o *cluster* das indústrias automobilísticas. Em Curitiba, o *cluster* de restaurantes, no conhecido bairro gastronômico de Santa Felicidade.

A Coca-Cola e a Pepsi-Cola não formam exatamente um *cluster*, mas um grupo estratégico competitivo com características similares a de um *cluster*. De um lado, cada uma delas compete uma contra a outra, com propaganda em massa, imagem e embalagem, para a obtenção e fidelização de seus clientes.

Elas revidarão a propaganda e as promoções com todos os instrumentos competitivos, exceto um: o preço. A Coca-Cola e a Pepsi já fizeram guerra de preços, uma experiência da qual elas não têm boas lembranças, pois não obtiveram êxito.

Isso fez essas duas grandes marcas ficarem vulneráveis ao ataque de produtos substitutos, mas baratos. No Reino Unido, os substitutos foram a marca própria da Sainsbury's e a Virgin Cola, e, no Brasil, a "guerra das Tubaínas" abocanhou uma participação significativa do mercado de refrigerantes, impulsionada por preços ainda mais baixos.

Gestão Estratégica

Estratégia refere-se aos planos da alta administração para alcançar resultados consistentes com a missão e os objetivos gerais da organização. Pode-se encarar estratégia com base em três pontos de vantagem, como:

1) a formulação da estratégia (desenvolvimento da estratégia);
2) a implementação da estratégia (colocar a estratégia em ação); e
3) o controle estratégico (modificar a estratégia ou a sua implementação, para assegurar que os resultados desejados sejam alcançados).

Administração estratégica ou gestão estratégica é um termo mais amplo que abrange não somente a administração dos estágios já identificados, mas também os estágios iniciais de determinação da missão e os objetivos da organização no contexto de seus ambientes externos e internos. Desse modo, gestão estratégica pode ser vista como uma série de passos em que a alta administração deve realizar as seguintes tarefas:

1) Analisar oportunidades e ameaças ou limitações que existem no ambiente externo.
2) Analisar os pontos fortes e fracos de seu ambiente interno.
3) Estabelecer a missão organizacional e os objetivos gerais.
4) Formular estratégias (no plano empresarial, no plano de unidades de negócios e no plano funcional) que permitam à organização combinar os pontos fortes e fracos da organização com as oportunidades e ameaças do ambiente.
5) Implementar as estratégias.
6) Realizar atividades de controle estratégico, para assegurar que os objetivos gerais da organização sejam atingidos.

Gestão estratégica é tentar compreender onde você estará amanhã, e não onde você espera estar; avaliar onde você será capaz de estar e decidir onde você deseja estar. (John F. Welch Jr.)

O Processo de Definição da Estratégia

Muitos planos estratégicos meticulosamente desenvolvidos têm como base alicerces de areia: previsões que, muito provavelmente, se mostrarão totalmente erradas. Os números do planejamento de longo prazo são dominados por uma previsão de vendas gerada por tipo de produto ou de cliente, ou por região (em geral, uma projeção de aproximadamente cinco anos); as empresas, então, alocam o investimento às unidades de negócios com maior probabilidade de concretizar as previsões de vendas no longo prazo.

Depois, calculam os custos e lucros, e o processo se repete até que se produza um plano de longo prazo aceitável. Em geral, os planos incluem a erudita análise SWOT, acróstico das palavras em inglês:

- *strenghts* (pontos fortes; forças);
- *weaknesses* (pontos fracos, fraquezas);
- *opportunities* (oportunidades); e
- *threats* (ameaças).

Embora as empresas possam se concentrar na execução de uma única estratégia em um dado momento, também precisam desenvolver e manter um portfólio de opções estratégicas para o futuro. O desenvolvimento desse portfólio de opções requer investimentos no desenvolvimento de novas capacidades e de aprendizado sobre novos possíveis mercados.

Implantando um conjunto de opções estratégicas para o futuro, a empresa poderá se reposicionar mais rápido do que os concorrentes que tiverem concentrado todos os seus investimentos nas abordagens tradicionais.

Isso, porém, exige mudanças nos processos estratégicos tradicionais e uma nova maneira de pensar sobre a interação entre planejamento e oportunismo para a definição da estratégia.

A definição de um portfólio de opções futuras envolve quatro etapas principais, como:

- detecção das limitações ocultas ao futuro da empresa;
- definição de processos para o desenvolvimento de novas opções estratégicas;
- otimização do portfólio de opções estratégicas;
- combinação de planejamento e oportunismo.

A Função do Planejamento Estratégico

O planejamento estratégico é um importante instrumento de gestão para as organizações na atualidade. Ele constitui uma das mais importantes funções administrativas, e é por meio dele que o gestor e sua equipe estabelecem os parâmetros que vão direcionar a organização da empresa, a condução da liderança, assim como o controle das atividades.

O objetivo do planejamento é fornecer aos gestores e às suas equipes uma ferramenta que os municiem de informações para a tomada de decisão, ajudando-os a atuar de forma proativa, antecipando-se às mudanças que ocorrem no mercado em que atuam.

Michael Porter, consagrado autor no campo da estratégia, afirma que uma empresa sem planejamento corre o risco de se transformar em uma folha seca, que se move ao capricho dos ventos da concorrência, ou um avião sem plano de vôo, o que seria fatal.

De fato, o administrador que não exerce a sua função enquanto planejador acaba se concentrando excessivamente na atividade operacional, atuando principalmente como um bombeiro que vive apagando incêndios, mas que não consegue enxergar em que lugar está a causa desses incêndios.

E como evitar essa armadilha do imediatismo na administração? Como garantir um tempo e um espaço relevante para o planejamento dentro da empresa, tendo em vista as inúmeras atribuições que já possui o gestor no seu dia-a-dia?

Como definir um processo de planejamento que seja realista diante das intensas e profundas mudanças que ocorrem na atualidade em uma velocidade tão grande?

As respostas para essas perguntas não são simples. Entretanto, podemos afirmar que, embora o crescimento das organizações esteja repleto de acidentes e eventos aleatórios, é inegável que as empresas que prosperam e conseguem se perpetuar no mercado, atualmente, possuem algo mais do que uma boa sorte.

O que determina grande parte do seu sucesso e a obtenção de vantagem competitiva sobre seus competidores é a capacidade de se adaptar às mudanças de seu ambiente, antecipando-se aos seus concorrentes.

Saber utilizar os instrumentos do planejamento de maneira coerente, ajustando-os à realidade da empresa e às suas necessidades, pode ser então uma excelente arma competitiva. Para utilizá-la eficazmente, é importante que os gestores conheçam bem cada um dos elementos do planejamento e suas funções, assim como as mudanças que estão ocorrendo no contexto competitivo, as quais estão influenciando na própria prática do planejamento e lançando alguns desafios para a sua gestão nas empresas.

Inicialmente, apresentaremos cada um dos elementos do ciclo de planejamento, os critérios para a sua definição e a sua utilidade na gestão das estratégias. Em seguida, serão feitas algumas breves considerações sobre as mudanças no contexto competitivo que influenciam diretamente o planejamento, implicando alguns desafios para a sua prática nas empresas.

O Diagnóstico Estratégico

O diagnóstico estratégico é o primeiro passo do processo de planejamento, e é por meio dele que a organização se municiará das informações que vão nortear o seu direcionamento estratégico.

O diagnóstico estratégico pode ser comparado a um radar digital ligado 24 horas por dia, sempre pronto a captar e manter atualizado o conhecimento da empresa em relação ao ambiente e a si própria, para identificar e monitorar permanentemente as variáveis competitivas que afetam a sua *performance*.

É com base no diagnóstico estratégico que a empresa vai se antecipar às mudanças e se preparar para agir em seus ambientes internos e externos. Saber utilizar os instrumentos do planejamento de modo coerente pode ser uma excelente arma competitiva.

A Análise Externa: Ambiente Geral e o Ambiente de Negócio

A análise dos ambientes geral ou externo e de negócio ou operacional/interno é o primeiro passo na determinação de um processo de autoconhecimento e de conhecimento de seu segmento de negócio na busca da tão desejada vantagem competitiva.

Assim como o alfabeto inicia-se com a letra A, o número 1 antecede ao 2 e assim por diante, qualquer processo precisa ser dividido em fases seqüenciais para que seja executado adequadamente.

Estratégias de Diferenciação

A construção de uma casa não se inicia pelo telhado, mas, sim, pelas fundações; o aluno universitário teve antes de ser aluno dos cursos básico e médio etc.

Assim é a seqüência natural da vida e o processo de aprendizado. Aprende-se experimentando, testando, planejando e, é claro, por vezes, errando.

Em um processo de administração estratégica, a obediência a essas fases é também fundamental para seu sucesso. Antes de controlar e acompanhar um processo estratégico é necessário implementá-lo, claro. Para implementá-lo, é preciso preparar um plano, formulá-lo.

A formulação é a conseqüência da determinação da diretriz do processo, da razão de ser da atividade-base desse processo e de seus objetivos.

Tudo isso, por sua vez, deve ser precedido de um conhecimento prévio dos aspectos que o norteiam e que podem afetar o processo estratégico. A essa fase do processo, denominamos *Análise do Ambiente*.

Entende-se igualmente como ambiente o conjunto de fatores externos e internos à organização que podem afetar e influenciar a empresa na sua capacidade de atingir as metas propostas.

Há, portanto, que se analisar e conhecer os ambientes que cercam cada negócio, traçando cenários futuros em cada situação; dominar o conhecimento desse negócio; conhecer os atuais e possíveis clientes, bem como os atuais e os prováveis futuros concorrentes; ter alvos a alcançar, que sejam realistas e bem definidos, perseguir esses alvos, construindo um caminho bem sedimentado em sua direção; potencializar as forças e as oportunidades existentes, minimizando as fraquezas, defendendo-se das ameaças que certamente ocorrerão; formular estratégias bem definidas e, acima de tudo, realizá-las e implementá-las de maneira oportuna e coerente. Tudo isso sem se afastar de um bom e adequado acompanhamento, corrigindo e retomando as rotas traçadas em um processo de planejamento voltado para resultados.

A análise do ambiente, comumente chamado de externo ou geral, deve contemplar o conjunto de fatores que se encontram fora do alcance natural dos dirigentes da organização, mas que afetam seus planos, suas metas, seus objetivos, sua missão e visão hoje e no futuro.

Toda organização, seja ela privada, governamental ou do chamado Terceiro Setor, consiste em um sistema aberto, em constante interação com o meio ambiente. Para sobreviver, as organizações precisam de insumos (recursos humanos, recursos financeiros e materiais), que são transformados em bens e serviços, os quais são colocados no mercado para o atendimento de determinada necessidade.

O atendimento dessa necessidade produz resultados que retroalimentam as organizações (receitas e lucro, no caso da empresa; reconhecimento e efetividade social na promoção do bem comum, no caso do Estado e de entidades do Terceiro Setor).

Portanto, a relação com o meio externo constitui um fator-chave da própria existência das organizações. Por esse motivo, entender do que se compõe esse ambiente e como ele se organiza se torna essencial para a gestão das empresas.

Pode-se dividir o ambiente organizacional em dois grandes grupos: o macroambiente, ou ambiente geral, e o microambiente, ou indústria.

O macroambiente é composto por variáveis mais gerais que vão influenciar a empresa indiretamente. Por exemplo, alguns indicadores econômicos, tais como inflação, índices de preços e taxa de desemprego, vão influenciar a empresa por meio da sua ação sobre o ambiente da indústria, agindo sobre o poder de compra dos clientes.

Uma política governamental que incentive a abertura de mercado em determinado setor provocará o aumento da concorrência, ampliando a competitividade nesse setor.

O ambiente geral pode ser caracterizado, portanto, como o conjunto de aspectos estruturais capazes de influenciar as diferentes indústrias que atuam em determinado país.

Aqui, entende-se por indústria um conjunto formado por empresas cujos produtos têm os mesmos atributos, e, assim, competem pelos mesmos compradores (THOMPSON e STRICKLAND, 2000). A influência desses aspectos pode variar de indústria para indústria.

Por exemplo, a crise energética foi uma ameaça para muitas empresas do setor industrial, que tiveram de diminuir sua capacidade produtiva para enfrentar o racionamento. Entretanto, para as empresas produtoras de geradores, a crise constituiu-se em uma grande oportunidade de expansão dos negócios.

Assim, apesar do ambiente geral se apresentar da mesma forma para todas as empresas, a maneira como suas variáveis vão impactar na gestão poderá sofrer mudanças de um setor para o outro.

A análise do ambiente geral ou externo deve descobrir informações que serão aplicadas nas etapas seguintes do processo de administração estratégica. Há também o propósito de auxiliar no estabelecimento da diretriz organizacional, na preparação da planificação dessa estratégia, e, por último, propiciar as efetivas bases para que esse processo seja adequadamente implementado e finalmente acompanhado e controlado.

Para analisar o ambiente geral ou externo, é importante que o gestor levante informações sobre os seguintes aspectos: **políticos/governamentais**: políticas governamentais de incentivo e/ou restrição, influências políticas e de demais grupos de interesse; **econômicos**: juros, câmbio, renda, nível de emprego, inflação, índices de preços; **socioculturais** e **éticos**: preferências, valores, tendências populacionais, cultura, nível educacional, estilo de vida, distribuição etária e geográfica da população-alvo da empresa; **legais**: leis, impostos, taxas aplicáveis ao setor; e **tecnológicos**: pesquisa e desenvolvimento de produtos na área, avanços tecnológicos e custos envolvidos.

São muitos os fatores a que nos referimos, entretanto, para facilitar o estudo desse conjunto, vamos nos ater a esses principais efeitos, ou seja, os aspectos **Políticos**, **Econômicos**, **Sociais**, **Éticos** e, finalmente, **Tecnológicos**.

A esse conjunto de aspectos, vamos chamar de **PEST**, que longe de ser algo indesejável é apenas a combinação de suas iniciais.

A Figura 1.1, a seguir, demonstra o diagrama dessa composição, bem como os principais quesitos a serem examinados em cada um dos fatores.

Capítulo I ▪ Administração e Planejamento Estratégico...

Figura 1.1 Análise do ambiente.

O fator Político, por exemplo, indica os componentes que podem afetar uma decisão estratégica nessa área, seja a mudança de governo ou a instabilidade governamental que quase sempre trazem insegurança aos investidores e consumidores.

A mudança na legislação vigente pode também afetar ou modificar a operação a ser planejada para um negócio. A alteração de alíquotas de importação que favoreçam ou prejudiquem a obtenção de produtos de outros países, ou mesmo a taxação de produtos antes isentos, podem igualmente afetar decisões estratégicas.

O fator Econômico pode indicar que alterações, por exemplo, nas metas inflacionárias, possam vir a comprometer a esperada demanda por serviços e o consumo de produtos. O aumento ou diminuição do Produto Interno Bruto (PIB), fatalmente, também influenciará as metas de resultados previstas pela empresa.

Além disso, alterações substanciais no custo de insumos fundamentais, como a energia, podem igualmente afetar as decisões que envolvam a utilização maciça desses elementos.

O fator Social e Ético influenciará as decisões estratégicas da empresa, por exemplo, com relação às taxas de desemprego evidenciadas e previstas, ou com relação ao aumento ou redução dos índices de crescimento demográfico, ou mesmo à melhora ou piora no poder aquisitivo da população.

Não obstante a análise desses itens, o fator Social e Ético será decisivo para balizar as decisões da empresa com relação à transparência na divulgação de seus resultados e no respeito aos funcionários, clientes, fornecedores e à sociedade em geral.

O respeito ao meio ambiente tem sido também outro elemento de preocupação dos empresários, uma vez que atitudes nesse sentido têm igualmente balizado a decisão de muitos consumidores.

Por fim, o fator Tecnológico, como certamente sendo uma preocupação cada vez maior de todos os empresários, quando da decisão de administrar a empresa com enfoque estratégico. As freqüentes e cada vez mais rápidas mudanças tecnológicas devem ser acompanhadas e, sempre que possível, antecipadas, possibilitando à empresa atingir o nível de competitividade e diferenciação desejado.

A busca pela competitividade é o cerne, o coração e a alma da administração estratégica. Não se pode afirmar que uma pessoa está administrando estrategicamente uma empresa ou um negócio se ela não estiver buscando essa competitividade, e conseqüentemente a diferenciação. Com a diferenciação, a empresa garante vantagem sobre seus competidores. Essa vantagem denomina-se *vantagem competitiva*.

Por vantagem competitiva entende-se, por exemplo, sair na frente, antecipar-se às mudanças que eventualmente possam ocorrer, ter retornos mais elevados e rápidos que os concorrentes, agregar efetivo valor ao negócio que se está administrando.

Sem a vantagem competitiva, não se pode afirmar que exista uma administração estratégica, mas tão somente uma administração de rotina, que não levará a empresa, ou o negócio, a um patamar diferente daquele que ela se encontrava anteriormente.

Uma análise de ambiente adequadamente elaborada garante que a vantagem competitiva seja mais apropriadamente atingida, além de resultar nas condições mais favoráveis para a determinação do rumo a ser seguido pela empresa e os recursos que ela adotará para alcançá-lo.

A análise bem elaborada do ambiente permite identificar as oportunidades e ameaças de seu segmento de negócio, e determinar a melhor maneira de a empresa utilizar suas competências essenciais na busca dos resultados estratégicos desejados.

As empresas não são capazes de controlar diretamente o ambiente fora de seu segmento, ou seja, o ambiente externo ou geral. Entretanto, quanto mais rapidamente puderem conhecer as oportunidades resultantes desse ambiente, ou se defenderem das ameaças que ele possa trazer, maior será a possibilidade de obter vantagem competitiva sobre seus competidores.

Relembrando a análise SWOT, as oportunidades representam as condições existentes no ambiente externo, que podem auxiliar a empresa a alcançar a tão desejada vantagem competitiva em relação à seus competidores.

As ameaças, por sua vez, representam as condições que possam prejudicar os esforços dessa empresa para alcançar essa vantagem.

Existem várias maneiras de analisar um ambiente, e cada uma delas é aplicada com maior ou menor intensidade pelos profissionais da empresa, dependendo dos resultados que se espera atingir.

Não obstante a utilização dessas alternativas, o relacionamento pessoal, a influência nos diferentes setores da economia, o chamado *networking*, continua sendo indispensável como ferramenta informal na obtenção das informações desejadas. A Internet é outra ferramenta habitual que facilitou sobremaneira a obtenção de informações desejadas.

Vejamos, entretanto, as alternativas tradicionalmente utilizadas na análise dos diferentes ambientes:

Investigação minuciosa — Representa o estudo de todos os segmentos do ambiente, buscando identificar sinais precoces de mudanças em potencial. A detecção igualmente precoce desses sinais auxiliará na indicação da alternativa estratégica a ser seguida.

Monitoramento — O monitoramento, mais do que a investigação minuciosa, permite aos analistas observarem as mudanças no ambiente e como os consumidores, e as pessoas em geral, foram afetados por ela. Qual é a tendência surgida depois de ser detectada a mudança? Qual é a conseqüência trazida por ela?

Por exemplo, uma nova legislação que permita às lojas fora dos shopping centers abrirem aos domingos pode provocar aumento nas vendas em geral, mas ao mesmo tempo incitar os sindicatos a tentar proteger seus afiliados com encargos trabalhistas muito mais elevados, que podem vir a inviabilizar o eventual ganho com as vendas em dias adicionais.

A simples investigação minuciosa, nesse caso sem o monitoramento, pode levar os analistas a conclusões precipitadas e eventualmente equivocadas.

Previsões — A investigação minuciosa e o monitoramento atêm-se a eventos no momento em que ocorrem. Prever significa antepor-se a esses eventos.

Ao formularem previsões, os analistas desenvolvem projeções possíveis daquilo que possa vir a acontecer e da rapidez com que isso pode ocorrer.

A Philips, por exemplo, previu, nos anos 70/80, a utilização maciça de televisores com controle remoto se o custo desse componente pudesse ser reduzido a níveis comercialmente aceitáveis. Isso lhe deu a condição de antecipar-se aos demais concorrentes e projetar um controle remoto simplificado e, portanto, com preço muito menos elevado que os controles remotos existentes no mercado naquela época. O exemplo da Philips foi seguido pelos concorrentes somente após um certo tempo, permitindo a ela auferir os resultados positivos de sua posição proativa.

Avaliação — É a interpretação dos efeitos das mudanças provocadas no ambiente e dos dados levantados nas alternativas anteriores.

A investigação minuciosa, o monitoramento e a previsão são alternativas que permitem aos analistas entender o ambiente em análise. Entretanto, a correta interpretação desses dados é que vai especificar ou "traduzir" essas informações. Sem isso, a empresa pode dispor de informações interessantes, mas de pouca relevância competitiva ou de competitividade desconhecida.

Ambiente Interno/Operacional

Ao contrário do ambiente externo/geral, no ambiente interno/operacional, e principalmente no interno, os administradores têm maior controle e influência sobre os fatores que compõem esse ambiente, e, portanto, suas decisões podem contribuir com maior precisão para o sucesso ou fracasso de seus negócios.

A análise do ambiente interno/operacional é facilitada pela identificação de alguns fatores e componentes, dentre eles: componente cliente, componente concorrência, componente mão-de-obra/organizacional e componente recursos operacionais/financeiros.

> **Componente cliente** — A análise do componente cliente procura identificar o perfil, o comportamento e a influência que os atuais e futuros clientes têm ou terão na decisão de compra das mercadorias e serviços da empresa. Quem são os clientes atuais e quem serão os novos clientes, como compram os clientes atuais e os futuros clientes, quando compram e quando vão comprar, e finalmente qual é a capacidade de compra que eles possuem.
>
> A análise do componente cliente também procura segmentar os atuais e futuros clientes por canais de distribuição, melhor analisando os chamados *4 Ps* em marketing: produto, praça, preço e promoção.
>
> Conhecendo os aspectos que norteiam o perfil e o comportamento de seus clientes atuais ou de potenciais clientes, os dirigentes de uma empresa têm maior condição de aprimorar a aceitação de mercadorias e serviços a eles disponibilizados, contribuindo para diferenciá-los e, assim, atingir mais facilmente a desejada vantagem competitiva.
>
> **Componente concorrência** — A análise da concorrência é um desafio fundamental para a estruturação da estratégia. É o conhecimento

daqueles que a empresa tem de "vencer" para obter seu posicionamento competitivo diferenciado.

É saber quem são ou quem serão os potenciais concorrentes. Nesse aspecto, não somente os atuais concorrentes devem ser conhecidos e analisados, mas as demais forças direcionadoras da concorrência dentro de um segmento específico.

Um atual comprador pode vir a ser um concorrente potencial desse segmento, assim como um atual fornecedor de insumos dessa empresa. Além disso, os chamados produtos substitutos, com preços e qualidade inferiores, são também potenciais ameaças e podem se tornar competidores no futuro. Veremos isso adiante, quando estudarmos as cinco forças competitivas de Michael Porter.

Componente mão-de-obra/operacional — É a análise dos fatores que influenciam a empresa, como: a estrutura organizacional interna, as regiões mais influenciadas por sindicatos representativos, ou regiões mais sujeitas às greves, a captação de pessoas treinadas, a necessidade de treinamento, a faixa etária etc.

Componente recursos operacionais e financeiros — É a análise dos recursos materiais e financeiros necessários para fazer face a uma estratégia definida.Nesses recursos, são incluídos os aspectos relacionados à qualidade dos materiais empregados, a abundância ou falta de matérias-primas, os problemas relacionados com prazos de entrega, a sazonalidade dos materiais, os custos, os estoques, a logística e os processos de fabricação ou serviços.

Neste item, além dos aspectos operacionais, também é analisado a necessidade de recursos financeiros, a forma de melhor alavancar o projeto sob o ponto de vista financeiro, os aspectos de liquidez, a lucratividade e a margem de contribuição por produto, entre outros.

Finalizando, por todos os tópicos aqui analisados, concluímos que a vantagem competitiva, nos dias de hoje, se dá pela busca de um diferencial que, pelas características dos produtos, como vimos, está cada vez mais difícil de ser alcançado.

Uma análise criteriosa dos ambientes externo/geral e interno/operacional é de extrema importância no processo de administração estratégica, sendo o patamar fundamental e necessário à adequada atuação nas outras fases da administração estratégica para a obtenção dessa vantagem.

As 5 forças competitivas de Porter

A indústria é formada por um grupo de empresas com produtos similares que competem entre si. Essa definição pode ser mais ampla ou mais restrita, dependendo do tamanho do mercado e do horizonte em que a empresa pretende atuar.

A Coca-Cola, por exemplo, atua na indústria de bebidas e não apenas na de refrigerantes, pois produz também água e sucos. Entretanto, para uma pequena fábrica de refrigerantes, que atua regionalmente, definir a sua indústria como sendo de bebidas talvez não seja a melhor maneira, pois ela ampliaria demais o seu foco de competição. Para ter valor gerencial, é necessário que a empresa visualize a arena real em que está competindo.

Apesar das diferenças existentes de uma indústria para outra, Michael Porter (1989) demonstrou que o estado de competição em uma indústria é sempre formado por **cinco forças** competitivas:

1) A rivalidade entre concorrentes

Representa a força dos concorrentes atuando no mesmo segmento. Quantidade de empresas concorrentes, seu tamanho e as condições de competição existentes (demanda, integração das empresas, armas competitivas utilizadas).

2) Os produtos substitutos

Representam as tentativas que as empresas de outras indústrias fazem no mercado para conquistar os clientes com seus produtos substitutos. Os produtos substitutos podem ser considerados todos aqueles de outras indústrias que atendem à mesma necessidade — a indústria de sucos em contraposição à de refrigerantes, por exemplo.

3) Entrada de novos concorrentes

Representa o potencial de entrada de novos concorrentes, determinado pela quantidade e intensidade das barreiras à entrada existentes no mercado, assim como pela reação dos concorrentes existentes.

4) O poder de barganha dos fornecedores

O poder é definido, dentre outros fatores, pelo tamanho do fornecedor, pela importância do seu insumo e pelas vantagens que ele oferece para a empresa cliente. Grandes fornecedores dos varejistas podem servir de exemplo, neste caso.

5) O poder de barganha dos compradores

O poder é proporcionalmente maior quando os consumidores têm mais opções de compra e possibilidade de trocar de marcas, sem maiores custos. É o caso da indústria automobilística, por exemplo.

É fundamental que o gestor conheça bem o perfil das forças competitivas presentes em sua indústria, pois ele será determinante em termos de lucratividade do setor.

Em outras palavras, quanto maior for a intensidade dessas forças, maior será a competitividade da indústria e menor a lucratividade coletiva das empresas participantes.

Analisados os aspectos do macro e do microambientes, deve-se partir para uma síntese com o objetivo de identificar as principais oportunidades e ameaças encontradas durante a análise dos dois ambientes.

Resgatando os conceitos vistos anteriormente na análise SWOT, as oportunidades são fatores do ambiente geral ou da indústria, que, se bem aproveitados, podem fornecer uma vantagem competitiva para a empresa.

Como exemplo, podemos citar as falhas apresentadas pelo concorrente, que podem ser aproveitadas pela empresa como uma oportunidade para melhorar o seu produto e ganhar em diferencial.

Já as ameaças, por sua vez, são fatores que podem vir a perturbar o funcionamento da empresa, causando dificuldades para a sua gestão e desempenho.

A entrada de um novo concorrente forte no mercado, a implementação de restrições tarifárias por parte de um país importador dos produtos da empresa, a diminuição da demanda, todos esses são aspectos que podem ser definidos como ameaças para a empresa.

Entretanto, é importante ressaltar que o planejamento não deve ser definido com base em todas as oportunidades e ameaças identificadas. É necessário que o gestor faça uma triagem das oportunidades e ameaças mais relevantes em relação à sua empresa.

Essa seleção deve priorizar as oportunidades do ambiente que a empresa pode aproveitar com reais chances de sucesso, ou seja, as oportunidades para as quais a empresa possui as competências necessárias.

Já no caso das ameaças, devem ser selecionadas aquelas que consistirem em maior preocupação para a gerência, ou seja, aquelas que afetam mais diretamente a empresa e o setor em que ela atua.

Depois de realizada essa análise, o gestor estará apto a identificar com clareza suas principais vantagens competitivas, assim como seus pontos fracos.

Nessa fase, é importante que se busque compatibilizar as informações obtidas na análise interna e externa. Por meio da análise dos pontos fortes e fracos, os gestores e suas equipes poderão determinar com mais clareza as prioridades em termos de ameaças e oportunidades existentes no ambiente externo.

Com isso, eles terão as informações necessárias para determinar os objetivos e as estratégias que possam melhor aproveitar as competências da empresa e equacionar os problemas internos identificados, assim como responder às ameaças e oportunidades identificadas externamente.

A Definição das Diretrizes Organizacionais

O monitoramento ambiental fornece elementos essenciais para que o gestor determine o rumo a ser seguido pela organização.

Esse rumo é explicitado por meio das diretrizes organizacionais formadas pela missão, pela visão e pelos objetivos da empresa.

A missão

A missão da empresa consiste na sua razão de ser, na sua causa, e determina a sua identidade. Apesar de sua definição ser um elemento essencial para a gestão de qualquer organização, é comum a empresa não conseguir definir com clareza sua missão por confundi-la com o próprio produto/serviço oferecido.

Quando isso ocorre, a organização restringe a sua missão à mera produção do bem ou do serviço, não conseguindo enxergar a necessidade à qual atende, o que pode limitar a sua perspectiva em termos de atuação estratégica no mercado.

Estratégias de Diferenciação

Por outro lado, existem muitas empresas que conseguem definir bem sua missão e, com isso, saem na frente dos concorrentes, estabelecendo estratégias mais coerentes para atender às necessidades de seus clientes. Questionado sobre a missão da Nike, Philip Knight, o presidente da empresa, respondeu categoricamente: "O negócio da Nike é vender atitude".

O fundador da Nike quis dizer que não vende apenas calçados esportivos; ele transformou o tênis em um símbolo de *status*. Não estar no negócio do tênis, e, sim, no da atitude, levou a empresa a definir uma estratégia pioneira e coerente com o seu negócio: terceirizou 100% de sua produção e concentrou-se no desenvolvimento de modelos e no marketing da marca.

Hoje, a Nike está entre as dez marcas mais conhecidas entre as 1.200 maiores empresas dos Estados Unidos.

Outro exemplo interessante de definição de missão, dessa vez no Brasil, é a Kopenhagen. Essa empresa estabeleceu sua missão não como a de vender chocolates, mas presentes. Isso possibilitou-lhe criar uma estratégia diferenciada, cobrando um preço superior para os seus produtos.

Se o seu negócio fosse produzir e vender chocolates, seus concorrentes seriam especificamente a Lacta, a Garoto, a Nestlé etc. Entretanto, a empresa preferiu um outro nicho; seus produtos já vêm em embalagens para presente e suas lojas são localizadas em shopping centers e não em aeroportos.

Alguns outros exemplos de missão empresarial:

"Contribuir para o progresso cultural, político, econômico e social do povo brasileiro, através da educação, da informação e do entretenimento." (Rede Globo)

"Buscar com ousadia, soluções criativas para o homem." (Bosch)

"Servir alimentos de qualidade com rapidez e simpatia, em um ambiente limpo e agradável." (McDonald's)

Esses exemplos mostram que a definição da missão da empresa é um elemento essencial para determinar o seu posicionamento estratégico. Para definir bem uma missão, é preciso que se considerem três elementos (THOMPSON e STRICKLAND, 2000):

1) As necessidades do consumidor, ou o que está sendo atendido.
2) Os grupos de consumidores, ou quem está sendo atendido.
3) As tecnologias usadas e funções executadas, ou como as necessidades dos consumidores estão sendo atendidas.

Tendo as necessidades dos clientes como foco, a missão é definida em um horizonte de longo prazo, um horizonte perene. É como no caso do poeta Vinícius de Moraes em sua afirmação sobre o amor: "Que não seja imortal, visto que é chama, mas que seja infinito enquanto dure". Assim, a missão será feita para durar enquanto persistir a razão de ser da empresa, o que convenhamos deve ser, em teoria, *por todo o tempo em que essa empresa existir*.

A missão deve ser compartilhada por toda a empresa e divulgada externamente para criar um senso comum de responsabilidade, direção e significado, mantendo uma aderência dos públicos interno e externo com as ações e estratégias adotadas pela empresa.

Uma missão bem definida prepara a empresa para o futuro, pois estabelece determinação comum entre os membros quanto aos rumos da organização e transmite a identidade e a finalidade da empresa para os seus diferentes *stakeholders* (partes interessadas).

Além de explicitar bem sua missão e divulgá-la, é necessário que os gestores também definam claramente a visão e os objetivos estratégicos da empresa.

A Visão

A visão consiste em um sonho compartilhado, um macroobjetivo, não necessariamente quantificável, de longo prazo, que expresse onde e como a organização pretende estar no futuro. A visão atua como um elemento motivador, energizando a empresa e criando um ambiente propício ao surgimento de novas idéias. É quase como perguntar: "O que você quer ser quando crescer?".

Toda visão tem um componente racional, produto da análise ambiental, e um componente emocional, produto da imaginação, da intuição e da criatividade dos gestores.

Por isso, todo processo de planejamento é composto também de uma certa dose de *feeling*, de sentimento, em que, aos fatos e dados, são adicionados a capacidade empreendedora e visionária daqueles que estão planejando.

Por ser um exercício compartilhado, a visão deve ser estabelecida de forma coletiva. Portanto, para que ela tenha sucesso, é preciso que seja disseminada.

Portanto, é correto afirmar que a visão é mais consistente quando a organização consegue incorporá-la em seus diferentes níveis, fazendo com que estes, de forma sinérgica, busquem alcançá-la no longo prazo.

Um exemplo desse processo ocorreu no caso do grupo Disney, que não desapareceu depois da morte de seu idealizador, Walt Disney, o qual deixou de herança a sua visão de "criar um mundo onde todos possam se sentir crianças".

Os Objetivos Estratégicos

Para concretizar a missão e a visão da empresa, é necessário definir claramente os objetivos a serem alcançados. Os objetivos são resultados que a empresa busca atingir, podendo ser de longo, médio ou curto prazos.

Para que os objetivos exerçam sua função, eles devem ser:

1) específicos, indicando claramente o que se quer alcançar;
2) passíveis de alcançar, para não causar desânimo na equipe;
3) flexíveis, de modo que possam ser modificados, caso haja necessidade;
4) mensuráveis e conter prazos, pois, quanto mais quantificados, mais fácil será a sua mensuração (CERTO e PETER, 1993);
5) reduzidos em quantidade: "Quem tem cem objetivos, fica sem objetivos";
6) alinhados à missão e visão — coerência é fundamental.

A definição clara dos objetivos é essencial, pois eles serão a referência no momento da avaliação do processo de planejamento; um objetivo mal formulado pode então comprometer todo o processo.

Cabe ressaltar que uma organização poderá ter diferentes, porém reduzidos, objetivos estratégicos que envolvem todas as áreas da organização, tais como: posição no mercado, inovação, produtividade e qualidade, rentabilidade e custos.

Com isso, vemos que o planejamento estratégico, por meio da definição de objetivos consistentes, vai muito além da lucratividade, buscando estabelecer resultados de longo, médio e curto prazos em diferentes dimensões do desempenho da empresa.

O Estabelecimento do *Mix* Estratégico. A Formulação da Estratégia

Definidos os objetivos, a empresa necessita estabelecer os caminhos para alcançá-los, e esta é a finalidade da estratégia. Mintzberg, destacado autor no campo da estratégia empresarial, demonstra que não existe uma única definição de estratégia.

Sintetizando os diferentes significados atribuídos ao conceito de estratégia ao longo do tempo, ressalta cinco definições que ele denomina os 5 *Ps* da estratégia:

Plan (Plano): a estratégia consiste em uma linha de conduta ou em um guia de ação intencional, que conduz os diferentes níveis e as diferentes áreas da empresa. Entendidas como planos, as estratégias são formuladas antes das ações às quais elas se aplicam, sendo desenvolvidas conscientemente e intencionalmente.

Pattern (Padrão): a estratégia pode surgir de uma constância no comportamento e indicar um padrão de continuidade (rotina). Segundo esta definição, a estratégia pode surgir das próprias ações cotidianas, de maneira intencional ou não.

Ploy (Manobra): a estratégia age como uma manobra particular para eliminar ou enfraquecer o concorrente, sendo utilizada como um instrumento para lidar com a competição que a empresa enfrenta na sua indústria.

Position (Posição): a estratégia é uma forma de localizar a empresa no seu meio ambiente, melhorando sua posição competitiva. Nesta concepção, a estratégia permite definir o local (dentro do ambiente mais amplo) em que a empresa vai concentrar os seus recursos, para manter ou melhorar sua posição.

Perspective (Perspectiva): a estratégia reflete os conceitos, os valores e as perspectivas partilhados pelos membros da organização. Nesta definição, a estratégia é também influenciada pela forma como a empresa e seus membros percebem o ambiente.

A personalidade e a cultura da empresa serão, então, determinantes para a definição da estratégia. Essas definições mostram que a estratégia pode ser fruto de um processo deliberado, conduzido pela presidência e diretoria da empresa de maneira sistemática. Ela também pode surgir de um processo emergente, sendo formulada com base na prática por meio de um processo contínuo de aprendizado.

Uma empresa em que as estratégias são reconhecidamente emergentes é a 3M, cuja visão é descrita como: "Ser reconhecida como a empresa mais criativa do mundo".

Essa visão tem-se consolidado graças a um modo de gestão que estimula o envolvimento dos trabalhadores na formulação das estratégias da empresa. Muitos produtos da 3M, como o famoso Post-it, surgiram das inovações produzidas pelos próprios funcionários, que, em seguida, foram adotadas pela empresa como um todo.

É importante que a empresa saiba adaptar sua estratégia às condições internas e externas identificadas no diagnóstico, e, além de formular coerentemente seu *mix* estratégico, seja capaz de colocá-lo em prática para atingir os objetivos previstos.

A Implementação da Estratégia

Um dos momentos mais importantes de todo o processo de planejamento consiste na implementação da estratégia, pois é nesta fase que o planejamento se concretizará. Estudos recentes sugerem que somente 10% das estratégias formuladas são implementadas corretamente e, portanto, com êxito.

Em geral, os gestores buscam resolver esse problema, ampliando o controle, buscando gerenciar a cultura organizacional ou, ainda, colocando a culpa nos executantes, alegando que eles são incapazes de colocar em prática o que foi formulado.

Entretanto, o verdadeiro problema pode estar além — pode estar na separação entre formulação e implementação, na dissociação entre pensar e agir.

Durante muito tempo compreendido como um processo *top-down*, definido formalmente pela alta gerência e repassado para os demais níveis, hoje o planejamento é visto e praticado em muitas empresas como um processo contínuo de reflexão sobre onde se quer chegar (objetivos) e como se chegará lá (estratégia).

Nesses casos, o planejamento deixa de ser uma função exclusiva de um departamento da empresa, passando a ser uma atribuição de todos os níveis (estratégico, tático e operacional).

Por outro lado, a distância entre esses níveis também diminui, ou seja, a formulação e a implementação da estratégia se tornam cada vez mais interdependentes.

Atualmente, é difícil a formulação ocorrer totalmente dissociada da implementação. Muitas vezes, é no próprio desenvolvimento da gestão da empresa que os gestores e suas equipes definem e implementam as estratégias, buscando aprender com os erros cometidos.

No cotidiano empresarial, o planejamento constitui também um processo de aprendizado contínuo, em que a formulação e a implementação se tornam indistinguíveis.

Nesse sentido, parece fundamental que o gestor seja capaz de lidar com esse lado imprevisível. do processo de planejamento, sendo flexível e capaz de realizar as mudanças de curso necessárias à implementação da estratégia.

Assim, é importante levar em consideração que as estratégias podem surgir dos lugares mais estranhos e de pessoas que não se esperava. O papel da liderança, segundo essa concepção, não é apenas de preconceber estratégias, mas de gerenciar o processo de aprendizado estratégico por meio do qual novas estratégias podem emergir.

É necessário também ser flexível o bastante para perceber que planejar nem sempre é o contrário de fazer.

Conclusão

Percebe-se que o ambiente em que as empresas desenvolvem seu processo de planejamento mudou muito nos últimos anos, como tudo, aliás, mudou significativamente.

Neste mundo de mudanças, a princípio, as novas idéias são rejeitadas, e só conseguem se impor quando já testadas de forma sustentável.

A globalização dos mercados, a intensificação das redes e das parcerias, a ampliação das exigências dos clientes, a diferenciação ampliada dos produtos e o aumento da concorrência são alguns dos fatores que influenciam a prática do planejamento nas empresas.

Tais mudanças podem até conduzir os gestores a questionar a própria viabilidade da aplicação do planejamento. Será que é possível planejar diante de tanta incerteza e mudança?

Buscamos mostrar que sim. Hoje, o planejamento, mais do que nunca, é necessário à gestão da empresa. Entretanto, para colocá-lo em prática de forma efetiva, é preciso que o gestor conheça bem cada um de seus elementos, suas funções e seus limites.

É fundamental que o gestor saiba utilizar bem os seus instrumentos e, mais do que tudo, que ele seja flexível o bastante para perceber que planejar nem sempre é o contrário de fazer. Parafraseando São Francisco de Assis, poderíamos finalizar dizendo que no planejamento se começa fazendo o que é necessário, depois o que é possível, e, de repente, se estará fazendo o impossível. O importante, então, é realizar, é colocar em prática o que se planejou.

Finalizo comentando sobre o necessário equilíbrio que deve existir em tudo o que fazemos. É necessário planejar o que necessita ser planejado, o que é prioritário e faz sentido, sem que isso nos impeça de viver de forma adequada.

Nesse aspecto, equilíbrio seria, por exemplo, conseguir a interessante mistura do que prega o cantor Zeca Pagodinho em uma de suas canções, que diz: "Deixa a vida me levar, vida leva eu", com os preceitos do conceituado escritor Michael Porter, que afirma: "A vida sem planejamento não tem sentido", e assim extrair dessa mistura algo como um "Zeca Porter" ou um "Michael Pagodinho".

CAPÍTULO 2

A Gestão do Conhecimento Como um Recurso Competitivo

André Eduardo Santos, Claudia Ghitelar,
Daniel Capel e Renata Sasaki

Agradecemos aos nossos familiares e amigos pelo apoio e pelo conhecimento compartilhado com Celi, Cláudio Queiroz, Edil e Renato Sátiro Santiago Júnior.

A Gestão do Conhecimento e a Sociedade em Rede

A gestão do conhecimento vem conquistando cada vez mais espaço em artigos acadêmicos, livrarias e práticas corporativas. Há dez anos, não ouvíamos termos como trabalhador do conhecimento, sociedade da informação, conhecimento tácito, recursos intangíveis e aprendizagem organizacional.

Esse aumento pode ser ilustrado ao se buscar o termo "gestão do conhecimento" em *websites* de pesquisa como o Google Brasil, no qual podemos encontrar mais de 874 mil caminhos (pesquisa feita em 3/6/2005). No Google Estados Unidos, esse número aumenta para 1 milhão e 800 mil quando digitado o termo *Knowledge Management,* enquanto na Amazon mais de 2.740 títulos são apresentados. Até mesmo no *website* de relacionamento Orkut, encontramos uma comunidade com 878 participantes. Essa expansão também pode ser vista nos vários cursos de pós-graduação sob o nome de gestão do conhecimento oferecidos em São Paulo.

No Brasil, o termo ganhou maior popularidade no final da década de 1990, quando diversos livros sobre o assunto foram lançados. Atualmente, há um congresso, que é o maior evento de gestão do conhecimento da América Latina (KM Brasil), e uma entidade sem fins lucrativos que trata de temas referentes ao assunto (Sociedade Brasileira de Gestão do Conhecimento — SBGC).

Embora pareça um termo atual e da moda, a gestão do conhecimento apresenta princípios existentes há anos, mas não abordados com este nome. Wiig (2003) afirma que o conhecimento tem sido documentado por filósofos ocidentais há muitos anos, passando pelos mestres, artesãos e aprendizes que dominavam um sistema fundamentado em considerações pragmáticas e sistemáticas sobre o conhecimento. Pensar que um artesão ou mestre consegue compartilhar o seu ofício com o seu aprendiz não parece ser algo complexo? Como, então, esse profissional pode disseminar esse conhecimento e outras habilidades que estão implícitas?

Para facilitarmos o entendimento, vejamos um exemplo que muitos de nós já vivemos nas empresas em que trabalhamos. Roberto trabalhava há dez anos na empresa como responsável pela emissão de pedidos, organização dos dados dos clientes e histórico de compras no sistema da empresa. Infelizmente, em uma sexta-feira, por causa de um processo de *downsizing,* Roberto foi demitido e saiu às pressas, nem tendo tempo de organizar os seus arquivos. Vinicius, o superior imediato de Roberto, percebeu na semana seguinte que havia demiti-

Capítulo 2 ▪ A Gestão do Conhecimento Como um Recurso Competitivo

do a única pessoa que conhecia os comandos de emissão de pedidos e que apresentava um conhecimento detalhado dos clientes. Vinicius percebeu que tinha aberto mão de um importante capital intelectual da empresa, perdendo, de fato, o conhecimento que Roberto havia internalizado durante todos aqueles anos. Nessa visão, o armazenamento do conhecimento de Roberto era um dos desafios da empresa, e esse conhecimento fazia parte de um contexto que integrava diversas áreas, como a gestão do conhecimento. Davenport e Prusak (2004) relatam que experientes funcionários que foram estimulados a se demitir voluntariamente em períodos de *downsizing* levaram com eles seu valioso conhecimento, e tiveram, em alguns casos, de ser readmitidos para que o trabalho pudesse prosseguir.

O atual cenário competitivo, a tecnologia, a sociedade e a transformação histórica em que vivemos desde a segunda Revolução Industrial ilustram o papel do conhecimento como um importante recurso competitivo nas organizações. Há um interesse cada vez maior das empresas em conhecer a si mesmas (**memória organizacional**) e ao seu ambiente competitivo (**inteligência competitiva**), podendo usar esse conhecimento de maneira mais eficaz e eficiente que a concorrência.

Imaginemos a evolução tecnológica e as exigências do mercado. A Figura 2.1, a seguir, mostra a rapidez do ciclo da inovação de produtos durante os anos.

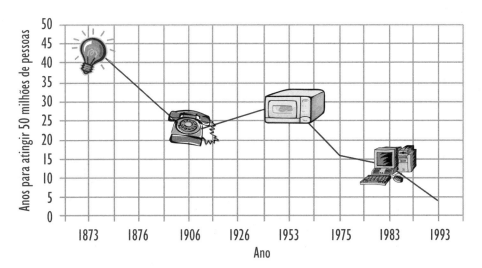

Figura 2.1 A evolução e o ciclo da inovação.

A telefonia fixa atualmente é um exemplo que podemos dar para ilustrar essa busca por inovação. Hoje podemos fazer *downloads*, acessar a Internet, tirar fotos digitais e "até mesmo falar nos aparelhos celulares". Em quanto tempo evoluímos do primeiro celular para a geração de hoje? A constante inovação oriunda de novos conhecimentos foi responsável por esse avanço e permite que empresas se mantenham competitivas e, inclusive, se mantenham vivas. Não podemos imaginar uma empresa do setor de telecomunicações sem a busca constante por inovação, sem buscar novos aprendizados e constantemente efetuar a criação do conhecimento.

Nesse sentido, a sociedade pós-industrial vive um desafio: o do aprendizado. Castells (2002), professor de sociologia na Universidade da Califórnia, em Berkeley, Estados Unidos, em sua visão sociológica da Tecnologia da Informação, contextualiza a sociedade pós-industrial enfatizando a conectividade das diversas pessoas e a importância da revolução tecnológica contribuindo para a formação dos meios de inovação, na qual as descobertas e as aplicações interagem e são testadas em um repetido processo de tentativa e erro: aprende-se fazendo. A aprendizagem é, portanto, um termo que apresenta relação direta com a criação de conhecimentos. Algumas instituições estão mais organizadas que outras na tentativa de buscar novos conhecimentos. Morgan (2000), um autor muito conhecido no campo da pesquisa social, cita em seu livro *Imagens da organização* uma interpretação das organizações por meio de metáforas, comparando-as com imagens que permitam vê-las enquanto máquinas, organismos, cérebros etc. A visão da metáfora do cérebro ilustra o aspecto de criação do conhecimento, no qual o autor posiciona que a empresa deva encorajar e valorizar uma abertura e flexibilidade que aceita erros e incertezas, criando condições para que os funcionários não escondam os erros, ou seja, que possam planejar sistemas organizacionais que sejam capazes de aprender de maneira semelhante ao cérebro.

Outro exemplo é a Internet, que facilita a troca de informações e conhecimentos e possibilita a colaboração entre as pessoas. Terra e Gordon (2002), conhecidos autores brasileiros sobre gestão do conhecimento, afirmam que o aumento explosivo na capacidade e necessidade de comunicação via Internet reflete um importante marco para o desenvolvimento humano. "O impacto da Internet na capacidade humana de comunicar tem grande reflexo: a comunicação de um-para-muitos e muitos-para-muitos alcançou níveis jamais atingidos ou previstos anteriormente."

Capítulo 2 ■ A Gestão do Conhecimento Como um Recurso Competitivo

Com tais facilidades de comunicação evoluindo rapidamente, somos bombardeados com uma grande quantidade de dados. Uma pesquisa feita pela International Data Group (IDG) já previa que em 2000 o número de e-mails trocados por dia atingiria a ordem de 10 bilhões, e, para o final de 2005, esse número tendia a atingir 35 bilhões ao ano. Desses dados, muitos são transformados em informações e conhecimento. Este gerenciamento possibilita a inteligência construída intrinsecamente em cada organização. Em cada uma se constitui particular construção de fluxos de informação e conhecimento, possibilitando diferenças competitivas entre elas.

Não é apenas nas empresas que nós, brasileiros, nos comunicamos e nos mantemos em rede. Em nossos momentos de lazer, também utilizamos a Internet. O Brasil está entre os líderes dos principais serviços que permitem interação pela rede. O Orkut, rede de relacionamentos, se posiciona em primeiro lugar em números de brasileiros, com 63% dos usuários (pesquisa realizada no www.orkut.com, em 1/4/2005). O MSN Messenger, software de mensagens instantâneas, fica atrás apenas dos Estados Unidos, assim como o Yahoo! Groups (listas de discussão por e-mail).

Tagarelas digitais:
brasileiros são os campeões dos programas de conversa pela internet

Apesar de apenas 10% da população brasileira ter acesso à internet, o Brasil aparece nas primeiras posições em todos os principais sites e serviços do mundo que aparecem algum tipo de interação online. A rede de relacionamentos Orkut, do Google, ultrapassou os principais portais e é hoje líder em audiência entre os internautas brasileiros, de acordo com o mais recente relatório divulgado pelo Ibope Netratings. Cada usuário do serviço passa, em média, 2 horas e 6 minutos olhando as páginas dos amigos e navegando pelas comunidades. Isso supera em mais de meia hora a permanência num portal como o UOL. Ao que tudo indica, o brasileiro prefere bisbilhotar a vida alheia a um cardápio variado de informações. Somos uma nação de tagarelas digitais.

O sucesso das ferramentas de comunicação e das comunidades entre os brasileiros surpreende até os mais otimistas. O Brasil é o segundo país do mundo em usuários do MSN Messenger, programa da Microsoft para a troca de mensagens instantâneas. A cada mês, 500.000 pessoas fazem download do software. "Volta e meia recebo e-mails de colegas de outros países perguntando qual o segredo", diz Marcos Swarowski, gerente de marketing do MSN. "Nem nós esperávamos tanto sucesso." Além do Messenger, os brasileiros se destacam em serviços como Yahoo! Groups, Fotolog ou Skype.

Esses hits da internet têm duas características em comum. A primeira é o preço. Todos são gratuitos. O Fotolog, site para armazenar fotos, usado quase exclusivamente por brasileiros, chegou a ter problemas financeiros por causa do excesso de usuários. Quase saiu do ar, pois menos de 5% dos cadastrados pagam a contribuição voluntária de 5 dólares mensais para manter o serviço em funcionamento. "Ainda não existe entre os brasileiros a idéia de pagar por esse tipo de serviço", diz Bruno Funari, diretor de conteúdo do Yahoo! Brasil. Outro ponto em comum é o caráter de comunidade. O valor está em todos usarem o mesmo serviço. O Skype, por exemplo, é um site que faz ligações gratuitas apenas se quem faz e quem recebe a chamada tiverem o mesmo software. Em menos de um ano, o Brasil já se tornou um dos dez maiores usuários. Embora ainda não haja estudos acadêmicos sobre o fenômeno das comunidades digitais no Brasil, uma tentativa de explicação foi dada pelo ciberguru americano e fundador da Eletronic Frountier, John Perry Barlow: "O Brasil é um país pioneiro, pois se constituiu naturalmente como uma sociedade de redes. E esse é o espírito da internet".

Fonte: Tagarelas digitais. S. T. Jr., *Revista Exame*, São Paulo, 19 jan. 2005.

Alguns autores, como Wiig (2003), tratam da era do conhecimento como o período caracterizado pela busca do conhecimento e dos esforços para incrementar os resultados do século XXI. Castells (2000), por sua vez, define a era das redes, exigindo uma compreensão dos níveis de sociabilidade atuais. Redes constituem a nova morfologia social de nossas sociedades, e a difusão da lógica de redes modifica de forma substancial a operação e os resultados dos processos produtivos e de experiência, poder e cultura. Embora a forma de organização social em redes tenha existido em outros tempos e espaços, o novo paradigma da tecnologia da informação fornece a base material para sua expansão penetrante em toda a estrutura social (Castells, 2000).

Capítulo 2 ■ A Gestão do Conhecimento Como um Recurso Competitivo

O entendimento da realidade contemporânea pode ser mais bem compreendida na seguinte afirmação de Castells (2000): "Redes são instrumentos apropriados para a economia capitalista baseada na inovação, globalização e concentração descentralizada; para o trabalho, trabalhadores e empresas voltadas a flexibilidade e adaptabilidade; para uma cultura de desconstrução e reconstrução contínuas; para uma política destinada ao processo instantâneo de novos valores; e para uma organização social que vise a suplantação do espaço e invalidação do tempo".

Gestão do conhecimento, inteligência competitiva, BI e CRM

O termo conhecimento nos remete a um relacionamento com a informação bruta e interpretada. Ele é tido como o *know-how* relacionado à habilidade para solução de problemas. Vasconcelos (2001) apresenta uma definição simples: "O conhecimento organizacional é visto como o *know-how* coletivo da organização, a sua *expertise*, uma competência expressa no conhecimento que essa organização coletivamente acumulou e nos problemas que ela efetivamente sabe resolver".

"A gestão do conhecimento deve, necessariamente, fomentar, interligar e apoiar as diversas formas de aprendizado (além da visão tradicional focada apenas no ensino formal e treinamento corporativo). Isso traduz na prática ações no sentido de: prover acesso a informações personalizadas e relevantes; estimular a experimentação e integrar o aprendizado ao trabalhar-fazer-acertar-errar; fomentar conversas (presenciais e virtuais) entre grupos estratégicos, aumentando a conectividade intra e interorganizacional; e facilitar, ensinar e fornecer oportunidades para as pessoas escreverem, refletirem e ensinarem" (Terra, 2003, p. XVIII).

O artigo de Vasconcelos (2001) aborda uma interessante relação do conhecimento e da ignorância ao afirmar que "a tradição da filosofia de Sócrates visava refutar o saber aparente e chegar ao reconhecimento da ignorância como ponto de partida da reflexão filosófica, o que justifica a famosa máxima atribuída ao pensador grego 'só sei que nada sei'" (Vasconcelos, 2001). Essa visão traz um aspecto na construção de um melhor entendimento de gestão do conhecimento. "O sábio não é somente aquele que conhece todas as respostas, mas também aquele que sabe fazer as perguntas certas." A Figura 2.2, a seguir, ilustra como o autor trata a ignorância dentro da administração.

Estratégias de Diferenciação

Fonte: Adaptado de Vasconcelos, 2001.

Figura 2.2 A gestão do conhecimento sob uma outra perspectiva.

Nas organizações, vivemos com inúmeras incertezas e estamos repletos de questões não respondidas:

- Quantos concorrentes nossa empresa têm atualmente?
- Qual é o preço praticado pelo meu concorrente no sul do país?
- Qual deve ser o reflexo no mercado se aumentarmos 15% no preço do nosso produto?
- Meu segmento necessita de mais um técnico. Será que eu tenho como justificar a contratação dele? Eu só tenho o balanço da empresa para justificá-lo...
- Qual é a composição dos 20% dos nossos clientes que representam 80% do faturamento? (Princípio de Pareto — economista e sociólogo italiano).
- Tenho 980 produtos na empresa. Quais deles representam, ao mesmo tempo, 80% do faturamento, 80% do volume e são comprados pelos clientes que compram 80% do meu faturamento?
- Qual foi a última vez que este nosso cliente comprou? E a qual volume?

Questões como essas fazem parte de nossa rotina. Para algumas, temos a resposta; outras custam a ser respondidas e podem ter um forte impacto na gestão da organização. Podemos identificar dois grupos: os formados pelas informações internas e externas. Contudo, trata-se de mais do que simples informações; são informações interpretadas com valor que auxilia na tomada de decisão. Profissionais de marketing podem se comprometer com essas análises e buscas no mercado. Em algumas empresas, dá-se o nome de inteligência de marketing ou marketing analítico.

Capítulo 2 ■ A Gestão do Conhecimento Como um Recurso Competitivo

Outro termo que tem sido bastante ouvido é inteligência competitiva. Ela integra questões relacionadas ao papel do departamento de inteligência de marketing, podendo ser caracterizado como um "radar da empresa" em busca de informações sobre o ambiente organizacional e a competitividade. Nela há um fluxo contínuo de informação e uma adição de valor à informação. A Figura 2.3, a seguir, ilustra uma leitura simplificada da inteligência competitiva:

Figura 2.3 Inteligência competitiva.

Kahaner (1998) conceitua inteligência competitiva como o processo de coleta sistemática e ética de informações sobre as atividades de seus concorrentes e sobre as tendências gerais dos ambientes de negócio, com o objetivo de aperfeiçoamento da posição competitiva da sua empresa. Ela ainda pode ser vista como um processo que possui alguns objetivos, como:

- começar uma nova empresa ou reavaliar o próprio negócio;
- antecipar mudanças no mercado e ações dos concorrentes;
- descobrir concorrentes novos e potenciais;
- aprender sobre novas tecnologias, produtos e processos que afetam o negócio;
- aprender sobre mudanças políticas, regulatórias ou legislativas que possam afetar a empresa.

Há, contudo, uma atenção especial que deve ser dada ao processo de inteligência competitiva. Ele somente se consolida e se transforma em inteligência se seus resultados são utilizados para a tomada de decisão. Há a possibilidade do processo terminar na disseminação; nesse caso, a empresa apenas terá adquirido conhecimento não utilizado na definição de ações da empresa.

Os profissionais de inteligência de *marketing* são normalmente suportados por sistemas de tecnologia da informação, como o **Customer Relationship Management (CRM)** e o **Business Intelligence (BI)**. O CRM aborda um cruzamento de informações dos clientes, integrando informações cadastrais, armazenamento de contatos realizados, agendamentos futuros, potencias de compra por determinado cliente. A área de *call center* ilustra de maneira clara a importância desse sistema. Os atendentes recebem a ligação e registram todas as informações caracterizadas durante aquela ligação. Essa massa crítica de informações de cada cliente acaba tornando-se um importante elo com outras áreas, principalmente relacionadas à solução de problemas, reclamações e identificação de potencial de compra.

Em linhas gerais, o objetivo do sistema de CRM é manter e aumentar a base de clientes rentáveis. A primeira questão é a manutenção, uma vez que o custo de aquisição de um novo cliente para a organização é muito maior do que seu custo de manutenção na carteira de negócios. Outro objetivo é o potencial máximo do cliente, conseguindo extrair todas as informações que possibilitem trabalhar com a maximização das necessidades dos consumidores. Não podemos nos esquecer do aspecto de fidelização e oferecimento de um melhor serviço ao cliente.

O *Business Intelligence* possibilita que os gestores tenham diferentes visões com base em um banco de dados. A leitura de todos os pedidos faturados no mês pode ser representada sob diferentes perspectivas, como:

- visão por família de produtos;
- visão por segmento de mercado;
- visão por região de atuação.

Essas informações podem ser essenciais na construção de cenários. O aumento de uma matéria-prima do produto tem determinado impacto sobre seu custo final e, conseqüentemente, requer uma atualização de preços. A simulação do novo preço, o comportamento do volume do item e sua margem de lucro podem ser feitos por uma construção de cenários que possibilitará aos gestores a "melhor" tomada de decisão.

O BI pode ainda demonstrar o potencial que a empresa tem em determinado setor. As informações necessárias são: Quais empresas competem no setor que nós vendemos? Qual o potencial de venda neste setor? Quais destes são nossos clientes? Quanto nós vendemos a cada um? Com isso, podemos calcular o potencial existente no setor, para que seja feita uma ação de vendas específica.

Leme Filho (2004) define o BI como a reunião de diversos recursos usados para extrair, transformar e analisar grandes volumes de dados, produzindo conhecimento capaz de auxiliar a empresa a tomar decisões de negócios com mais garantia de sucesso. Essa agregação de valor ao dado pode ser vista na Figura 2.4, a seguir:

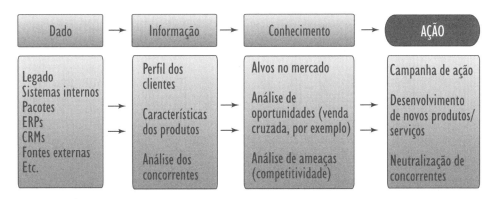

Fonte: Leme Filho, 2004.

Figura 2.4 Agregando valor ao dado para a tomada de decisão.

A visão do autor é interessante porque traz uma lição sobre como fazer BI em um sistema muito conhecido, o *Excel*. Uma linguagem simples, mas que traz a possibilidade de identificar ameaças e oportunidades de negócios por meio de dados que, se não trabalhados, não se transformam em informação, conhecimento e ação para geração de resultados.

Em termos gerais, essa inteligência empresarial pode ser usada para diminuir a incerteza do futuro e minimizar seus impactos; melhorar o planejamento a fim de monitorar e expandir novos mercados; avaliar as forças e fraquezas internas da empresa e dos concorrentes e buscar a competitividade.

Ativos intangíveis

O tema gestão do conhecimento ainda abrange uma visão do conhecimento como ativo intangível. Como ele é difícil de mensurar, é considerado algo intangível, com resultado muitas vezes questionável. Tal constatação surge do questionamento: Apenas as informações contábeis têm sido suficientes para explicar o valor das empresas sob a ótica dos investidores? O Gráfico 2.1, a seguir, mostra que não. Nele são apresentados os valores de mercado como a soma dos ativos tangível e intangível.

Estratégias de Diferenciação

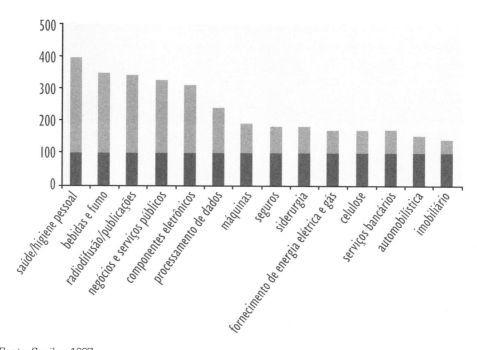

Fonte: Sveiby, 1997.

Gráfico 2.1 Valores de mercado como soma dos ativos tangível e intangível (1995).

Os ativos intangíveis são ativos não monetários e não físicos, mas deles são esperados resultados econômicos. A marca da empresa e dos produtos é um exemplo clássico. Na contabilidade, em que linhas do balanço patrimonial nós podemos inserir os ativos intangíveis? Caixa da empresa, contas a receber, estoque, realizado em longo prazo ou faz parte de seu patrimônio líquido? A legislação atual não permite inserir este ativo em nenhuma das linhas, mas ele de fato existe e certamente é avaliado no caso da empresa ou produto a ser vendido. A falta de critérios para mensurar e avaliar os ativos intangíveis prejudica a avaliação de lucratividade e desempenho de um negócio e impacta decisões de precificação, de alocação de recursos e avaliações com o propósito de fusão e aquisição.

Capítulo 2 ■ A Gestão do Conhecimento Como um Recurso Competitivo

O Gráfico 2.2, a seguir, mostra o balanço patrimonial indicando os três grupos de ativos intangíveis, ativos materiais ou visíveis que integram o balanço patrimonial comum visto nos relatórios anuais.

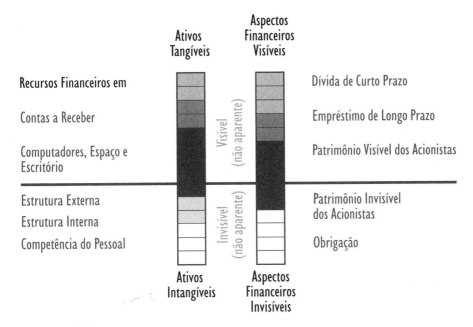

Fonte: Sveiby, 2003.

Gráfico 2.2   Aspectos tangíveis e financeiros visíveis.

Um exemplo que podemos ilustrar é o da Grand Metropolitan, empresa do setor de alimentação e bebidas (Smirnoff, Burger King e Haagen Daz). Em 1980, ela identificou que seu principal ponto forte eram as marcas que lhe pertencia, sendo vitais para o seu negócio. Os gestores da empresa viam que a capacidade de administrar e desenvolver essas marcas poderia ser sua principal fonte de vantagem competitiva. Em 1988, a empresa tornou-se uma das primeiras a avaliar suas marcas em seu balanço patrimonial, como mostra a Tabela 2.1, a seguir.

Estratégias de Diferenciação

Tabela 2.1 Balanço da Grand Metropolitan, em 30/9/1989, em bilhões de libras.

Marcas	2,7
Outros ativos	6,9
Passivos	6,7
Patrimônio Líquido	2,9

Fonte: Perrier, 2001.

Sem a capitalização das marcas, o balanço teria mostrado apenas 0,2 bilhão, cenário que não representaria a verdadeira situação da empresa.

Outros ativos intangíveis que podem ser citados são: patentes, licenças, *royalties*, pesquisa e desenvolvimento, treinamento de pessoal, segredos comerciais, carteira de clientes, alianças, certificados dos funcionários e da empresa e as competências dos funcionários.

Podemos ver o modelo de Edvinsson e Malone na Figura 2.5. Ele ilustra essa diferença do patrimônio líquido contábil e intelectual.

Fonte: Edvinsson e Malone, 1998.

Figura 2.5 Estrutura de capital intelectual.

Os autores afirmam que a contabilidade estava obsoleta e não media com fidelidade o real valor das empresas. Dessa forma, ele propõe o modelo descrito.

O capital humano pertence apenas aos indivíduos e baseia-se nas competências e experiências adquiridas. O capital estrutural constitui o conhecimento que permanece na empresa, quando todos fossem embora para suas casas (EDVINSSON e MALONE, 1998).

Um modelo mais simplificado é apresentado da seguinte forma: o valor de mercado é a soma do capital intelectual e do capital financeiro.

Em busca de legitimidade

Podemos mostrar uma visão crítica que abrange não só a gestão do conhecimento, mas também todos os outros temas que parecem surgir com determinadas nomenclaturas, construindo-se como uma verdade absoluta e incontestável. Wood e Paula apresentam o termo *pop-management* para ilustrar tais tópicos que apresentam "receita mágica" para o sucesso. Para os autores, o contexto, real ou imaginário, de turbulência e competição, contribuiu para a geração de uma literatura voltada para as questões, ansiedades e dilemas dos profissionais da administração (WOOD JR. e PAULA, 2002).

"Significativamente, a literatura de *pop-management* costuma ser usada como referência por gerentes, consultores, estudantes e mesmo pelos professores de Administração. Por seu alcance e apelo popular, tal literatura vem desempenhando um papel importante na disseminação de novas idéias e tecnologias gerenciais, além de influenciar, podemos especular, a construção das agendas dos executivos e dos pesquisadores da Administração. Adicionalmente, a literatura de *pop-management* também oferece aos seus leitores recursos cognitivos e discursivos para a interpretação e racionalização de suas realidades" (WOOD JR. e PAULA, 2002).

No estudo realizado pelos autores, a constatação foi de que a mídia popular de negócios tem um importante peso na disseminação desses termos. Contudo, a visão, que muitas vezes é feita, é generalista e pouco profunda, como "certo e errado"; "bom e ruim"; "moderno e antiquado". Nessa análise a "era do conhecimento" apareceu como uma visão retórica, podendo ser entendida como "um drama composto que envolve grupos amplos de pessoas numa realidade simbólica comum" (WOOD JR. e PAULA, 2002).

Os autores ainda estudaram o tema de fantasia, tido como o encadeamento lógico que prevê uma explicação para um fenômeno ou uma situação. Nos artigos publicados em 2000, das revistas estudadas, verificou-se diversos assuntos relacionados à mudança organizacional, cooperação interorganizacional e transformação pelo emprego da tecnologia de informação. "Três elementos parecem comuns a todos estes tópicos: o anúncio de algo novo, o tom imperativo e o caráter prescritivo. A mensagem se repete na forma imperativa: 'O mundo está mudando, você não pode ficar para trás e aqui está o caminho para o sucesso'" (WOOD JR. c PAULA, 2002).

Tais publicações utilizam personagens dramáticos, cenas e agentes de legitimação, como os gurus nacionais e internacionais e especialistas comumente vistos na mídia.

Sob a perspectiva acadêmica, esse raciocínio pode ser apresentado pela teoria institucional, que aborda o cuidado com que as empresas que não aplicam determinados modismos são vistas no setor como desatualizadas e pouco dinâmicas. Por exemplo, quando se criou um modismo com relação ao sistema de gestão da qualidade ISO 9000. A empresa que não fosse certificada era vista como uma organização sem processos de qualidade, causando, para muitos, até mesmo a impressão de que não existia qualidade dos produtos vendidos. Podemos citar ainda outras ondas, como o CRM, e mais atualmente temas ligados à preocupação social das empresas. O tema central é a de que idéias são criadas, articuladas, disseminadas e popularizadas.

Powell e Dimaggio (1991) afirmam que as empresas que adotam de maneira rápida o que eles chamam de inovações organizacionais são comumente dirigidas pelo desejo de ampliar o seu desempenho. Dentro desse enfoque, os autores contextualizam o isomorfismo como um processo de homogeneização das empresas pertencentes a determinado setor. Hawley (1968) relata que o isomorfismo é o constante processo que força uma unidade pertencente a uma população a querer se parecer com as demais unidades que enfrentam o mesmo conjunto de condições ambientais. Powell e Dimaggio (1991) ainda enfatizam que as organizações competem não apenas por recursos e clientes, mas também por poder político e legitimidade institucional. Trata-se até de um aspecto de ritual, em que as empresas adotam suas inovações para atingir sua legitimidade e para demonstrar que estão, ao menos, tentando aprimorar as condições de trabalho. Essa visão oposta dos autores descreve o cuidado necessário que as empresas devem ter com os modismos da gestão atual.

Desse raciocínio ficam os questionamentos: Será que a gestão do conhecimento faz parte destas ondas? Será que as empresas estão apenas buscando legitimidade e não resultados?

Capítulo 2 ■ A Gestão do Conhecimento Como um Recurso Competitivo

Competitividade: a análise da indústria e a visão baseada em recursos

Na análise que fizemos sobre os modismos nos parece que, se todas as empresas partem para uma mesma estratégia e adquirem os mesmos recursos para se tornarem competitivas, elas certamente vão se igualar e não conseguirão se diferenciar. Barney (2002) denomina esse resultado de paridade competitiva, ou seja, ao copiarem seus competidores, as empresas conseguem apenas se igualar a eles e não ultrapassá-los na corrida pelo desempenho. Nesse sentido, os recursos e as capacidades perdem o valor competitivo se outras empresas concorrentes entenderem e estiverem aptas a copiar ou adotar as mesmas práticas e os mesmos recursos.

Essa, sem dúvida, é uma visão crítica, mas que deve ser levada em conta na definição das estratégias, esforços corporativos e até mesmo em aquisições que podem custar caro para a organização. Contudo, se uma instituição não se atenta às questões que farão a diferença em seu segmento, certamente apresentará uma implicação competitiva denominada por Barney (2002) de desvantagem competitiva.

A estratégia como campo de estudo tem origem nos anos 1950 e 1960. Na realidade, em 1933, Chamberlain já apresentava uma série de teorias de competição imperfeita, seguida da escola de economistas austríacos que abordavam o desequilíbrio, a heterogeneidade e os fatores não observáveis do mercado. Chandler (1962) teve uma importante influência no campo da estratégia ao ilustrar a história e o crescimento de grandes organizações americanas, de 1880 a 1950, em seu livro *Strategy and Structure*. O princípio da obra é mostrar como diferentes empresas executam a mesma atividade e como elas determinam o sucesso das organizações. Outra influência foi a de Ansoff (1965) em seu livro *Corporate strategy*, em que aborda uma visão de estratégia como um elo entre as várias áreas componentes, dando uma primeira idéia de vantagem competitiva e definindo-a como a vantagem de perceber tendências de mercado à frente dos concorrentes.

A concorrência surge como uma "usina de diferenciação", uma poderosa alavanca de promoção de eficiência produtiva no tempo, de modo que expanda e diversifique a produção e reduza custos e preços. Nessas condições, mesmo "uma posição de monopólio não é um travesseiro sobre o qual seja possível repousar" (SCHUMPETER, 1942).

Estratégias de Diferenciação

A Figura 2.6 traz uma visão genérica das diferentes perspectivas de estratégia sob o ponto de vista de Richard Whittington em seu livro *O que é estratégia?*.

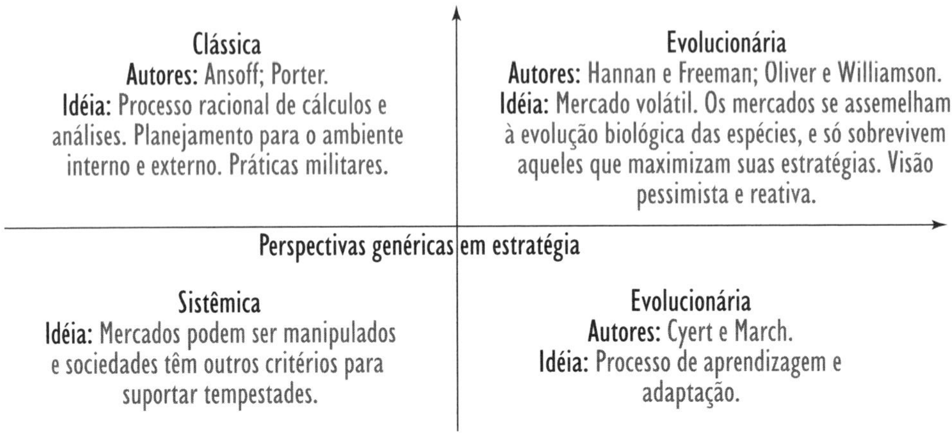

Clássica **Autores:** Ansoff; Porter. **Idéia:** Processo racional de cálculos e análises. Planejamento para o ambiente interno e externo. Práticas militares.	Evolucionária **Autores:** Hannan e Freeman; Oliver e Williamson. **Idéia:** Mercado volátil. Os mercados se assemelham à evolução biológica das espécies, e só sobrevivem aqueles que maximizam suas estratégias. Visão pessimista e reativa.
Perspectivas genéricas em estratégia	
Sistêmica **Idéia:** Mercados podem ser manipulados e sociedades têm outros critérios para suportar tempestades.	Evolucionária **Autores:** Cyert e March. **Idéia:** Processo de aprendizagem e adaptação.

Fonte: Adaptado de Whittington, 2002.

Figura 2.6 Perspectivas genéricas de estratégia.

Os domínios da abordagem econômica mais divulgados foram as obras de Porter (1980, 1985). Nelas o autor afirma que as empresas podem escolher estratégias específicas, com base nas análises do ambiente e da situação competitiva, que determinarão seu sucesso e sobrevivência. Ele apresenta ainda o modelo das cinco forças competitivas (risco de novos concorrentes; poder de barganha dos fornecedores; poder de barganha dos compradores; risco de produtos substitutos; e rivalidade entre concorrentes existentes).

Uma nova tendência em estratégia teve início ainda nos anos 1980: a visão baseada em recursos (*Resource Based View* — RBV). Como uma abordagem complementar à de Porter (segundo alguns autores), os recursos das empresas são vistos como uma forma alternativa à análise na posição de mercado. Ela confronta a visão de Porter ao afirmar que para entrar em uma indústria (setor) mais atrativa a empresa deverá adquirir recursos com custo mais alto, anulando, dessa forma, os benefícios dessa atratividade.

O campo de gestão do conhecimento pode ser mais bem integrado a essa visão de estratégia, pois o conhecimento é intrínseco à empresa, difícil de ser imitável e comprado no mercado. Ele se insere na definição de recurso de Barney:

Capítulo 2 ▪ A Gestão do Conhecimento Como um Recurso Competitivo

Recursos são todos os ativos, capacidades, processos organizacionais, atributos da firma, conhecimento, etc. controlados por uma firma e que permitem a esta firma conceber e implementar estratégias que melhorem sua eficiência e eficácia. (Barney, 1991)

Para o autor, um recurso torna-se fonte de vantagem competitiva ao atender às seguintes condições:

- ser valioso para o cliente;
- ser raro;
- ser imperfeitamente imitável ou substituível;
- a organização deve ser capaz de explorar o recurso combinando-o com outros recursos e competências.

Um campo paralelo, mas com grande divulgação no meio acadêmico é a teoria de diversificação baseada em competências, existindo uma forte ligação com a visão baseada em recursos. Prahalad e Hamel (1990) são os autores com grande influência nesse campo e que apresentaram o termo "competências essenciais".

Alguns autores posicionam o conhecimento como figura estratégica, reconhecendo o potencial dele nas empresas como uma importante oportunidade.

Uma visão mais abrangente tem-se desenvolvido atualmente e sugere que o conhecimento pode ser o recurso mais importante controlado por uma empresa. Esse campo é denominado de teoria baseada no conhecimento (*Knowledge Based View* — KBV). Eisenhardt e Santos (2002) a posicionam como uma extensão da teoria baseada em recursos ou uma extensão das áreas de aprendizado organizacional e teorias da organização.

Ilustramos a evolução histórica da estratégia para demonstrar as possíveis visões que podemos ter com relação ao estudo das organizações. A abordagem da análise da indústria pressupõe que o principal determinante da competitividade da empresa é sua posição na indústria. Trata-se de uma visão em que os aspectos ligados ao setor no qual a empresa atua determinam o sucesso dela. Por exemplo:

- aspectos tecnológicos;
- elasticidade de preço;
- estrutura de mercado;
- número de vendedores e compradores;

Estratégias de Diferenciação

- barreiras à entrada;
- estrutura de custos.

Imaginem, por exemplo, uma empresa do setor de cervejas. No Brasil, a disputa é entre empresas de grande estrutura. Porter (1980-1985) é um dos autores que se posicionam na escola da análise da indústria. Ele diz que a rivalidade em uma indústria se torna ainda mais instável se algumas empresas tiverem interesses em jogos com o propósito de obter sucesso na indústria. O próprio autor comenta que na indústria de cervejas as empresas buscam economias de escala na produção, marketing e distribuição para criar barreiras de entrada.

Esse setor é formado por poucas empresas, se constituindo como um mercado de oligopólio: Ambev, Schincariol, Molson (que controla a cerveja Kaiser) e as demais empresas pequenas. O setor como um todo apresenta um potencial estável de crescimento e está diretamente relacionado ao poder de compra da população. Os principais consumidores da bebida são os jovens e as pessoas de baixo poder aquisitivo, portanto segundo a Sindicerv (2004), nos primeiros anos de plano real o consumo saltou de 38 litros por ano para 50 litros por ano por habitante; contudo, o preço ainda é alto para o poder aquisitivo dos consumidores. Nosso país é favorecido nesse sentido pelo clima tropical e distribuição demográfica. Outra vertente a ser analisada é a estrutura de marketing que pode contribuir para o aumento de demanda. Essa é uma das condições básicas citadas por Scherer e Ross (1991) na análise da indústria e citada por Porter (1980) como um fator que pode contribuir para todos os *players*, com um aumento de demanda geral na indústria.

Esse exemplo ilustra como uma análise das empresas pode ser feita do ponto de vista da **análise da indústria**. Há um potencial crescimento de cada empresa se o setor como um todo cresce; há também questões de poder de negociação de fornecedores, por exemplo, que pode afetar todas as empresas participantes daquele setor.

A **visão baseada em recursos**, por sua vez, olha apenas para dentro da empresa, olha para os recursos que ela possui e para as competências para solucionar problemas e se posicionar de maneira diferente diante dos concorrentes. Alguns recursos podem ser considerados estratégicos para a organização, como:

- reputação da empresa;
- marca do produto;
- conhecimento dos funcionários;
- conhecimento coletivo.

Capítulo 2 ■ A Gestão do Conhecimento Como um Recurso Competitivo

Podemos exemplificar a marca do produto como uma preocupação de algumas empresas, como a Companhia Müller de Bebidas, que produz a Cachaça 51. A marca abordada do ponto de vista de recurso pode se tornar estratégica para a empresa.

Cachaça sobe na passarela em busca de *glamour*

A Cia. Müller de Bebidas, que produz a Cachaça 51, está lançando mão do que considera "uma boa idéia" – para não deixar de ser fiel a um dos mais conhecidos motes da publicidade brasileira – com o objetivo de acabar definitivamente com o estigma de cachaça. A pretensão da 51, apoiada em grandes investimentos em marketing e publicidade no Brasil e no exterior, é mostrar que a mais brasileira das bebidas, mesmo com seu apelo popular, pode ser fashion.

Para isso, uma de suas principais ações neste início de ano (2005) será fazer seu ousado ingresso como um dos patrocinadores master do São Paulo Fashion Week (SPFW), o evento mais *"fashion"* do País, que começa no próximo dia 19 de janeiro. O objetivo, segundo o diretor comercial da empresa, Luiz Augusto Müller, é "desestigmatizar" a cachaça como produto de baixa qualidade.

"Aliar a 51 ao prestígio da moda brasileira, reconhecida tanto dentro do País como no exterior, vai servir aos nossos objetivos de crescimento, seja no mercado interno quanto no mercado externo", afirma Müller, que tem como meta em 2005 "convencer os consumidores que valorizar o produto nacional também tem seu *glamour*".

Única bebida alcoólica a circular pelo SPFW, a 51 terá um bar exclusivo e um lounge especial com decoração de grife. Promotores famosos e conhecidos chefes de cozinha vão fazer parte da equipe da marca durante os dias dos desfiles, já que a idéia é aliar nomes de sucesso com a cachaça líder de mercado. A programação total ainda é segredo, mas a 51 prepara um kit especial para caipirinha – que inclui uma embalagem do limão liofilizado que a Müller terceiriza e faz muito sucesso no exterior – e que será distribuído aos famosos que circularem pelo espaço da caninha no SPFW, além de muitos drinques criados especialmente para o evento.

Desde que ingressou no mercado internacional, a Cia. Müller vem investindo em ações para ampliar a imagem de sua principal marca. A meta é dobrar as vendas para o exterior até o final da década. Em 2005, a projeção é de que sejam exportados entre 155 e 160 mil caixas de 12 litros da bebida.

De acordo com a revista inglesa "Drinks International", uma referência mundial do segmento, a 51 já é uma das principais marcas globais em volume de vendas, superando outras de longa tradição em exportação como o rum Bacardi e o uísque Johnie Walker. A 51 é a quinta marca de destilados mais consumida no mundo com 21,57 milhões de caixas ou 194 milhões de litros.

A Müller exporta para 40 países. Portugal é o principal destino, respondendo por 17% do total, resultado de uma ação de marketing de R$ 1,5 milhão desde o ano passado. "Aproveitamos a última Eurocopa que foi realizada em Portugal para divulgar a marca, aproveitando a presença de torcidas de diversos países", conta Müller. Também são grandes as vendas na Alemanha, Espanha, Itália, Inglaterra, Suíça e no Japão. Na China, para onde a empresa começou a exportar no segundo semestre de 2004, o grande sucesso é o novo Ice 51, soda alcoólica que mistura cachaça, água carbonatada e essências de frutas. como tangerina, maracujá, lima e limão (por enquanto).

À frente da campanha internacional está a agência África, do publicitário Nizan Guanaes, que conta com respaldo da rede DDB, cuja missão é criar uma nova identidade para a 51 no exterior. A África cuida também das ações nacionais enquanto as ações regionais estão por conta da MPM, agência da holding Ypy, também controlada por Guanaes. A Cia. Muller vai investir em marketing este ano cerca de R$ 45 milhões, boa parte destinados ao mercado externo.

No Brasil, segundo Müller, a cachaça é a segunda bebida mais vendida, perdendo apenas para a cerveja. É um mercado grande, mas estabilizado há muitos anos, situação que a empresa quer vencer conclamando os consumidores das classes A e B para prestigiar a bebida nacional por excelência.

"Com ações como a do Fashion Week estamos começando a quebrar o preconceito contra a bebida que, hoje, já pode ser encontrada em pontos-de-venda sofisticados, como os restaurantes do grupo Fasano, em São Paulo", diz Müller. A 51, segundo ele, está presente em todos os 900 mil pontos-de-venda do País. "Investimos muito em logística que, para mim, é, acima de tudo, o ponto fundamental de qualquer ação de marketing", gosta de afirmar Luiz Müller.

A 51 apóia diversos eventos regionais, como a Festa Julina Vale Festejar, no Maranhão, que divulga o folclore local. Para Müller, os patrocínios são uma "excelente saída depois que fomos proibidos de anunciar bebida alcoólica antes das 22 horas". Agora, no início do ano, além da extensiva participação no São Paulo Fashion Week, a marca será uma das patrocinadoras do camarote da Daniela Mercury no carnaval da Bahia.

Fonte: Cachaça sobe na passarela em busca de glamour, R. N., *Gazeta Mercantil*. São Paulo, 8 e 9 jan. 2005.

Além da marca, como mostra o exemplo, o conhecimento pode ser considerado um ativo da empresa que o detém. Para Nonaka e Takeuchi (1997) o conhecimento acumulado externamente é compartilhado de forma ampla dentro da organização, armazenado como parte da base de conhecimentos da empresa e utilizado pelos envolvidos no desenvolvimento de novas tecnologias e produtos. Ele é tido como um recurso estratégico importante na disputa por competitividade.

A Pesquisa de Campo

Como se pôde ver na primeira parte deste capítulo, a gestão do conhecimento abrange uma série de temas corporativos e acadêmicos. Ela, sem dúvida, pode ser resumida como um assunto multidisciplinar, que integra desde áreas relacionadas à filosofia e sociologia até aspectos mais cartesianos de gestão de processos e tecnologia da informação. Contudo, ainda percebíamos que havia um questionamento grande quanto ao aspecto de geração de resultados e a aplicação de conceitos relacionados à gestão do conhecimento. Ainda não nos era claro a percepção de resultado efetivo gerado na empresa. E mais do que isso; Como, de fato, eram aplicados os conceitos nas instituições? Quem eram os responsáveis: recursos humanos, área de tecnologia, presidência?

Realizamos uma vasta pesquisa bibliográfica, fomos a congressos e pesquisamos oito empresas do Estado de São Paulo, dentre elas uma grande construtora brasileira, a fim de realmente entender as aplicações. O resultado disso será apresentado neste capítulo e propõe uma visão didática para que possamos melhor entender a relação da aplicação de práticas de gestão do conhecimento e a capacidade de competir da empresa.

Atualidades de Gestão do Conhecimento

As primeiras aplicações de práticas em gestão do conhecimento no Brasil se iniciaram na década de 1980. O termo tornou-se de fato popular na década de 1990, com algumas publicações de livros e artigos. Nos últimos anos, percebeu-se uma grande expansão, tanto em número de publicações como em cursos, palestras e associações que tratavam do tema.

O **Centro de Referência em Inteligência Empresarial** é um exemplo de organização em prol de estudos relacionados ao tema gestão do conhecimento. O Crie, como é conhecido, se especializou no desenvolvimento e aplicação de metodologias de gestão do conhecimento em empresas privadas, instituições públicas e em pequenas e microempresas.

Podemos citar ainda outras instituições de pesquisa, ensino, entidades, associações e assessoria em gestão do conhecimento. O **Núcleo de Estudos em Gestão da Informação, do Conhecimento e da Tecnologia** pertencente à Universidade Federal de Santa Catarina, que desenvolve pesquisas e estudos nessas áreas. **A Sociedade Brasileira da Gestão do Conhecimento** (SBGC) é uma entidade que visa contribuir para a inserção e realização do potencial de pessoas e organizações na era do conhecimento. A proposta da missão da SBGC é "contribuir para o comportamento de conceitos, métodos e técnicas que promovam a socialização do conhecimento, visando o aumento da efetividade das organizações, a competitividade do país e a qualidade de vida das pessoas" (www.sbgc.org.br). Trata-se de uma entidade sem fins lucrativos, sem subvenções estatais, que tem como objetivo promover a interconexão de informações entre professores e empresas na área, apoiar a formação de professores especializados e induzir o intercâmbio multidisciplinar entre as áreas acadêmicas e as práticas profissionais afins à gestão do conhecimento. A SBGC realizou em 2004 o maior evento de gestão do conhecimento da América Latina, o KM 2004.

Outro destaque é o **Terra Fórum**, formado por consultores com foco em gestão estratégica do conhecimento. Em seu site há inúmeros artigos e livros sobre o tema, além da primeira tese brasileira sobre gestão do conhecimento, de José Cláudio Terra — autor de vários livros e presidente da empresa. São desenvolvidos também cursos com parceiros internacionais e palestras com personalidades renomadas mundialmente.

Há ainda instituições internacionais, como o **Canadian Institute of Knowledge Management Research**; Center for Intelligence Information

Capítulo 2 ▪ A Gestão do Conhecimento Como um Recurso Competitivo

Retrieval; Centre de Recherche Retrospective de Marseille e MIT Sloan School of Management.

Pesquisas realizadas na área

A Insight Informal (www.informal.com.br), em um artigo de Pereira (2005) que trata da pesquisa sobre o mercado de gestão do conhecimento, cita três pesquisas realizadas em épocas diferentes, com critérios de seleção das organizações e metodologias de realização também distintas, mas que tiveram como objetivo identificar as oportunidades em que estavam sendo investidos recursos na área.

a) Informal Informática

Pesquisa realizada em 2000 com 200 empresas brasileiras. Para Pereira (2005), da Informal, foi possível perceber que as práticas em gestão do conhecimento mais adotadas pelas organizações eram:

- compartilhamento do conhecimento;
- melhorias de processos;
- gestão de relacionamento com cliente;
- comunicação organizacional;
- gestão de competências.

Com relação às dificuldades, puderam ser listadas:

- cultura organizacional adversa;
- falta de consciência gerencial;
- problemas de comunicação;
- administração de tempo inadequada.

b) Crie

O Centro de Referência em Inteligência Empresarial, núcleo de pesquisa e capacitação que integra a área de inovação tecnológica e organizacional industrial do programa de Engenharia de Produção da Universidade Federal do Rio de Janeiro (UFRJ), realizou uma pesquisa com as cem maiores empresas brasileiras por faturamento, conforme balanço anual de 2000, da *Gazeta Mercantil*, das quais 65% eram provenientes do setor de serviços e 35%, do setor industrial e do governo. O objetivo principal da pesquisa foi identificar de que maneira os in-

Estratégias de Diferenciação

vestimentos estavam sendo aplicados e em que tipos de projetos os recursos seriam aplicados.

O mercado de gestão do conhecimento no Brasil apresenta indícios de crescimento, "dá sinais de estar em franca expansão e que precisa ser mensurado, visto que representa um enorme celeiro de oportunidades" (Crie, 2001). O crescimento entre 2001 e 2003 já era sentido: "Os investimentos superiores a R$ 1,0 milhão passaram de 13,71%, em 2001, para 17,74%, em 2003, um aumento de quase 30% em dois anos (...) 75% das empresas no Brasil já se interessam pelo assunto" (Crie, 2001).

A seguir, nos Gráficos 2.3, 2.4, 2.5 e 2.6 apresentamos alguns resultados dessa pesquisa.

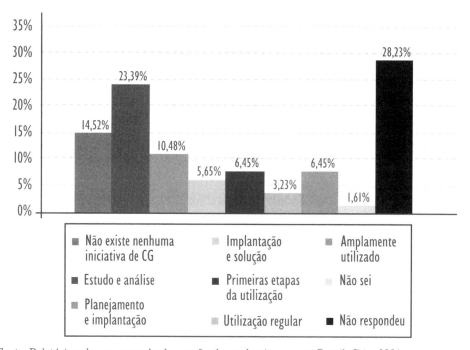

Fonte: Relatório sobre o mercado de gestão do conhecimento no Brasil, Crie, 2001.

Gráfico 2.3 Estado atual da iniciativa de gestão do conhecimento nas empresas.

Capítulo 2 — A Gestão do Conhecimento Como um Recurso Competitivo

Com relação às áreas das empresas responsáveis pelas iniciativas de gestão do conhecimento, 16,94% das empresas criaram uma área específica para serem responsáveis pela gestão do conhecimento; outras informaram que as suas iniciativas estavam sob a responsabilidade da área de tecnologia: 11,29% em informática e 16,13% em tecnologia da informação, o que, de acordo com o Crie, indica que projetos que visam somente à implantação de ferramentas estão sendo considerados iniciativas de gestão do conhecimento.

O centro de documentação e informação/biblioteca foi citado por 6,45% das empresas como área responsável pela iniciativa da gestão do conhecimento, enquanto apenas 4,84% pela área de qualidade.

Na maioria das empresas, em 22,58%, a área responsável é a de recursos humanos.

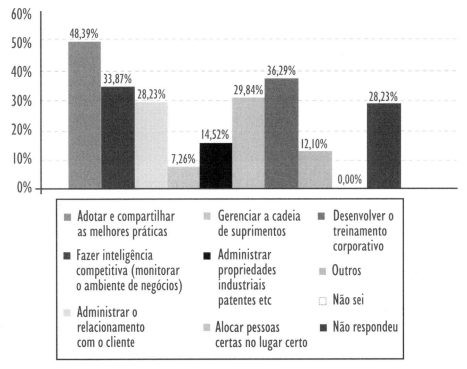

Fonte: Relatório sobre o mercado de gestão do conhecimento no Brasil, Crie, 2001.

Gráfico 2.4 Resultados atuais ou esperados da iniciativa de gestão do conhecimento.

Estratégias de Diferenciação

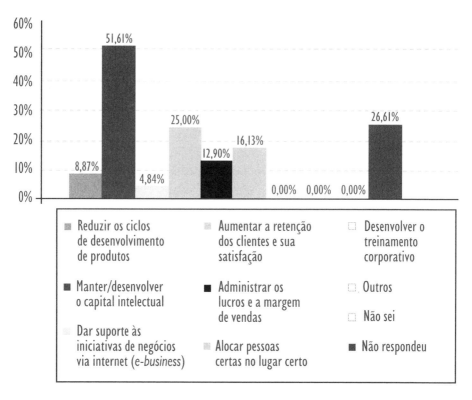

Fonte: Relatório sobre o mercado de gestão do conhecimento no Brasil, Crie, 2001.

Gráfico 2.5 Razões mais importantes para adotar uma iniciativa de gestão do conhecimento nas empresas.

Com os resultados gráficos apresentados, temos a conclusão de que a gestão do conhecimento está em discussão nas empresas, porém, muitas ainda apresentam um estado inicial na sua aplicação efetiva. Da gama de fatores que contribuem para a efetiva aplicação da gestão do conhecimento, algumas empresas aplicam apenas um ou dois deles e poucas investem em mais.

De acordo com o Crie (2001), a pesquisa não apresentou previamente uma definição formal do que seja gestão do conhecimento. Dessa forma, o conceito e os benefícios trazidos pela aplicação desse sistema de gestão podem não estar claros para as organizações.

Capítulo 2 ▪ A Gestão do Conhecimento Como um Recurso Competitivo

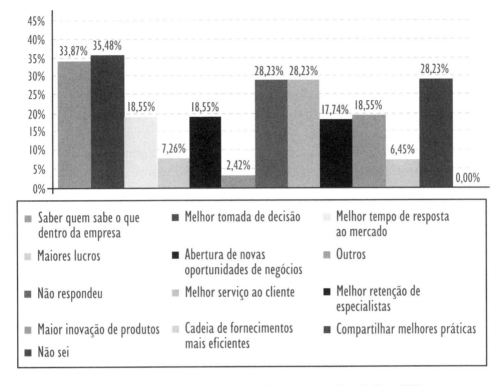

Fonte: Relatório sobre o mercado de gestão do conhecimento no Brasil, Crie, 2001.

Gráfico 2.6 Três principais benefícios esperados pelas empresas com a implantação de um projeto de gestão do conhecimento.

c) *E-consulting*, publicado na revista *HSM*

Esta pesquisa foi realizada em 2004 e teve como principal objetivo identificar a utilização, as tendências e os resultados alcançados e esperados por empresas brasileiras e seus executivos a respeito da gestão do conhecimento. Para Pereira (2005), houve a percepção de um maior investimento dos executivos e tomadores de decisão. "Costumamos dizer que gestão do conhecimento daquilo que não é estratégico não tem razão de ser. Dessa forma, o apoio e patrocínio do alto gestor têm papel fundamental no sucesso da implementação de práticas de GC."

Contextualizando Gestão do Conhecimento

Nesta parte do capítulo, abordaremos uma visão geral sobre a gestão do conhecimento, além de sua história e suas aplicações. Segue-se com a visão de diversos autores a respeito da aplicação gerencial do conhecimento nas organizações, enfatizando a sua importância e a sua relação com competência essencial e conhecimento na empresa.

Serão definidos também os conceitos de dado, a informação e o conhecimento e as questões importantes a serem entendidas antes de nos aprofundarmos na gestão do conhecimento.

As etapas da gestão do conhecimento são descritas na seqüência, na qual há uma detalhada explicação de cada fase: da criação à utilização do conhecimento na prática.

A história da gestão do conhecimento

Podemos iniciar o contexto histórico apresentando a visão de Wiig (2003). Para o autor, a gestão do conhecimento vem sendo discutida ao longo do tempo. Conhecimento, incluindo o saber e as reações que ele provoca, tem sido documentado por filósofos ocidentais há muitos anos. Filósofos orientais também possuem uma vasta documentação que enfatiza o conhecimento e sua compreensão aplicada à conduta espiritual ao longo da vida. Muito esforço está sendo direcionado para obter a compreensão teórica e abstrata sobre o conhecimento. O autor acrescenta que a necessidade do saber ou, particularmente, a necessidade do conhecimento e da compreensão tem sido importante desde as batalhas pela sobrevivência nos primórdios.

A gestão do conhecimento também representa uma evolução do movimento para a liberdade pessoal e intelectual iniciada na época do Iluminismo, há 200 anos.

> O aparecimento do conhecimento explícito e da introdução do termo gestão do conhecimento, na década de 80, não foi um acidente, nem aconteceu por acaso. O desenvolvimento da gestão do conhecimento foi conduzido por diversas áreas até chegar às atuais perspectivas. Algumas baseadas na intelectualidade, outras no pragmatismo, que indicam que a necessidade de inovação pode assegurar a continuidade do processo. Antigamente, havia certa resistência aos avanços do pensamento, havia pequenas mudanças nas práticas de gestão do conhecimento até que a Revolução

Capítulo 2 ■ A Gestão do Conhecimento Como um Recurso Competitivo

Industrial mudou o cenário econômico do século XVII. A introdução de fatores e relatos da especialização sistemática começou a ser mais pronunciados para auxiliar na habilidade de criação e entrega de bons trabalhos em grandes quantidades a baixos custos. (Wiig, 2003).

Nas últimas três décadas, as organizações passaram a conscientizar-se da importância da revisão dos seus modelos de gestão. Segundo o Serviço Federal de Processamento de Dados (Serpro, 2003), o conceito de modelo de gestão trata-se do conjunto próprio de concepções filosóficas e idéias administrativas que operacionalizam as práticas gerenciais nas organizações.

A Figura 2.7 representa o cenário ambiental da evolução dos modelos de gestão, em que as ondas de transformação, segundo Toffler (1980), tratam dos grandes momentos históricos de evolução da sociedade humana, cada qual com seus modelos próprios relacionados aos aspectos político, econômico, social tecnológico e organizacional: a Revolução Agrícola (até 1750), a Revolução Industrial (entre 1820 e 1950) e a da Informação (a partir de 1970).

As eras empresariais, segundo Maranaldo (1989), tratam dos estágios de evolução empresarial, a partir da Revolução Industrial (segunda onda de transformação), cada um com seus modelos gerenciais próprios: os tradicionais de gestão, os novos e os emergentes.

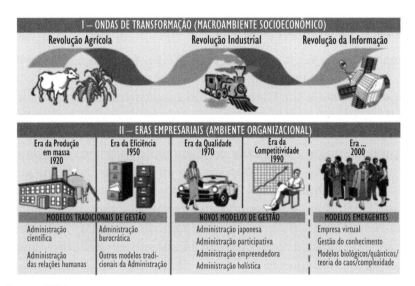

Fonte: Serpro, 2003.

Figura 2.7 O cenário ambiental da evolução dos modelos de gestão.

Durante a segunda Revolução Industrial, iniciou-se, em 1920, a *era da gestão empresarial*, a qual se divide em quatro períodos: a *era da produção em massa* (1920 a 1949), com ênfase na quantidade de produção e na padronização do processo (linha de montagem); a *era da eficiência* (1950 a 1969), com ênfase no controle interno das operações (burocratização da gestão); a *era da qualidade* (1970 a 1989), com ênfase na satisfação do cliente e a *era da competitividade* (a partir de 1990), com ênfase na busca de excelência empresarial, atendendo aos interesses de clientes, colaboradores, acionistas e da comunidade.

Finalmente, ao longo dos anos 1990, o conjunto de práticas consolidou-se como gestão do conhecimento.

Segundo Wiig (2003), novas perspectivas surgem dos esforços para explicar as forças que direcionam a economia na "era do conhecimento", período caracterizado pela busca do conhecimento e nos esforços para incrementar os resultados no novo século.

Fica claro que o desenvolvimento do conhecimento vem, ao longo do tempo, aprimorando-se e consolidando-se no consciente coletivo, adaptando-se à realidade de cada um dos ambientes em que se desenvolve. O conhecimento, mesmo que implícito, tem adquirido um papel importante no desenvolvimento humano da sociedade.

Importância e competências essenciais

O conhecimento, de acordo com Oliveira (1997), é um trunfo competitivo de extremo poder e de grande importância, não só em sua aquisição, como também em sua criação e transferência. Outra indicação da importância trazida pela gestão do conhecimento é a inovação, tida como um imperativo competitivo das empresas da atualidade.

Segundo Nonaka (2001), criar conhecimentos significa recriar a organização e as pessoas que a compõem em um processo constante de auto-renovação pessoal e organizacional. Nessas empresas, os novos conhecimentos não se restringem às áreas de marketing, pesquisa e desenvolvimento, e planejamento estratégico. Trata-se de uma forma de comportamento em que todos são trabalhadores do conhecimento (empreendedores). Dessa maneira, as empresas japonesas sugerem uma forma diferente de raciocinar sobre as funções e responsabilidades gerenciais, estrutura organizacional e práticas de negócios na empresa criadora do conhecimento. Nelas, a criação do conhecimento permanece o cerne da estratégia de Recursos Humanos.

Capítulo 2 ▪ A Gestão do Conhecimento Como um Recurso Competitivo

Wiig (2003) afirma que o atual foco da gestão do conhecimento não é apenas dirigido por pressões comerciais. Uma prática, freqüentemente implícita na gestão do conhecimento, requer a efetiva participação das pessoas quanto à delegação de tarefas intelectuais e autoridade para que o indivíduo tenha poder de decisão e interação com o conhecimento.

Nonaka (2001) ainda completa que o sucesso das empresas japonesas deve-se à sua capacidade e especialização na criação do conhecimento organizacional, capacidade de uma empresa criar conhecimento, difundi-lo na organização como um todo e incorporá-lo a produtos, serviços e sistemas. Essa criação é a chave para formar as características com que as empresas japonesas inovam (de maneira contínua, incremental e em espiral), conforme mostra a Figura 2.8, a seguir.

Fonte: Nonaka e Takeuchi, 1997.

Figura 2.8   Sucesso das empresas japonesas.

O novo foco do conhecimento como recurso competitivo é explorado por Toffler (apud NONAKA e TAKEUCHI, 1997), no qual ele diz que o conhecimento é a fonte de poder de mais alta qualidade. Quinn (apud NONAKA e TAKEUCHI, 1997) compartilha dizendo que a visão semelhante de que o poder econômico e de produção de uma empresa moderna está mais em suas capacidades intelectuais e de serviço do que em seus ativos imobilizados, como terra, instalações e equipamento. Aponta ainda que o valor da maioria dos produtos e serviços depende, principalmente, de como os fatores intangíveis baseados no conhecimento, como *know–how* tecnológico, projeto do produto, apresentação de marketing, compreensão do cliente, criatividade pessoal e inovação, podem ser desenvolvidos.

Conforme Hamel e Prahalad (*apud* FLEURY e OLIVEIRA JR., 2001), mais importante que o desenvolvimento de unidades estratégicas de negócios que obstruam a difusão do conhecimento pela empresa é a habilidade em construir, com menor custo e mais velozmente do que os competidores, as competências essenciais que originarão produtos e serviços não esperados.

Ruas (2001) apresenta uma expressão bastante destacada na atual literatura: *competência*, a qual tem sido apropriada no mundo empresarial e marcada por diferentes conceitos e dimensões, conforme descritos no Quadro 2.1, a seguir.

Quadro 2.1   Dimensões organizacionais da competência.

Dimensões organizacionais da competência	Noções	Abrangência
Essenciais	São as competências que diferenciam a empresa perante concorrentes e clientes e constituem a razão de sua sobrevivência.	Devem estar presentes em todas as áreas, grupos e pessoas da organização, embora em níveis diferenciados.
Funcionais	São as competências específicas a cada uma das áreas vitais da empresa (vender, produzir e conceber, por exemplo).	Estão presentes entre os grupos e pessoas de cada área.
Individuais	São as competências individuais que compreendem as competências gerenciais.	Apesar da dimensão individual, podem exercer importantes influências no desenvolvimento das competências dos grupos ou até mesmo da organização. É o caso das competências gerenciais.

Fonte: Ruas, 2001.

Nesse âmbito, a noção de competência aparece como uma forma renovada de pensar sobre o papel e o desempenho do trabalho nas organizações: não

Capítulo 2 ▪ A Gestão do Conhecimento Como um Recurso Competitivo

seria um estado de formação educacional ou profissional, nem mesmo um conjunto de conhecimentos adquiridos; não se reduz ao saber nem ao saber fazer, mas à sua capacidade de mobilizar e aplicar esses conhecimentos em uma condição particular.

A gestão do conhecimento tem merecido crescente atenção, especialmente em seu aspecto de relacionamento com a estratégia organizacional. Visto como competência essencial e vantagem sustentável da organização, o conhecimento empresarial e sua gestão têm alterado as questões gerenciais, demandando uma postura administrativa mais preocupada com esse ativo intangível, conforme Beppler (2003).

Para Hitt, Keats *et al.* (1998), as competências essenciais dinâmicas requerem aprendizagem organizacional para o seu desenvolvimento e atuação contínua.

Podemos citar ainda outros autores, como Silva (2003), o qual afirma que o conhecimento coletivo, que é tácito e enraizado à prática de trabalho, pode ser inimitável. Quando esse conhecimento também ajuda a empresa a criar valor, será base de suas competências essenciais. Podemos nos lembrar de que a questão de recursos inimitável é apresentada pela RBV e Barney (2002), que será abordado adiante.

Uma outra visão é ainda apresentada por Leonard (*apud* SILVA, 2003), que enfatiza a importância da realização de quatro atividades inter-relacionadas, que são chaves para a construção do conhecimento organizacional (Figura 2.9), e o desenvolvimento do trabalho com o conhecimento em uma organização está diretamente relacionado ao desenvolvimento estratégico de suas competências e capacidades essenciais.

Fonte: Leonard *apud* Silva, 2003.

Figura 2.9 Atividades essenciais para a construção do conhecimento organizacional.

73

A **análise e solução de problemas** tratam do compartilhamento da tarefa de solução de problemas, reunindo visões diferentes para análise.

O **envolvimento do cliente** trata da implementação e integração da solução em desenvolvimento no ambiente em que será utilizado, focando o grau e o tipo de envolvimento do cliente durante o projeto.

A **experimentação** é a existência de um clima organizacional que tolere e encoraje a experimentação e a visualização de soluções por intermédio da criação de protótipos, desenvolvendo mecanismos para assegurar que a organização aprenda com essas atividades.

A **importação de conhecimentos** trata de absorver conhecimentos tecnológicos e de mercado.

De acordo com Fleury e Oliveira Jr. (2001), a competição em torno das competências essenciais é o campo de batalha no qual se decide o futuro da empresa, assim como deve ser a base de sustentação dos produtos ou serviços que atendam de modo superior a desejos e necessidades dos clientes, hoje e no futuro. Nesses tempos de globalização e forte pressão concorrencial, o produto que hoje sustenta a liderança de uma empresa dificilmente será a base de sua vantagem em dois ou três anos. São as competências essenciais, segundo os autores, que vão gerar os produtos que sustentarão essa vantagem no futuro. Como essas competências são fruto de um processo de aprendizagem coletiva que evolui, também mudarão ao longo do tempo, pois é necessário um desenvolvimento e uma atualização contínua.

Para Beppler (2003), ainda cabe ao gestor identificar as competências essenciais da organização e das pessoas com que convive, divulgando e compartilhando recursos sempre que isso se fizer necessário. O foco deve ser desviado de setores ou pedaços da organização para o todo. O gestor não deve perder de vista que o objetivo principal da empresa é ser eficaz e eficiente, e que a gestão do conhecimento deve ser um meio para alcançar os objetivos estratégicos da organização.

Mas o que de fato é Gestão do Conhecimento?

Diversos autores contribuíram para o desenvolvimento da vasta literatura sobre gestão do conhecimento, mas um ponto comum os une: "Gestão do conhecimento envolve a determinação do que a empresa sabe ou deveria saber para alcançar seus objetivos estratégicos" (VASCONCELOS, 2001).

Capítulo 2 ■ A Gestão do Conhecimento Como um Recurso Competitivo

A gestão do conhecimento tem suas bases sedimentadas em descrições claras do que é um dado, uma informação e um conhecimento. Essa seqüência demonstra a evolução da cadeia de produção do conhecimento, ou seja, da criação do conhecimento, uma vez que tudo tem origem em um simples dado.

De acordo com Oliveira (1997), **dado** é qualquer elemento identificado em sua forma bruta que, por si só, não conduz a uma compreensão de determinado fato ou situação. Dessa maneira, é possível dizer que **dado** pode ter significados distintos, dependendo do contexto no qual seja utilizado. Em uma empresa, por exemplo, ele pode ser considerado resultado de uma operação, uma informação bruta; a descrição exata de um evento. Os dados isolados não têm relevância, propósito e significado, contudo, em conjunto com outros dados, é matéria-prima essencial para a criação da informação.

Segundo Oliveira (1997), **informação** é o dado trabalhado que permite ao usuário tomar decisões. De acordo com alguns autores, informação é um dado interpretado, dotado de relevância e propósito, um produto capaz de gerar conhecimento. (OLIVEIRA, 1997; DRUCKER, 2001; MACHLUP apud SANTOS, 2001; NONAKA e TAKEUCHI, 1997; WIIG, 2003).

Segundo Nonaka e Takeuchi (1997), **conhecimento** é o produto da informação ou de um conjunto delas, associadas à bagagem cultural do elemento que a absorve. O conhecimento é criado com base no fluxo de informações, ancorado nas crenças e compromissos de seu detentor e sempre está relacionado às ações humanas para algum fim. O conhecimento é usado para receber informações; reconhecer e identificar; analisar, interpretar e avaliar; sintetizar; pesar; decidir; adaptar, planejar, implementar, monitorar e, por fim, agir.

Sveiby (apud OLIVEIRA, 1997) diz que o conhecimento é uma capacidade de agir. Para Moran (apud OLIVEIRA, 1997), significa compreender todas as dimensões da realidade, captar e expressar essa totalidade de forma cada vez mais ampla e integral.

Para Terra (2000), a **gestão do conhecimento** é um processo sistemático de revisão e identificação das principais políticas, procedimentos, ferramentas, práticas, tecnologia, criação, armazenamento, renovação, disseminação, compartilhamento e aplicação/uso do conhecimento, possibilitando a efetiva aquisição, organização e distribuição de informações que contribuem para a realização dos objetivos do negócio por meio de ações eficazes, gerando resultados econômicos para a empresa.

Criar uma vantagem competitiva flexível e de difícil imitação por meio da implementação da gestão do conhecimento é muito importante, pois ela estará enraizada na empresa e não somente em recursos físicos e rígidos. Essa vantagem competitiva manifesta-se mais notoriamente de duas formas: a relação do conhecimento com a capacidade de inovar da empresa e a preparação e flexibilidade que esta possui para aprender rápido, reagindo, assim, favoravelmente às mudanças cada vez mais freqüentes no ambiente de mercado em que atua.

Etapas da Gestão do Conhecimento

A Sociedade Brasileira de Gestão do Conhecimento (2003) defende que este tipo de gestão, por si só, já deve trazer alguns processos específicos, como: compartilhar o conhecimento internamente, atualizá-lo, processá-lo, aplicando-o nas atividades, identificá-lo internamente, criar conhecimentos, compartilhá-lo com a comunidade e registrá-lo, entre outros. Esses processos devem estar, de algum modo, incorporados aos processos do negócio, para fazer com que um projeto de gestão de conhecimento tenha sucesso. É necessário fazer essa mesclagem, pois senão os colaboradores podem ver os processos de gestão do conhecimento como um trabalho a mais.

De acordo com Oliveira Jr. (2001), diante do cenário que se prevê para as empresas do futuro, em que as incertezas e turbulências são os únicos fatores assegurados e as mudanças são uma certeza, a criação de conhecimentos e sua gestão e disseminação por todos na organização torna-se uma necessidade. Criar os mecanismos adequados e uma cultura de compartilhamento de conhecimentos é o grande desafio de todas as organizações. O conhecimento é um recurso que pode e deve ser gerenciado para melhorar o resultado da empresa.

As etapas da gestão do conhecimento (Figura 2.10) são divididas em cinco: criação, armazenamento, organização e transformação, compartilhamento e utilização do conhecimento.

Capítulo 2 ■ A Gestão do Conhecimento Como um Recurso Competitivo

Figura 2.10 Etapas da gestão do conhecimento.

Criação

A criação do conhecimento nas empresas passa pela identificação e avaliação das competências essenciais, como já citado, que alguns autores como Hamel e Prahalad (1995) definem ser o conjunto de habilidades e tecnologias que habilitam uma companhia a proporcionar um benefício particular para os clientes.

Nonaka e Takeuchi (1997) destacam tópicos importantes no modelo para conversão do conhecimento: o conteúdo e a espiral do conhecimento e as condições capacitadoras da criação do conhecimento organizacional.

A fonte de novo conhecimento na empresa é um processo de aprendizagem organizacional sobre o qual ela também pode tentar ter maior influência. O desafio colocado às empresas é descobrir as formas pelas quais o processo de aprendizagem organizacional pode ser estimulado e investigar como o conhecimento organizacional pode ser administrado para atender de forma superior às suas necessidades estratégicas. A seguir, será mostrada a experiência de algumas empresas estudas.

a) **Gerenciamento do conhecimento tácito e explícito**

A visão do conhecimento, tida como algo formal e explícito, é aquela que é expressa em palavras e números e facilmente comunicada e compartilhada sob a forma de dados brutos, fórmulas científicas, procedimentos codificados ou princípios universais. Trata-se do conhecimento explícito.

O conhecimento tácito pode ser segmentado em duas dimensões. A técnica, que abrange um tipo de capacidade informal e difícil de definir (como as mãos de um artesão, por exemplo) e a cognitiva, que consiste em esquemas, modelos mentais, crenças e percepções, ou seja, a nossa imagem da realidade e a visão do futuro de cada um. "O conhecimento tácito consiste em parte de habilidades técnicas, o tipo de destreza informal e de difícil especificação, incorporada ao termo *know-how*" (NONAKA, 2001, p. 33).

O processamento do conhecimento pode ser mais facilmente entendido no que diz respeito ao conhecimento explícito, uma vez que são facilmente processados por um computador, transmitidos eletronicamente ou armazenados em banco de dados. Existe grande dificuldade de processamento e transmissão ao citar a subjetividade e intuitividade do conhecimento tácito. Para esse ser compartilhado dentro da organização, deverá, necessariamente, ser convertido em palavras ou números, ou seja, conversão de tácito para explícito e posteriormente em tácito, criando assim o conhecimento organizacional. "O conhecimento também abrange ideais, valores e emoções, bem como imagens e símbolos. Esses elementos flexíveis e qualitativos são essenciais para compreensão da visão japonesa do conhecimento" (NONAKA e TAKEUCHI, 1997, p. 8).

Segundo Nonaka e Takeuchi (1997), o desafio é evoluir na forma de pensar. O que antes abordava conhecimento como algo adquirido, transmitido e treinado por meio de manuais, livros e conferência, hoje deve prestar mais atenção ao lado menos formal e sistêmico do conhecimento e começar a focalizar os *insights*, as intuições e os palpites subjetivos dentro do uso de metáforas, imagens ou experiências.

b) Modelo para conversão do conhecimento

b1) Conteúdo e espiral do conhecimento

Os conhecimentos tácito e explícito são unidades estruturais básicas que se complementam e a interação entre eles é a principal dinâmica da criação do conhecimento na organização de negócios.

Nonaka e Takeuchi (1997) afirmam que essa conversão do conhecimento é um processo socializado entre indivíduos e não confinada dentro de cada um. Por meio da conversão social, os conhecimentos tácito e explícito expandem-se tanto em termos de qualidade quanto de quantidade. Os autores defendem quatro

Capítulo 2 ■ A Gestão do Conhecimento Como um Recurso Competitivo

modos de conversão do conhecimento: socialização, externalização, combinação e internalização.

A **socialização** é o compartilhamento do conhecimento tácito por meio de observação, imitação ou prática (tácito para tácito). A chave para adquirir conhecimento dessa forma é a experiência compartilhada. Um exemplo de socialização é a sessão de *brainstorming,* em que não se limita apenas a membros da equipe de projeto, mas também é aberta a funcionários interessados no projeto de desenvolvimento que está sendo realizado.

A **externalização** é a conversão do conhecimento tácito em explícito e sua comunicação ao grupo, e é provocada pelo diálogo ou pela reflexão. Essa é a chave para criação do conhecimento, e a forma eficiente e eficaz de conversão do conhecimento tácito em explícito é por meio do uso seqüencial da metáfora–analogia–modelo.

A **combinação** é o processo de sistematização de conceitos em um sistema de conhecimento. Trata-se da padronização do conhecimento. Os indivíduos trocam e combinam conhecimentos por meios como documentos, reuniões, conversas telefônicas ou redes de comunicação computadorizadas. Trata-se do processo de expressar tal conhecimento em um manual ou orientação de trabalho e incorporá-lo a um produto ou atividade (explícito para explícito).

A **internalização** é quando novos conhecimentos explícitos são compartilhados na organização, outras pessoas começam a internalizá-los e utilizá-los para aumentar, estender e reenquadrar seu próprio conhecimento tácito (explícito para tácito). É relacionado ao aprender fazendo.

A partir dessa etapa, reinicia-se toda a espiral do conhecimento, uma vez que a criação do conhecimento organizacional é uma interação contínua e dinâmica entre o conhecimento tácito e o conhecimento explícito.

A Figura 2.11, a seguir, ilustra a espiral do conhecimento, em que a socialização começa desenvolvendo um campo de interação, compartilhando as experiências e os modelos mentais dos membros. A externalização é provocada pelo diálogo ou pela reflexão coletiva, nos quais o emprego de uma metáfora ou analogia significativa ajuda os membros da equipe a articular o conhecimento tácito oculto que, de outra forma, é difícil de ser comunicado. A partir daí, a combinação é provocada pela colocação do conhecimento recém-criado e do conhecimento já existente, proveniente de outras seções da organização em uma rede, cristalizado-os, assim, em um novo produto, serviço ou sistema gerencial. Por fim, o aprender fazendo provoca a internalização.

Estratégias de Diferenciação

O conteúdo desses conhecimentos criados por cada modo de conversão é diferente, segundo Nonaka e Takeuchi (1997).

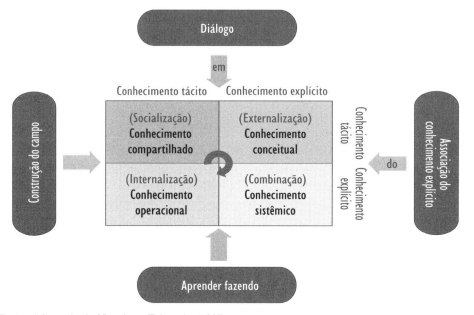

Fonte: Adaptado de Nonaka e Takeuchi, 1997.

Figura 2.11 Conteúdo do conhecimento criado pelos quatro modos.

Esses conteúdos do conhecimento interagem entre si na espiral de criação do conhecimento, que começa no nível individual, move-se para o grupal e então para o da empresa. À medida que a espiral do conhecimento sobe na empresa, ela pode ser enriquecida e estendida, seguindo a interação dos indivíduos uns com os outros e com suas organizações.

A articulação (conversão do conhecimento tácito em explícito) e a internalização (utilização do conhecimento explícito para a ampliação da própria base de conhecimentos tácitos) são as fases críticas da espiral. Para os autores, ambas exigem o envolvimento ativo do "eu", ou seja, o comprometimento pessoal.

Capítulo 2 ▪ A Gestão do Conhecimento Como um Recurso Competitivo

b2) Condições capacitadoras da criação do conhecimento organizacional

Há cinco condições, no plano organizacional, que promovem a espiral do conhecimento, de acordo com Nonaka e Takeuchi (1997): intenção, autonomia, flutuação e caos criativo, redundância e variedade de requisitos.

Na **intenção**, a espiral do conhecimento é direcionada pela intenção organizacional, que é definida como a aspiração de uma organização às suas metas. A essência dessa estratégia para alcançar suas metas está na capacidade de adquirir, criar, acumular e explorar o conhecimento.

Ao permitir a **autonomia**, a organização amplia a chance de introduzir oportunidades e aumenta a possibilidade de os indivíduos se automotivarem para criar conhecimentos. Idéias originais emanam de indivíduos autônomos, difundem-se dentro da equipe, transformando-se em idéias organizacionais.

As condições de **flutuação e o caos criativo** estimulam a interação entre a organização e o ambiente externo. À medida que as organizações adotam uma atitude aberta em relação aos sinais ambientais, podem explorar a ambigüidade, a redundância ou os ruídos dos sinais para o aprimoramento do seu próprio sistema de conhecimento.

A flutuação é introduzida em uma organização por meio da criação da "ordem a partir do ruído" ou "ordem a partir do caos", ou seja, fazendo com que seus membros enfrentem um colapso de rotinas, hábitos ou estruturas cognitivas. Enfrentando esses colapsos, os membros têm a oportunidade de reconsiderar seus pensamentos e perspectivas fundamentais, questionam a validade de suas atitudes básicas em relação ao mundo, estimulando, assim, a criação do conhecimento. Porém, se não há determinada reflexão, a flutuação pode levar ao "caos destrutivo", ou seja, não há criação de valor a partir do conflito.

O termo **redundância** pode soar mal por causa de questões como desperdício ou superposição desnecessária de informações, porém ela é a existência de informações que transcendem as exigências operacionais imediatas dos membros da empresa. Nas organizações dos negócios, a redundância refere-se à superposição intencional de informações sobre a atividade das empresas, responsabilidades da gerência e sobre a empresa como um todo.

O compartilhamento de informações redundantes promove o compartilhamento de conhecimento tácito, pois os indivíduos conseguem sentir o que outros estão tentando expressar, acelerando o processo de criação do conhecimento.

A diversidade interna de uma organização deve corresponder à variedade e complexidade do ambiente para permitir que ela enfrente os desafios impostos pelo ambiente. Os membros da organização podem enfrentar distintas situações se possuírem uma **variedade de requisitos**, que pode ser aprimorada por meio da combinação de informações, de uma maneira diferente, flexível e rápida, e do acesso às informações em todos os níveis da organização.

As cinco condições organizacionais descritas anteriormente, como intenção, autonomia, flutuação e caos criativo, redundância e variedade de requisitos, quando refletidas, criam as seguintes práticas gerenciais: conceitualização de uma visão sobre que tipo de conhecimento deve ser desenvolvido na empresa; caso dos grandes desafios, uso constante de metáforas, analogias e modelos para direcionar os esforços dos funcionários; verbalização de conceitos, até certo ponto ambíguos, que permitem o aparecimento de novos significados e maneiras de pensar; criação de um constante sentido de urgência para aumentar a tensão criativa e estímulo à variedade, por meio, por exemplo, de mudanças da estrutura organizacional.

Nonaka e Takeuchi (1997) apresentam um modelo de cinco fases do processo de criação do conhecimento organizacional.

O **compartilhamento do conhecimento tácito** é feito pelos diálogos pessoais com membros de vários departamentos funcionais trabalhando juntos para alcançar uma meta comum. A equipe, por meio da variedade de requisitos dos membros que experimentam redundância de informações e compartilham suas interpretações da intenção organizacional, e a gerência que injeta o caos criativo, estabelecendo metas desafiadoras e concedendo aos membros um alto grau de autonomia, proporcionam ao grupo começar a estabelecer fronteiras de suas próprias tarefas, a interagir com o ambiente externo, acumulando tanto conhecimento tácito quando explícito.

Na **criação de conceitos**, o modelo tácito é verbalizado em palavras e frases, e cristalizado em conceitos explícitos, fase correspondente à externalização. Os conceitos são criados cooperativamente por meio de diálogo.

Na **justificação dos conceitos**, o processo determina que os conceitos recém-criados valem realmente a pena para a organização e a sociedade. Para a organização de negócios, os critérios normais de justificativa incluem custo, margem de lucro e grau de contribuição de um produto para o crescimento da empresa, mas eles podem ser tanto qualitativos quanto quantitativos.

Na **construção de um arquétipo**, o conceito justificado é transformado em algo tangível ou concreto, seja um protótipo, no caso de novos produtos, seja um modelo, no caso de serviços ou inovações organizacionais.

Na **difusão interativa do conhecimento**, a criação organizacional não conclui com a construção do arquétipo. O novo conceito passa por um novo ciclo de criação do conhecimento. Uma reação ou *feedback* de um cliente a um novo conceito de um novo produto poderia, por exemplo, iniciar um novo ciclo de desenvolvimento desse produto.

O conhecimento é perecível, portanto, as organizações não podem se tornar complacentes com os existentes, uma vez que diferentes tipos serão necessários à medida que ocorrem mudanças no ambiente competitivo (as preferências de um cliente mudam constantemente, ficando o conhecimento existente obsoleto).

c) **Estrutura gerencial para criação do conhecimento**

Neste processo de criação do conhecimento, deve-se atentar à forma gerencial e à estrutura da empresa, a fim de facilitar a criação de conhecimento organizacional.

c1) **Os processos gerenciais *top-down, bottom-up* e *middle-up-down***

O Quadro 2.2, a seguir, ilustra a diferença entre os três modelos gerenciais nos requisitos: **quem, qual, onde e como**.

Estratégias de Diferenciação

Quadro 2.2 Comparação dos três modelos gerenciais no que se refere à criação do conhecimento.

		Top-down	*Bottom-up*	*Middle-up-down*
Quem	Agente de criação do conhecimento	Alta gerência	Indivíduo empreendedor	Equipe (com os gerentes de nível médio como engenheiros do conhecimento)
	Papel da alta gerência	Comandante	Patrocinadora/Mentora	Catalisadora
	Papel da gerência de nível médio	Processadora de informações	Intra-empreendedora autônoma	Líder de equipe
Qual	Conhecimento acumulado	Explícito	Tácito	Explícito e tácito
	Conversão do conhecimento	Conversão parcial focalizada na combinação/internalização	Conversão parcial focalizada na socialização/externalização	Conversão em espiral de internalização/externalização/combinação/socialização
Onde	Armazenamento do conhecimento	Banco de dados computadorizado/manuais	Personificado no indivíduo	Base de conhecimento organizacional
Como	Comunicação	Ordens/instruções	Princípio de auto-organização	Diálogo e uso de metáfora/analogia
	Tolerância à ambigüidade	Não permite caos/flutuação	Caos/flutuação como premissas	Cria e amplifica caos/flutuação
	Ponto fraco	Alta dependência da alta gerência	Consome muito tempo; custo de coordenação dos indivíduos	Exaustão humana; custo da redundância

Fonte: Nonaka e Takeuchi, 1997.

Capítulo 2 ■ A Gestão do Conhecimento Como um Recurso Competitivo

Para os autores, há responsabilidades da equipe criadora do conhecimento a serem analisadas:

Os **profissionais do conhecimento** são formados por dois grupos: operadores de conhecimento e especialistas de conhecimento. Os *operadores do conhecimento* acumulam e geram conhecimento tácito rico na forma de experiência: são os membros da organização de vendas, que integram com os clientes no mercado, operários qualificados e supervisores na linha de produção, artífices qualificados, gerentes de linha e outros funcionários engajados no lado operacional do negócio.

As principais qualificações dos *especialistas do conhecimento*, necessárias para eles serem eficazes gestores do conhecimento, conforme Nonaka e Takeuchi (1997), devem ter elevados padrões intelectuais; uma forte noção de comprometimento para recriar o mundo segundo sua própria perspectiva; uma ampla variedade de experiências, tanto dentro quanto fora da empresa; serem qualificados na condução de um diálogo com clientes e colegas dentro da empresa e serem abertos para conduzir discussões francas e debates com outras pessoas.

As principais qualificações dos engenheiros do conhecimento são o de estarem equipados com excelentes capacidades de coordenação e gerência de projetos; serem qualificados na elaboração de hipóteses para criar conceitos; terem a capacidade de integrar as diversas metodologias para criação do conhecimento; terem habilidades de comunicação para encorajar o diálogo entre os membros da equipe; serem proficientes no uso de metáforas para ajudar os outros a gerar e expressar a imaginação; despertarem confiança entre os membros da equipe e terem a habilidade de prever o curso de ação futura com base em uma compreensão do passado.

As principais qualificações dos gerentes do conhecimento, por sua vez, são o de terem capacidade de expressar uma visão do conhecimento para dar um senso de direção às atividades de criação do conhecimento da empresa; terem capacidade de comunicar a visão, bem como a cultura da empresa na qual ela se baseia, aos membros da equipe de projetos; terem capacidade de justificar a qualidade do conhecimento, criado com base em critérios ou padrões organizacionais; terem talento fantástico para selecionar o líder certo para o projeto; terem disposição para criar o caos dentro da equipe de projeto; terem habilidade na interação com os membros da equipe, de forma prática, e terem capacidade de dirigir e gerenciar todo o processo de criação do conhecimento organizacional.

c2) A nova estrutura organizacional

Além do processo gerencial, a empresa precisa estabelecer uma nova estrutura organizacional que forneça apoio institucional para os membros dessa equipe do conhecimento.

Para Nonaka e Takeuchi (1997), as organizações criadoras do conhecimento devem: ser mais horizontalizadas do que suas antecessoras hierárquicas; assumir uma estrutura constantemente dinâmica e não estática; apoiar a proatividade das pessoas no sentido de desenvolver familiaridade com os clientes; enfatizar a importância de competências, tecnologias e habilidades únicas e reconhecer a inteligência e o conhecimento como o ativo que mais possibilita a alavancagem de uma empresa.

A estrutura da organização deve misturar a burocracia e a força-tarefa, descritas como os dois tipos básicos de estruturas organizacionais. A *burocracia* é eficaz, precipitando a combinação e a internalização, enquanto a *força-tarefa* é adequada à socialização e externalização. A primeira explora e acumula o conhecimento, enquanto a segunda é eficaz no compartilhamento e criação do conhecimento. A combinação e síntese de ambas fortalecem uma base sólida para criação do conhecimento.

Armazenamento

No ciclo de evolução, é importante destacar como o conhecimento individual pode ser transformado em uma propriedade coletiva da empresa. Por outro lado, tão importante quanto essa informação é descobrir as formas pelas quais o conhecimento organizacional pode ser disseminado e apoiado por todos como uma ferramenta para o sucesso da organização.

Segundo Oliveira Jr. (2001), a captação do conhecimento pode ser baseada naquele já existente na organização. Dessa forma, as empresas normalmente aprendem em áreas relacionadas às suas práticas atuais, com o avanço do conhecimento ocorrendo por meio de combinações deste já existente. Outras formas são os novos conhecimentos trazidos por meio de novos profissionais ou parcerias com outras organizações. Mesmo nesses casos, a capacidade de agregação do novo conhecimento ao já existente vai ser decisiva para o sucesso da iniciativa.

Grant *(apud* OLIVEIRA JR., 2001) reforça essa posição ao afirmar que o papel primário da organização é a integração do conhecimento, mais do que a sua própria criação.

De acordo com Oliveira Jr. (2001), a relação entre a abordagem de integração do conhecimento e a geração de vantagem competitiva é que o desenvolvimento de conhecimento de competências na empresa é o resultado da integração do conhecimento. Depende, portanto, da habilidade da empresa em alinhar e integrar o conhecimento de muitos indivíduos especialistas.

Organização e transformação

Além da criação e armazenamento do conhecimento, outro item que trará eficiência ao processo de transformação, segundo Santos (2001), é a transformação do conhecimento. Cabe à empresa atuar como agente organizador do conhecimento existente, tornando-o aplicável e gerando novo conhecimento, desempenhando essa tarefa de forma superior ao da concorrência.

A conceituação complementar desta abordagem passa pela diferenciação já descrita entre o conhecimento tácito e o explícito, este último colocado na organização por meio de manuais, normas, procedimentos, como formalização complementar da cultura e da ação organizacional, isto é, ele está catalogado e disseminado pela estrutura orgânica. Já o conhecimento tácito é mais difícil de ser externalizado. Nas organizações, os indivíduos possuem o conhecimento das funções, do papel e dos negócios, de maneira que, quando ela passa por mudanças na linha de comando ou reestruturação, julga-se que o conhecimento está nas cabeças de quem, no momento, exerce tais funções. Fica claro, portanto, que a principal missão das tecnologias para apoio da gestão do conhecimento é dar meios rápidos para identificar as competências individuais e suas necessidades de informação, que podem ser suportadas por tecnologias voltadas para a produção em termos de informação.

Para o autor, o modo de garantir a proteção do conhecimento empresarial é aplicar, reutilizar, atualizar, evoluir e torná-lo antigo, tudo muito rápido para que a concorrência não possa copiá-lo.

Compartilhamento

O compartilhamento do conhecimento pode ser entendido como a forma de extrair o máximo dos melhores, de acordo com Quinn, Anderson et al. (2001).

Informações compartilhadas significa repassar às pessoas ou obter delas algum conjunto de dados com valor econômico variável. Compartilhar conhecimento ocorre quando as pessoas estão genuinamente interessadas em ajudar umas às outras a desenvolver novas capacitações para a ação e em criar processos de aprendizagem.

Há uma relutância natural entre os profissionais em compartilhar seus ativos mais preciosos. Esse é um dos desafios comuns e difíceis, uma vez que a competição entre os profissionais inibe tal compartilhamento. "Como o conhecimento é a base de poder dos profissionais, necessita-se de fortes incentivos ao compartilhamento" (QUINN, ANDERSON et al. 2001).

Segundo Spender (apud OLIVEIRA JR., 2001), a gestão estratégica do conhecimento deve, portanto, ter como principal insumo as características do conhecimento da empresa e a dinâmica da competição no setor analisado — distinção importante identificada quando a vantagem da organização é baseada em conhecimento coletivo. Nesse caso, os problemas estratégicos, relacionados a identificar, compartilhar e proteger o conhecimento relevante são de menor intensidade, pois nenhum indivíduo isoladamente pode levar o conhecimento consigo, assim como não é fácil para outra organização imitar esse conhecimento.

Utilização

Para Grant (apud OLIVEIRA JR., 2001), há algumas características do conhecimento organizacional relacionado à utilização deste conhecimento analisado para a criação de valor dentro da empresa.

A **transferibilidade** diz respeito à capacidade de transferência do conhecimento não apenas entre empresas, mas principalmente dentro da empresa. Já a **capacidade de agregação** diz respeito à capacidade do conhecimento transferido de ser agregado por aquele que recebe e adicionado previamente ao conhecimento existente.

A **apropriabilidade** refere-se à habilidade do proprietário de um recurso em receber um retorno igual ao valor criado pelo recurso, enquanto a **especialização** na aquisição de conhecimento parte do reconhecimento de que o cérebro humano possui capacidade limitada para adquirir, armazenar e processar conhecimento. Como conseqüência, são necessários indivíduos especialistas na aquisição, armazenagem e no processamento, em alguma área do conhecimento, para que ele seja adquirido.

A importância para a produção parte do pressuposto de que seu insumo crítico e a principal fonte de valor são o conhecimento. É fundamental que o conhecimento agregue valor ao processo produtivo.

De acordo com Brown e Duguid (apud OLIVEIRA JR., 2001), a organização é uma comunidade de praticantes, em que a visão da transferência de conhecimento tradicionalmente implícita na literatura empresarial, que isola o conhecimento da prática e o trata como algo teórico, transmitindo-no para aqueles encarregados das tarefas do dia-a-dia na empresa, é prática errada de aplicar.

As etapas: visão geral

O contexto das etapas ilustra a gestão do conhecimento do ponto de vista processual, em que o conhecimento passa por um processo desde a sua criação até a sua utilização na prática, que será responsável pela obtenção de vantagens associadas ao processo de tomada de decisão.

Nas empresas pesquisadas, há diferentes enfoques para cada etapa que dependem, dentre outros pontos, da natureza do produto e do serviço prestado pela organização — ou seja, em algumas firmas, há maior importância para a criação do conhecimento, pois ela pode ser crítica do ponto de vista de inovação. Em outras, como consultorias, o processo de armazenamento é de suma importância, pois facilita o encontro de relatórios já executados para outros clientes que poderão ser de grande importância.

A construtora na qual realizamos a pesquisa, por exemplo, possui um sistema de tecnologia da informação, em que o conhecimento adquirido em diversos projetos fica **armazenado** à disposição de outros engenheiros, os quais poderão **utilizar** esse conhecimento para um projeto diferente.

Um dos processos críticos que visualizamos em algumas indústrias é o processo de previsão de demanda normalmente realizado pela área de marketing. Esse estudo tem forte impacto no planejamento de produção da empresa, que, por sua vez, determinará questões relacionadas com o volume de estoque, atendimento aos clientes (uma vez que poderá faltar produto ao cliente final), e caixa financeiro associado a maior ou menor quantidade de produto e matéria-prima estocada. Nesse cenário, podemos fornecer um exemplo de empresa que processa uma série de informações e conhecimento em que o analista de marketing possui informações de histórico de vendas. Contudo, ela não é suficiente para fornecer um planejamento de demanda adequado. Ela também dependerá de informações disponíveis em periódicos, jornais e revistas relacionados aos setores aos quais os clientes pertencem. Ele ainda poderá contar com uma previsão de vendas aproximada que alguns clientes de grande porte repassam aos fornecedores, e, por fim, a percepção dos vendedores que estão no campo e que detêm um elevado número de informações e conhecimento. Ao somar todo esse conhecimento, o analista vai consolidá-los, chegando a um planejamento de cada produto que servirá de entrada para que a área de planejamento de produção efetue as estimativas de matéria-prima, produto em estoque etc. Neste exemplo, podemos visualizar diversas etapas do processo de gestão do conhecimento:

- *Informações de histórico de vendas*: conhecimento **armazenado**.
- *Informações de jornais, revistas etc.*: informações que vão compor a **criação** do conhecimento do analista.
- *Informações de previsão de compra dos clientes*: conhecimento **transmitido** pelos clientes e **armazenado** no sistema até que ele seja **utilizado** pelo analista.
- *Conhecimento dos gerentes de vendas*: é composto por um processo de **criação** do conhecimento do próprio vendedor. Ele adquire informações das visitas que realiza aos clientes, das conversas que tem com pessoas do mercado somadas às leituras sobre informações de economia, como taxa de juros, inflação, eleições etc. Essa mistura de conhecimento tácito e explícito resulta em um conhecimento que será **transmitido** ao analista de marketing.
- *Planilha com previsão de demanda de cada produto*: trata-se do conhecimento final e explícito, formado pelo conjunto descrito anteriormente, que será **utilizado** para o planejamento de produção e vai compor a política de estoque e nível de atendimento a clientes da firma.

Fatores que Contribuem na Aplicação da Gestão do Conhecimento

Aplicar gestão do conhecimento significa prover um ambiente propício para que o conhecimento flua na organização até ser aplicado na prática. Como já dissemos, a gestão do conhecimento é multidisciplinar, pois envolve diversas áreas da empresa, tanto em responsabilidades como em aplicações. O que verificamos em nossa pesquisa de campo foi que na maioria das empresas a aplicação se restringe às áreas que são foco da companhia. Por exemplo, na empresa de consultoria entrevistada, a base de informações e conhecimento de projetos trabalhados no passado pode ser de extrema importância àqueles que estão iniciando. Não estamos falando apenas de projetos realizados no País, mas também de outros realizados em companhias ao redor do mundo. Um problema que

Capítulo 2 ▪ A Gestão do Conhecimento Como um Recurso Competitivo

os funcionários podem encontrar aqui certamente já foi enfrentado por outros colegas em outro país. Ao tratarmos de empresas entrevistadas que trabalham com tecnologia, podemos afirmar que elas possuem como principal fonte de vantagem competitiva a inovação. Nelas, os departamentos e o ambiente devem propiciar trocas constantes de conhecimento, incentivando inovação incremental ou até mesmo radical.

Dessa forma, cada empresa pode trabalhar com maior ou menor intensidade em cada uma das etapas propostas pela gestão do conhecimento. O que estamos querendo dizer é que nas empresas, cuja vantagem competitiva é a inovação de produtos e as constantes descobertas de novas tecnologias, a criação do conhecimento se torna um fator crítico. "Os mercados mudam, as tecnologias proliferam, os concorrentes se multiplicam e os produtos se tornam obsoletos quase da noite para o dia. As empresas de sucesso são aquelas que, de forma consistente, criam conhecimentos, os disseminam profusamente em toda a organização e rapidamente os incorporam em novas tecnologias e produtos" (NONAKA, 2001).

Essa relação estratégica do conhecimento pode ser melhor ilustrada quando analisamos de que maneira os concorrentes se comportam com relação ao conhecimento que está sendo criado, armazenado, disseminado e utilizado. Os gestores dessas companhias estão utilizando o conhecimento para agregar uma vantagem diante da concorrência?

Os conceitos fundamentais que nomeamos para que a empresa inicie a implementação da gestão do conhecimento, e consiga administrá-la com eficácia, são gerenciar um **ambiente de mudança** e tornar a empresa engajada em sua estratégia e **cultura organizacional**. A formulação da missão, visão e estratégia organizacional é o início para que a empresa saiba que tipo de conhecimento quer obter e disseminar. Diversos autores afirmam que essa formulação é essencial para que a cultura organizacional seja comunicada e explorada por todos na organização. "Evidentemente, o intelecto reside no cérebro dos profissionais. Os primeiros três níveis também podem situar-se nos sistemas organizacionais, bancos de dados, ou tecnologias operacionais, ao passo que o quarto se localiza na cultura organizacional" (QUINN, ANDERSON et al., 2001, p. 177).

Além destes dois itens, que consideramos pressupostos na organização que deseja aplicar e já implementa a gestão do conhecimento, podemos considerar outros sete itens: gestão de processos, gestão de pessoas, *benchmarking*, tecnologia da informação, inovação e melhoria contínua, *endomarketing* e pesquisa com o cliente.

Gestão de processos

A revisão e monitoramento dos processos da companhia trazem informações e questionamentos que agregam na aquisição de conhecimento organizacional. "Um operário de fábrica se baseia em muitos anos de experiência para sugerir alguma inovação expressiva nos processos de produção" (NONAKA, 2001, p. 43). O autor, nessa afirmação, estabelece que a criação de novos conhecimentos na empresa está em revisões e pesquisas de funcionários que lidam com o processo organizacional em si, ainda que uma inovação expressiva necessite de anos de experiência.

A revisão do processo requer das pessoas visão de negócio, em que os esforços são compartilhados e o resultado é medido em função dos objetivos estratégicos e baseado nas necessidades dos clientes, propiciando um modelo de gestão do conhecimento.

De acordo com Schneiderman (2003), a gerência de processos considera e trata o conhecimento tangível quando captura os métodos e procedimentos operacionais e considera o conhecimento intangível quando captura as habilidades das pessoas. Tratá-los de forma integrada é um dos desafios para obter êxito na captação de conhecimento, podendo, com ele, gerar tanto a otimização dos processos quanto a dos recursos humanos, representado pelo grupo de indivíduos que executa os processos. Os conhecimentos tácitos e explícitos disponíveis na gestão de processos passam a ser gerenciáveis.

A revisão e o monitoramento dos processos da companhia trazem informações e conhecimentos que se agregam na aquisição do conhecimento organizacional, auxiliando na determinação do que está certo ou errado e o que deve ser mantido ou eliminado. Dos oito gestores entrevistados, apenas dois deles não apresentam ênfase na aplicação da gestão de processos. Os gestores citaram que, além de auxiliar na criação de conhecimentos, a revisão ainda contribui sensivelmente para uma visão voltada à melhoria contínua.

Gestão de pessoas

Muito se tem ouvido sobre o papel dos recursos humanos neste processo, e certamente ele merece atenção especial. Estamos tratando das competências dos indivíduos, da quantidade de conhecimento que eles possuem e da disposição que têm em disseminá-lo para outros na organização. Costumamos ouvir constantemente que conhecimento é poder. Ele deve passar por duas etapas: do individual para o grupal e do grupal para o organizacional. Ou seja, o poder

Capítulo 2 ■ A Gestão do Conhecimento Como um Recurso Competitivo

que as pessoas possuem será utilizado pela organização apenas se elas realmente o compartilharem. Nesse sentido, algumas ferramentas de incentivo e motivação são utilizadas pelos gestores nas empresas entrevistadas.

O ambiente de café é muitas vezes repudiado pelos gestores, mas é nele que grande parte do conhecimento está sendo disseminado. Algumas empresas japonesas chegaram a construir ambientes específicos de incentivo de troca de conhecimento.

Terra (2000) afirmou que o sucesso de projetos de gestão do conhecimento depende, além dos processos, das pessoas. Nonaka (2001) pontua ainda um termo utilizado também por outros autores: **trabalhadores do conhecimento**. Para ele, a invenção de novos conhecimentos é uma forma de comportamento em que todos são trabalhadores do **conhecimento**, ou seja, empreendedores. "O elemento central da abordagem japonesa é o reconhecimento de que a criação de novos conhecimentos não é uma simples questão de 'processamento' de informações objetivas. Ao contrário, depende do aproveitamento dos *insights*, das intuições e dos palpites tácitos e muitas vezes altamente subjetivos dos diferentes empregados, de modo a converter essas contribuições em algo sujeito a testes e possibilitar seu uso em toda a organização. O elemento crítico desse processo é o comprometimento pessoal, o senso de identidade dos empregados com a empresa e sua missão" (NONAKA, 2001, p. 30).

A gestão de pessoas aparece em todas as etapas da gestão do conhecimento: criação, armazenamento, organização e transformação, compartilhamento e utilização. O ponto crucial é converter o conhecimento individual em recurso disponível para as pessoas, pois envolve a motivação, os planos de carreira, a liderança e a existência de um ambiente de aprendizado. Vamos tratar de cada um desses itens a seguir.

Liderança e o papel dos gerentes

A liderança e o papel dos gerentes são um fator integrante no desenvolvimento da gestão do conhecimento na organização por meio do gerenciamento de seus funcionários. O desafio do líder é extrair, converter e disseminar os conhecimentos obtidos na linha de frente e no ambiente de fábrica com base nas experiências e nas melhores práticas. Esse desafio é feito para buscar a visão projetada pela alta administração."Os empregados da linha de frente estão imersos nos detalhes cotidianos das tecnologias, produtos ou mercados específicos. Ninguém compreende tanto quanto eles a realidade dos negócios da empresa. No entanto, embora recebam uma enxurrada de informações altamente específicas, esses empregados quase sempre acham extremamente difícil converter tais informações em conhecimentos úteis" (NONAKA, 2001, p. 43).

Como novos conhecimentos emergem do caos, a principal tarefa dos gerentes na empresa criadora do conhecimento é o direcionamento do sentido de urgência focado na criação de conhecimentos predeterminados. "Se a tarefa dos empregados da linha de frente é saber 'o que é', o trabalho dos executivos seniores consiste em saber 'o que deve ser'" (NONAKA, 2001, p. 45). Já os gerentes de nível médio servem como ponte entre os ideais visionários do topo e as realidades de mercado, geralmente caóticas, dos negócios da linha de frente; ou seja, "atuam como mediadores entre 'o que é' e 'o que deveria ser'. (...) sob esse aspecto, eles são os verdadeiros 'engenheiros do conhecimento'" (NONAKA, 2001, p 48).

Profissionais do conhecimento

Assim como os líderes e os gestores têm papel de destaque na gestão do conhecimento, os demais profissionais determinarão também o sucesso em sua aplicação. As necessidades do trabalhador do conhecimento, segundo Terra (2000), são: trabalhar em qualquer lugar; equilibrar a vida pessoal e profissional; gerenciar excesso de informações; ser surpreendido positivamente; colaborar com pessoas do próprio departamento, de outros e também de outras organizações; ter acesso às fontes de conhecimento quando necessário; gerenciar sua própria carreira; aprender continuamente; publicar informações para o público escolhido; ser ouvido e reconhecido; economizar tempo; manter-se em contato com profissionais de sua área; evitar atividades de baixo valor e acessar vários aplicativos distintos ao longo do dia.

Plano de carreira e rodízio de pessoas

Ao relacionar o desenvolvimento profissional e a gestão do conhecimento, Drucker (2001) afirma que a organização baseada em informação vai se deparar com problemas gerenciais específicos, em que o autor considera relevante: o desenvolvimento de recompensas, o reconhecimento e as oportunidades de carreira para especialistas; a criação de visão unificada na organização de especialistas; o projeto da estrutura gerencial de uma organização de forças-tarefas; e a certeza da seleção, da preparação e do teste do pessoal da alta administração.

Capítulo 2 ▪ A Gestão do Conhecimento Como um Recurso Competitivo

Uma das formas de desenvolver a carreira nas organizações é o conhecimento de diversos departamentos e o intercâmbio com outros profissionais, que possuem formações e experiências diferentes. Esse rodízio de pessoas promove troca de informações e experiências, itens estratégicos no gerenciamento do conhecimento. Ao descreverem as etapas da gestão do conhecimento, Nonaka e Takeuchi (1997) citam como primeiro item a criação do conhecimento, em que reforçam as condições capacitadoras para tal. A redundância é uma dessas condições que promovem a espiral do conhecimento e, segundo os autores, uma das formas de construí-la é o rodízio estratégico entre diferentes áreas da empresa. O rodízio ajuda os empregados a compreender o negócio sob uma variedade de perspectivas, tornando o conhecimento organizacional mais 'fluido' e de mais fácil aplicação prática (NONAKA, 2001, p. 42). As áreas críticas são: tecnologia, pesquisa e desenvolvimento (P&D), marketing, vendas e produção. O autor enfatiza que para agregar maior conhecimento, o colaborador deve passar por último na área de P&D. Dessa forma, Drucker (2001) afirma que, além do rodízio estratégico, os departamentos também estão trabalhando em maior sincronia, nos quais especialistas de todas essas funções trabalham juntos, como equipe, do início da pesquisa até o lançamento do produto no mercado. Ele ainda pode ser compreendido como um dos métodos mais poderosos de transferência de conhecimento.

Três das multinacionais em que estivemos apresentam programas muito interessantes. Em uma delas, há constantes buscas por determinado conhecimento em todas as unidades do mundo. Quando o colaborador é identificado, é feito um convite para que ele passe uma temporada disseminando o conhecimento e auxiliando os colegas de trabalho na solução do problema em questão. Nas outras duas, o programa *trainee* apresenta esse enfoque, em que o jovem talento visita, se ambienta e tem a possibilidade de conhecer diversas atividades da companhia.

Incentivo e motivação

"Motivação é um conjunto de atitudes e valores que predispõe uma pessoa a agir de uma maneira específica e predeterminada" (IVANCEVICH, 2001, p. 59). Conforme o autor, trata-se de um invisível estado íntimo que estimula o comportamento humano focado ao resultado. Na motivação de funcionários, a maioria das empresas vem trabalhando com o recurso financeiro. Motivação é uma força, uma energia que nos impulsiona na direção de alguma coisa. (...) ela é intrínseca, não podendo dizer que motivamos os outros a isso ou aquilo. Ninguém motiva ninguém. Nós é que nos motivamos, ou não. Tudo o que os de fora podem fazer é estimular, incentivar, provocar nossa motivação. Dito de outra maneira, a diferença entre motivação e estímulo é que a primeira está dentro de nós e o segundo fora" (VERGARA, 2000, p. 42).

A gestão do conhecimento apresenta etapas críticas, pois envolve o gerenciamento de pessoas em todas elas, desde sua criação até sua utilização. Assim, o plano de incentivo e motivação da organização tem o desafio de comprometer o envolvimento dos funcionários em todas as etapas. "A articulação (conversão do conhecimento tácito em conhecimento explícito) e a internalização (utilização do conhecimento explícito para a ampliação da própria base de conhecimentos tácitos) são as fases críticas da espiral do conhecimento. O motivo é que ambas exigem o envolvimento ativo do 'eu', ou seja, o comprometimento pessoal" (NONAKA, 2001, p. 36). Em algumas empresas, os funcionários estão dispostos a compartilhar o conhecimento e a cooperar entre si, pois a remuneração está vinculada a uma rede de relacionamentos entre pares, e os recursos financeiros, nesses casos, são o principal fator de motivação do negócio. Além do compartilhamento, a transformação do conhecimento é uma fase importante no processo motivacional e de incentivos, uma vez que também é necessário estimular as pessoas a aprender.

Aprendizagem organizacional

A aprendizagem organizacional é o teste contínuo de experiência e transformação de aprendizagem em conhecimento acessível a toda organização. Já o treinamento é um dos fatores que propiciam as etapas da gestão do conhecimento, como: criação, organização/transformação e compartilhamento. Para Garvin (2001) as empresas serão mais eficazes na gestão de aprendizagem mediante a criação de sistemas e processos que respaldem essas atividades e as integrem à trama das operações cotidianas: solução de problemas de forma sistemática, experimentação, aprendizado com a própria experiência e dos outros (melhores práticas) e transformação do conhecimento.

Em muitas empresas, atualmente vemos toda uma estrutura desenhada para a aprendizagem organizacional. Em algumas, dá-se o nome de universidade corporativa, podendo ser entendida como o núcleo de formação e aperfeiçoamento patrocinado por uma organização e destinado a satisfazer as necessidades de

Capítulo 2 ■ A Gestão do Conhecimento Como um Recurso Competitivo

desenvolvimento profissional de seus colaboradores, fornecedores, representantes, pessoal de assistência técnica e clientes.

Bales (*apud* MEISTER, 1999) ilustra o comprometimento de uma universidade corporativa com a inovação do sistema como um todo, apontando para a pirâmide da aprendizagem (veja a Figura 2.12) como exemplo. Ele afirma que os estudantes adultos concentram a aprendizagem no topo da pirâmide, na qual dedicam tempo à conferência e às leituras, retendo, respectivamente, apenas 5% e 10% do aprendizado.

Fonte: Bales *apud* Meister (1999).

Figura 2.12 A pirâmide da aprendizagem.

Benchmarking

De acordo com Garvin (2001), o *benchmarking* é uma experiência contínua de investigação e aprendizado, que promove a identificação, análise, adoção e implementação das melhores práticas setoriais. É um processo de pesquisa que permite às organizações realizar comparações de processos e práticas, para identificar o melhor e alcançar um nível de superioridade ou de vantagem competitiva. Ao contrário de outras ferramentas de gestão, o *benchmarking* estimula as empresas a procurar, além das suas próprias operações, fatores-chave que influenciam na produtividade e nos resultados. O *benchmarking* é:

- um processo contínuo;
- uma procura que fornece informação valiosa;
- um processo de aprendizagem;
- uma análise de processo;
- uma ferramenta de gestão aplicável aos processos da empresa.

O objetivo de algumas empresas é o aprimoramento ou a cópia com base em melhores práticas. Já outras empresas usam o *benchmarking* para copiar as melhores práticas do mundo; procuram o melhor do gênero, pois estão buscando superioridade competitiva, não somente igualdade competitiva.

Cada vez mais a inovação, no sentido de criação de sinergias entre as competências dos recursos humanos, tecnológicos e de gestão, é reconhecida como um fator determinante na melhoria da competitividade das empresas. Para aumentar a participação de mercado, muitas empresas começaram a fazer *benchmarking* com relação às empresas em departamentos mais bem-sucedidos.

O processo de *benchmarking* estuda outras organizações e as próprias práticas e desempenho, analisa resultados e desenvolve recomendações com o conhecimento adquirido externamente. Após a aquisição desse conhecimento, é necessário que haja compartilhamento para que o aprendizado seja aplicado na prática, concluindo a criação na espiral do conhecimento de Nonaka e Takeuchi (1997).

Tecnologia da informação

Diversos autores afirmam que a gestão do conhecimento é estabelecida por um conjunto entre inteligência, talento e motivação do capital intelectual vinculados à tecnologia, que auxilia e é fator de grande destaque no gerenciamento do conhecimento das organizações. Com base nesses conceitos, empresas em busca da gestão do conhecimento começaram a adotar sistemas informatizados que permitem aos seus funcionários interagirem uns com os outros, criando uma cultura de compartilhamento do conhecimento, incentivando seus funcionários a registrar suas atividades e disseminar seus conhecimentos. Dentre todas as empresas analisadas, apenas uma delas não utiliza uma ferramenta formal de tecnologia da informação. Segundo o profissional da empresa pesquisada "não há um sistema em que está mapeado quem sabe o que (...)". Nos demais casos analisados, algumas ações merecem destaque por sua abrangência e funciona-

Capítulo 2 ▪ A Gestão do Conhecimento Como um Recurso Competitivo

lidade. Na multinacional do setor de tecnologia, a transferência do conhecimento é feita por meio de uma rede global de compartilhamento do conhecimento e armazenamento em comunidade de práticas, a qual é mantida por um grupo mundial de gestão do conhecimento. Nessa ferramenta, são mapeados: projetos feitos, tecnologia, perfil de empresas, histórias de sucesso e documentos (produtos/serviços, mercado e competidores).

Quinn, Anderson et al. (2001) destacam que, para facilitar o compartilhamento, a Andersen Worldwide desenvolveu um sistema eletrônico, conectando suas 82 pessoas distribuídas entre uma série de escritórios em diversos países. A Anet é a rede que integrou mais de 85% da Andersen, por meio de interconexões de dados, voz e vídeo. "A Anet permite que os especialistas da Andersen se auto-organizem instantaneamente em torno dos problemas de um cliente, em qualquer parte do mundo" (QUINN, ANDERSON et al., 2001, p. 186).

O armazenamento dos dados dos clientes também é constituído como uma ferramenta que propicia a gestão do conhecimento. De acordo com Barbieri (2001), alguns conceitos podem ser considerados capital estrutural (conjunto de sistemas administrativos, conceitos, modelos, rotinas, marcas, patentes e sistemas de informática que permitem à organização funcionar de maneira efetiva e eficaz) dentro do processo de gestão do conhecimento:

O *Customer Relationship Management* (CRM) é o pleno conhecimento do perfil do consumidor, o que permite a segmentação desse universo em classes mais interessantes do ponto de vista de probabilidade de negócios, favorecendo o planejamento das campanhas e ações de marketing com mais foco. São, segundo Barbieri (2001), os sistemas aplicativos e as tecnologias devotadas com o cliente da empresa.

O *Data Warehouse* (DW) é o banco de dados destinado aos sistemas de apoio à decisão e cujos dados foram armazenados em estruturas lógicas dimensionais, possibilitando o seu processamento analítico. O conceito de DW objetiva a definição de uma base de dados preparada em vários níveis de granularidade e obtida por meio dos sistemas estruturados de informação de produção.

O armazenamento de informações cadastrais dos clientes, acrescidas de dados que a linha de frente ache relevante, é feito no DW, e uma vez cruzadas propiciam a transformação do conhecimento que se tem desses clientes, aplicando assim os conceitos de CRM.

Para Barbieri (2001), há um modelo prático de aplicação de gestão do conhecimento, devendo contemplar a capacidade de armazenar as informações importantes para a organização; explorá-las de modo que obtenha o melhor conhecimento e as melhores ações. Segundo o autor, um bom exemplo de ferramenta que auxilia neste processo são as *data mining* existentes no mercado. Aplicadas sobre as bases de dados existentes, elas podem extrair, por meio de regras definidas, informações cruciais para o apoio à decisão dos negócios. O modelo, segundo o autor, deve promover a divulgação do conhecimento para as pessoas que necessitem de ferramentas de *workflow*, que permitem criar um fluxo de distribuição e acompanhamento de informações baseado na colaboração de sistemas que auxiliam na automação dos processos e os sistemas de gerenciamento de documentos, também conhecido como gestão eletrônica de documento (GED). O autor cita a Internet, intranet e extranet, que, quando criadas e utilizadas de forma correta, podem se agregar ao processo de difusão do conhecimento.

Contudo, entender a tecnologia da informação como solução para a aplicação de gestão do conhecimento certamente implicará insucesso. "Tais ferramentas podem ser particularmente úteis nas empresas. O uso destas tecnologias, no entanto, embora necessário, está longe de ser suficiente. A gestão do conhecimento focada prioritariamente nos investimentos em infra-estrutura tende a resultar em fracassos, pois conhecimento é informação interpretada, o que faz com que a simples transferência de informação não aumente o conhecimento ou a competência" (TERRA, 2001).

O caso de uma construtora brasileira

A evolução da gestão do conhecimento na construtora começou no momento onde se detectou uma preocupação com os registros de eventos realizados no exterior e uma vez que muitos profissionais iam para outros países assistir a cursos e palestras as informações não eram registradas. Segundo o profissional da empresa, "o ramo da construção tem muita inovação e internacionalização, por isso o enfoque no passado era o registro de informações. (...) o primeiro aplicativo de *web* do grupo foi o de registrar estes eventos. O enfoque era míope, a idéia era simplesmente registrar, colocar na *internet* para todo mundo ver e ponto". A partir de 1999, durante uma apresentação com a cúpula da empresa (todas as diretorias), houve uma discussão do acervo de informação e possível conhecimento armazenado. A partir deste ponto, algumas questões começaram a surgir: "Quais tipos de conhecimento seriam interessantes na empresa? Que tipo de conhecimento seria interessante que a empresa possuísse para os seus projetos? Que áreas de atuação teriam interesse em participar? Quem deveria ter aquele conhecimento? Ou: Era necessário saber quem tem?". A gestão do conhecimento para a construtora é um assunto multidisciplinar, que envolve recursos humanos, tecnologia da informação, engenharia, dentre outros. De acordo com o profissional da empresa, é uma forma de gerenciar baseada no conhecimento, onde a empresa consegue detectar quem tem determinado conhecimento, identificar a maneira de externalizá-lo e estimular para que novos sejam criados e disseminados. "Se você tem um conhecimento de montar uma bicicleta e sua empresa tem um grande projeto de montar uma bicicleta e ninguém sabe que você o tem, certamente ninguém vai lhe chamar e a empresa vai perder com isso".

A construtora tem a iniciativa de aplicar a gestão do conhecimento. Há cinco anos, possui a ferramenta que possibilita o armazenamento de informações, documentos e pontos relevantes de seus projetos, mas vem trabalhando formas para obter incentivos de compartilhamento do conhecimento dos profissionais.

No início do estudo deste sistema de gestão por parte da empresa, o objetivo foi guardar documentos, porém havia uma preocupação diferente: "A construtora tem 70 anos, quantas coisas não vivenciamos já, quanta coisa não poderíamos ter reaproveitado? (...). Nesse sentido, projetos que aproveitassem iniciativas de outros começaram a aparecer". Atualmente o objetivo da empresa é identificar quem possuiu o conhecimento, quem necessita conhecer determinado assunto para que os processos técnicos possam ser feitos com ganho de tempo, prazo, prática de serviço, com menor uso de mão-de-obra, diminuindo hora de uso de equipamentos e consumo de material, por exemplo.

A área responsável pela prática de gestão do conhecimento na empresa é a de engenharia e o responsável é um dos engenheiros seniores. O departamento-alvo das práticas também é o de engenharia. Conforme o profissional da empresa, "o enfoque é o da área técnica (...) só há aplicação de gestão do conhecimento na área de engenharia e construção porque é o negócio da empresa".

A tecnologia da informação é a ferramenta que possibilita gerenciar o conhecimento da instituição. A partir de uma metodologia que fixa os conceitos de gestão do conhecimento, alguns passos foram seguidos pela empresa, que propiciaram criar a memória técnica: "O importante é registrar e identificar aquelas pessoas na empresa que conhecem determinado assunto e elaborar alguns planos para a pessoa desenvolver aquele conhecimento ou encontrar alguém que o conheça". Segundo o profissional, na memória técnica estão cadastradas seiscentas pessoas que fazem parte dos projetos ativos da empresa. Nela os gerentes liberam o acesso para seus subordinados, e, quando o projeto termina, é finalizado seu acesso. Nessa ferramenta, há depoimentos das publicações de projetos com detalhamento do controle técnico, tipo de disciplinas, depoimentos de profissionais que participaram da obra, fotos, vídeos que foram publicados na mídia a respeito daquela obra, propostas de outros projetos etc. "O sistema acaba funcionando também como um histórico da empresa", permitindo que, em qualquer obra da empresa, a pessoa veja ou inclua informações. A partir disso, há um grupo que valida o que será ou não realmente publicado. "Para cada tipo de conhecimento tem um grupo para validar como deverá ser publicado". Há um controle da quantidade de acessos no sistema, envia-se *e-mails* para o profissional e seu superior imediato das publicações mais acessadas e são enviados também boletins com novas publicações.

"Na verdade, a memória técnica é apenas um chamariz, é o começo do processo. A próxima etapa é encontrar quem tem o conhecimento e manter contato (...). Em pesquisas que já vi, 30% do conhecimento está explícito e 70% é trocado por reuniões, bate-papo; é o tácito (...). A troca de experiência não é virtual, é muito mais presencial, a própria documentação que existe vai incentivar a pessoa a chamar aquela que tem o conhecimento para conversar". O profissional ainda ressalta que a tecnologia da informação é uma ferramenta, mas não é sinônimo de gestão do conhecimento: "Não podemos nos iludir que a tecnologia da informação vai substituir o conhecimento e a experiência do profissional; isso é ilusão e é um dos maiores motivos de fracasso de projetos de gestão do conhecimento."

A **gestão de pessoas** é utilizada na forma de incentivos de disseminação do conhecimento. Os profissionais que sabem determinado assunto são chamados de consultores pela construtora. "Uma das principais questões é fazer a pessoa registrar (...) aquela que contribui vira um consultor interno (...) em qualquer publicação que ela contribui, seu nome é destacado. Em todo evento que acontece na empresa, há *folders* destacando os profissionais que contribuíram, isso é motivação." Além de tornar-se um consultor, este colaborador fará parte do comitê na decisão das publicações que vão ao ar. Existe, além disso, um prêmio chamado de tecnologia e produtividade, em que são votados os trabalhos inscritos e os três melhores são nomeados à decisão da diretoria. "O mais interessante é que este grupo ganha uma viagem para o exterior para participar de um evento na área de engenharia (...), focado no crescimento profissional da pessoa, que irá gerar um retorno financeiro, futuramente, a ela."

Capítulo 2 ▪ A Gestão do Conhecimento Como um Recurso Competitivo

O conhecimento é mapeado na empresa, de modo que se saiba quem possui determinado conhecimento. "A empresa é muito grande, então, às vezes, a pessoa que conhece é aquele operacional (...), o conhecimento dele é importante." Essa troca de experiência é julgada importante pela empresa.

Os resultados esperados e obtidos com a aplicação da prática de gestão do conhecimento são contestados pela quantidade de consultas feitas na memória técnica. De acordo com o profissional, o resultado pode ser visualizado quando um visitador de concreto, por exemplo, vai em uma obra e já foi em outra anteriormente. "Essa experiência faz com que demande menos tempo para estudar alternativas, já são descartadas as que foram estudadas e não deram certo (...). Para medir o *ROI* é muito difícil, mas é facilmente percebida ao usar a tecnologia A e aprender uma tecnologia B, que passou a utilizar, dando uma diminuição da mão-de-obra, hora de equipamento e menos consumo de material, gerando assim um retorno financeiro".

Fonte: Pesquisa realizada pelos autores em uma construtora brasileira em 2003.

Inovação e melhoria contínua

A busca de inovação e de melhoria contínua é outra ferramenta que propicia o encontro de informações e obtenção de conhecimentos trabalhados na direção de vantagens ainda não descobertas. Elas estimulam a primeira etapa da gestão do conhecimento: a criação do conhecimento. Segundo Nonaka (2001), o negócio exclusivo da empresa criadora do conhecimento é a inovação contínua. Leonard (2001) destaca que o desafio gerencial é usar os *insights* para criar processos e encorajar novos comportamentos que contribuirão para o êxito dos esforços de inovação.

A melhoria contínua reforça os programas de inovação contínua. Para Garvin (2001), os programas contínuos normalmente envolvem uma série ininterrupta de pequenos experimentos destinados a produzir ganhos incrementais no conhecimento. Garvin afirma que eles são muito comuns nas fábricas e oficinas. A entrevista mostrou essa aplicação. Nas empresas de engenharia, tecnologia e manufatura, isso foi detectado durante a entrevista. Segundo o profissional da empresa de engenharia de manufatura, o próprio sistema de qualidade trabalha com três processos: melhoria contínua, responsabilidade de administração e liderança. Ele enfatiza que o sistema da qualidade está focado à melhoria contínua, podendo ter novos conhecimentos criados.

Endomarketing

A comunicação deixou de ser atividade-meio e passou a ser utilizada como ferramenta estratégica de resultados das empresas, instituições e organizações líderes no mercado globalizado. O *endomarketing* atua diretamente na excelência do clima organizacional, refletindo no índice de satisfação interna e na melhoria do fluxo de comunicação entre os diversos níveis da organização.

Para Baer (2003), *endomarketing* significa a utilização de ferramentas de marketing, comunicação, recursos humanos e psicologia para promover integração, envolvimento e absorção de novas filosofias, informações, estratégias e práticas operacionais ao mercado interno de uma organização. Ele surge como elemento de ligação entre o funcionário, o produto e o cliente. *Endomarketing* significa tornar o funcionário aliado ao negócio, responsável pelo sucesso da corporação e igualmente preocupado com seu desempenho.

Segundo Kotler (2000), para estimular o trabalho em equipe entre todos os departamentos, a empresa deve adotar, além do marketing externo, direcionado às pessoas de fora da empresa, o marketing interno, que tem a tarefa de contratar, treinar e motivar funcionários que desejam atender bem o cliente. "(...) o marketing interno deve preceder o marketing externo. Não faz o menor sentido prometer um excelente serviço antes que o quadro da empresa esteja preparado para fornecê-lo" (KOTLER, 2000).

Nonaka (2001) destaca que algumas empresas utilizam *endomarketing* e comunicação para estimular a conversão do conhecimento tácito em conhecimento explícito. Nessas empresas, a alta administração transmite à equipe instruções dos objetivos de determinados projetos e deixam uma missão que talvez pareça vaga, mas que, de fato, infunde na equipe um senso de direção extremamente nítido.

"(...) uma das ferramentas gerenciais mais poderosas para a execução da tarefa de conversão de tácito para explícito também se encontra entre as mais negligenciadas: o estoque de linguagem figurativa e de simbolismo a que recorrem os gerentes para a articulação de suas intuições e *insights*" (NONAKA, 2001).

Ponto comum em todas as empresas analisadas, a comunicação interna tem um forte apelo, visto que o conceito de *endomarketing* parece estar bastante presente em seu cotidiano. Todas as empresas entrevistadas possuem um canal de disseminação da informação, e o mais comum entre elas é o jor-

Capítulo 2 ■ A Gestão do Conhecimento Como um Recurso Competitivo

nal institucional, que procura colocá-los a par dos acontecimentos e dos objetivos da empresa.

Pesquisa com o cliente

A aquisição de novos conhecimentos também pode ser feita por meio de informações fornecidas pelos clientes, que uma vez agregadas ao conhecimento dos funcionários trará outros dados úteis que devem ser compartilhados e utilizados."(...) outro meio igualmente fecundo como fonte de idéias são os clientes. As conversas com os clientes sempre estimulam o aprendizado, pois, afinal, eles são especialistas nos respectivos negócios. Os clientes têm condições de proporcionar informações atualizadas sobre produtos, estabelecer comparações entre concorrentes, expor idéias sobre mudanças nas preferências e fornecer *feedback* imediato sobre serviços e padrões de uso" (GARVIN, 2001, p. 67).

O autor afirma que o ponto final lógico das atividades é o deslocamento da pesquisa corporativa para fora da empresa, a fim de trabalhar com os clientes na co-produção da tecnologia e dos sistemas de trabalho de que estes necessitarão no futuro. A experimentação do cliente e o cliente oculto (observação do cliente em ação, no ato da compra ou no uso do serviço) são formas utilizadas de pesquisa para obtenção de informação e conhecimento.

De acordo com Hayes (2001), as pesquisas com os clientes dão às empresas uma indicação exata do grande acerto das diretrizes adotadas para seus processos empresariais. As medições permitem a uma empresa saber quão bem seus processos empresariais estão funcionando, saber em que atuar para fazer mudanças e criar aperfeiçoamentos, e, se necessário, determinar quais processos levarão aos aperfeiçoamentos pretendidos. "O conhecimento das percepções e reações dos clientes, relacionados aos negócios de uma determinada organização, pode aumentar em muito suas possibilidades de tomar decisões empresariais." (HAYES, 2001, p. 3)

Visão geral

Podemos reunir cada um dos fatores que contribuem para a aplicação da gestão do conhecimento às suas etapas. A Figura 2.13, a seguir, mostra uma visão geral dos conceitos apresentados.

Estratégias de Diferenciação

Figura 2.13 Fatores que contribuem para a aplicação da gestão do conhecimento e as etapas da gestão do conhecimento.

Gestão do Conhecimento e a Capacidade de Competir da Empresa

Competitividade

Os aspectos ligados à competição têm origem quando pensamos em uma estrutura capitalista, em que há mais de uma empresa desejando vender seus produtos ou serviços aos consumidores. O termo está em voga e envolve tanto as nações como as empresas, principalmente em razão das mudanças no cenário mundial.

Um dos autores de maior destaque na abordagem de competitividade é Schumpeter, que apresenta o processo de destruição criativa e o processo de inovação nas organizações para tentar explicar a natureza desequilibrante por meio da qual os líderes se engajam em uma corrida frenética, para se manter à frente do outro. "O impulso fundamental que inicia e mantém a máquina capitalista em movimento decorre dos novos bens de consumo, dos novos métodos de produção ou transporte, dos novos mercados, das novas formas de organização industrial que a empresa capitalista cria. Esse processo de destruição criativa é o fato essencial acerca do capitalismo. É nisso que consiste o capitalismo, e é aí que têm que viver todas as empresas capitalistas" (SCHUMPETER, 1942).

Capítulo 2 ▪ A Gestão do Conhecimento Como um Recurso Competitivo

Mariotto (1991) conceitua a competitividade de uma empresa como a sua capacidade de ser bem-sucedida em mercados em que existe concorrência; ou, ainda, como a capacidade da empresa de explorar, sem seu proveito, a estrutura e os padrões de concorrência de mercado em que atua (ou quer atuar) e, assim, conseguir rentabilidade em longo prazo. Ele complementa que a noção de competitividade tem forte inspiração no paradigma evolucionista de Darwin, que postula a sobrevivência dos mais aptos na disputa pelos escassos recursos naturais de subsistência.

São apresentadas três formas básicas reconhecidas pelos economistas na estrutura de mercado: monopólio, mercado dominado por um único vendedor; o mercado de concorrência perfeita, no qual diversas empresas pequenas vendem exatamente o mesmo produto; e oligopólio, mercado no qual um pequeno número de grandes produtores vendem o mesmo produto ou produtos muito semelhantes. Mariotto (1991) critica a visão dos economistas, afirmando que eles dedicam maior atenção à concorrência perfeita. Ele defende que a estrutura de mercado mais freqüentemente encontrada é a de oligopólio.

Ainda nessa perspectiva, Schumpeter (1934) sustenta que o crescimento econômico e o progresso técnico são ocasionados não pela concorrência entre pequenas empresas, por meio de preço, mas, sim, pelas grandes empresas e um posicionamento diferente, concorrendo por intermédio de inovação. Ele ainda completa que a estrutura de mercado envolvendo grandes empresas com grau considerável de poder de mercado é o preço que a sociedade precisa pagar para conseguir avanço tecnológico rápido. Mariotto (1991) complementa que estudos empíricos e teóricos de economistas não ortodoxos têm evidenciado que a estrutura de oligopólio diferenciado, em que poucas empresas grandes vendem produtos semelhantes e concorrem por meio de inovação tecnológica e da diferenciação de produtos, na realidade, não é só a estrutura dominante, como parece ser, mas também uma estrutura benéfica e desejável para o progresso econômico.

Um outro enfoque bastante conhecido nas instituições é a análise SWOT, que é apresentada por Andrews (1971), como uma ferramenta que analisa as forças e fraquezas da empresa, assim como as oportunidades e ameaças dos mercados. Trata-se de uma ferramenta utilizada pela empresa para se proteger da evolução da competitividade, auxiliando na formulação da estratégia corporativa.

Uma situação que pode chegar ao limite da competição é expressa como a hipercompetição. O ambiente de hipercompetição é caracterizado por movimentos competitivos intensos e rápidos, no qual os concorrentes têm que se movimentar rapidamente para construir vantagens e erodir as vantagens de

Estratégias de Diferenciação

seus rivais (D'AVENI, 1994). As empresas devem aprender a responder rapidamente às mudanças tecnológicas e oportunidades de mercado, utilizando a oferta de novos produtos e serviços de maneira cada vez mais acelerada.

Nesse sentido, há uma busca constante por parte das empresas no encadeamento de uma série de movimentos temporários que prejudicam os concorrentes em um ciclo infinito de corrida por posição (D'AVENI, 1994). No estado de concorrência perfeita, os protagonistas não têm vantagem competitiva. Todos competem em preço até que nenhum obtenha lucros. Em contrapartida, nos mercados hipercompetitivos, os lucros são temporários. A Figura 2.14, ilustra a escalada da competição, que se inicia nas empresas que concorrem em preço e qualidade até chegar à concorrência perfeita, na qual nenhuma detém vantagem e lucros anormais.

ESCALADA DA COMPETIÇÃO ↑

Concorrência perfeita. Ninguém detém uma vantagem, e lucros anormais passam a não existir mais.

Grandes personagens e alianças globais se desenvolvem para criar uma competição mais acirrada (estado de resultado).

Empresas criam reservas financeiras para aniquilar as menores (quarta arena: bolsos cheios).

Empresas criam reservas financeiras de guerra para atacar o concorrente (estado de resultado).

Empresas tentam erguer barreiras na entrada para limitar a concorrência (terceira arena: invasão e criação de fortaleza).

Os grandes saltos são rapidamente imitados (estado de resultado).

Empresas se lançam em grandes saltos e mercados não explorados (segunda arena de competição: tempo e *know-how*).

Fartura de produtos e serviços de alta qualidade e baixo preço (estado de resultados).

Empresas concorrem em preço e qualidade (primeira arena: custo/qualidade).

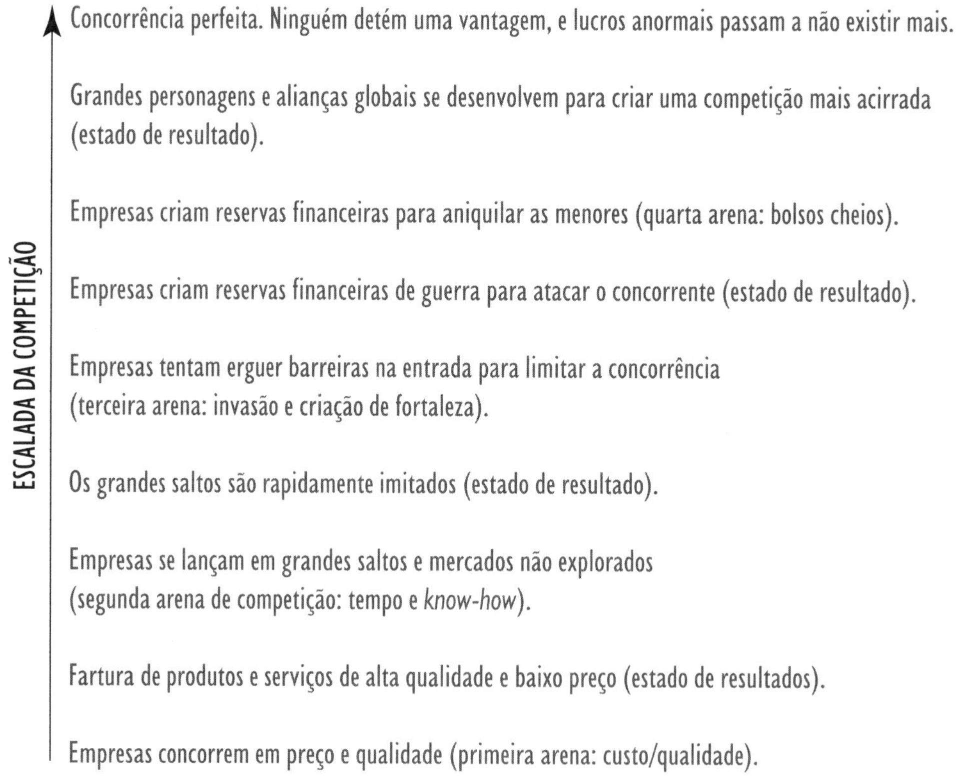

Fonte: Adaptado de D'Aveni, 1994.

Figura 2.14   Escalada e arenas de competição.

Capítulo 2 ■ A Gestão do Conhecimento Como um Recurso Competitivo

Para o autor, a diferença entre a concorrência perfeita e o estado de hipercompetição é que em ambos a guerra pode ser sangrenta e brutal, porém, na concorrência perfeita, o mercado fica sem direção, uma vez que o competidor é beneficiado. Na hipercompetição, além da força bruta, existe a habilidade dos competidores de inventar e impor regras da competição para o mercado, podendo resultar em uma reação constante do concorrente por novas regras ou o desgaste por completo.

Essa apresentação da hipercompetição é um modelo extremo, mas o apresentamos para ilustrar os desafios pelo qual as empresas podem passar. Reconhecemos que as empresas podem estar mais confortáveis no mercado, posicionando-se em uma estrutura oligopolizada e até mesmo monopolizada.

Alavi e Leidner (2001) pontuam que nas organizações inseridas em ambientes hipercompetitivos a gestão do conhecimento é um importante processo pelo qual elas podem optar, uma vez que necessitam de informações e ferramentas de comunicação para suprir a necessidade em um pequeno espaço de tempo e o desenvolvimento de produtos e serviços inovadores.

Nesse sentido, a gestão do conhecimento tem um importante papel no relacionamento de competição entre as empresas e pode exercer uma vantagem competitiva para aquelas que a implementam. Mas o que de fato é vantagem competitiva?

Vantagem competitiva

O termo vantagem competitiva apresenta origens desde Ansof (1965) que a definiu como a vantagem de perceber tendências de mercado à frente dos concorrentes. A popularidade do termo aconteceu mesmo, em 1980, com a obra de Porter. Nela o autor demonstra que o objetivo e a medida de sucesso da estratégia passam a ser uma conquista de uma vantagem competitiva. Ele denomina cadeia de valor uma ferramenta para explicar a geração da vantagem competitiva, afirmando que a empresa conquistaria uma vantagem competitiva se executasse as atividades estrategicamente mais importantes da cadeia de valor de maneira mais barata, ou até melhor, do que a concorrência.

Uma revisão na literatura feita por Rumelt (2003) mostra algumas palavras, ditas por diferentes autores, que aparecem associadas ao termo vantagem competitiva:

- quando o faturamento excede os custos;
- superar a expectativa dos donos da empresa, da economia como um todo ou do restante da indústria;
- vantagens relacionadas ao desempenho no mercado de ações;
- baixo custo, diferenciação ou enfoque;
- resultados acima dos normais;
- o mercado, ou a indústria, cria um valor econômico, ou quando poucos competidores se engajam em ações similares;
- a firma ganha uma taxa de retorno superior à média do mercado.

Outro autor, Ghemawat, (1986) propõe que as fontes estruturais de vantagem competitiva podem ser encontradas em fatores ligados à inovação de produtos; processo de produção e capacidades de marketing das empresas.

Porter recebeu diversas críticas que posicionaram sua teoria como muito generalista e anticientífica. As críticas giram em torno da alegação de que a teoria porteriana é a solução dos problemas estratégicos e gerenciais das empresas. Chegou-se a dizer que se trata de uma ideologia plena e inteira. "O fato é que Porter ignora tudo soberbamente, o que é grave para qualquer um que aborde a questão do futuro das nações e suas economias (e por todo intelectual que se respeita)" (AKTOUF, 2002). Mas ele ainda é o autor mais citado nos últimos 13 anos nas publicações de economia e administração e, portanto, suas idéias merecem atenção.

Barney (2002) diz que uma das abordagens de vantagem competitiva foi dada por Porter, que apresenta a teoria de Andrews (1971) e a análise das ameaças e oportunidades do ambiente, forças e fraquezas da firma (análise SWOT) e o modelo das cinco forças competitivas. Essa é uma visão que aborda a estrutura de desempenho da empresa utilizando a visão da organização industrial (OI), ou seja, o ambiente da indústria na qual a empresa pertence terá maior impacto sobre seu desempenho do que as características internas dela.

Uma visão mais operacional do tema foi levantada por Brito e Vasconcelos (2004). Eles afirmam que a vantagem competitiva está ligada ao caráter do desempenho das empresas, e apresentam duas vertentes:

- Os fenômenos de lucratividade diferentes da média de mercados são naturais e desejáveis;

Capítulo 2 – A Gestão do Conhecimento Como um Recurso Competitivo

- Existe uma homogeneidade natural e uma perfeição dos mercados. Elas convergem automaticamente para o equilíbrio. "As vantagens competitivas são apenas perturbações transitórias" (RUMELT, 1991).

A operacionalização do conceito de vantagem competitiva é feita pelos autores: ela é a resultante de todos os fatores específicos e únicos da empresa em particular, durante um período específico. Eles excluem os fatores ligados à indústria na qual as empresas pertencem e os fatores temporais.

Brito e Vasconcelos (2004) afirmam que o tratamento teórico mais técnico ao conceito da vantagem competitiva pode ser analisado sob a perspectiva da visão baseada em recursos (*Resource Based View* — RBV).

Resource Based View

A idéia principal da visão baseada em recursos é a de que os recursos específicos da empresa são determinantes para a geração de lucro econômico.

"Recursos são todos aqueles fatores tidos e controlados pela empresa, convertidos em produto ou serviço final" (AMIT e SCHOEMAKER, 1993).

"A competência é a capacidade da firma em transformar recursos, combinando processos organizacionais para atingir o final desejado" (AMIT e SCHOEMAKER, 1993).

Barney (2001, 2002) afirma, como já citado anteriormente, que, para um recurso se apresentar como uma fonte de resultados acima da média para a empresa, ele deve apresentar as seguintes características:

- recurso deve ser raro;
- recurso deve ser difícil de imitar;
- recurso deve ter valor para o cliente;
- recurso deve ser explorado pela organização que o detém.

Essa nomenclatura ficou conhecida como VRIO *framework* de Barney.

A RBV inclui as capacidades da firma e de seus ativos intangíveis como um recurso, podendo ser fonte de vantagem competitiva com dificuldade de ser copiado e até mesmo identificado. O quadro 2.3, a seguir, ilustra a visão de Barney.

Estratégias de Diferenciação

Quadro 2.3 Análise VRIO.

Valioso?	Raro?	Caro para ser imitado?	Explorado pela organização?	Implicação competitiva	Desempenho econômico
Não	—		Não	Desvantagem competitiva	Abaixo do normal
Sim	Não			Paridade competitiva	Normal
Sim	Sim	Não		Vantagem competitiva temporária	Acima do normal
Sim	Sim	Sim	Sim	Vantagem competitiva sustentável	Acima do normal

Fonte: Barney, 1996.

Podemos inserir a gestão do conhecimento nessa análise ao relacionarmos que o conhecimento é intrínseco de cada empresa, valioso, raro, difícil de imitar e pode ser explorado pela organização.

Nas empresas pesquisadas, a gestão do conhecimento é percebida desta maneira. Notamos que ela não é construída repentinamente; ela é aos poucos internalizada pelos colaboradores, que passam por um longo caminho de aprendizado. Não se trata de um sistema comprado e facilmente aplicado na instituição. É mais do que isso; a gestão do conhecimento refere-se a um processo de mudança organizacional e cultural. Ela deve fazer parte do dia-a-dia das pessoas e integrar todas as áreas. O fluxo de informação tem de permitir que o conhecimento seja gerado e continue evoluindo para completar as suas etapas: criação, armazenamento, organização/transformação e utilização. Uma vez que ela apresenta o enfoque da VRIO, implicará uma vantagem competitiva para a empresa.

Uma análise complementar e interessante é apresentada por Peteraf (1993) ao vincular as noções de rendas econômicas ao conceito de vantagem competi-

Capítulo 2 ■ A Gestão do Conhecimento Como um Recurso Competitivo

tiva. Para Peteraf, a vantagem competitiva deriva da heterogeneidade de recursos das empresas e da mobilidade imperfeita dos recursos entre elas, reforçando a imitabilidade e substituição imperfeita de recursos.

Uma das formas de permitir um isolamento dos competidores é criando maneiras de isolar no mercado, por exemplo, o aprendizado, a reputação e economia de escala. Podemos associar esse aprendizado à capacidade da empresa em possibilitar a criação de conhecimentos na organização, garantindo uma proteção contra novos entrantes.

Podemos citar como exemplo a reputação que as instituições de ensino devem ter para conseguir um reconhecimento no mercado. Essa reputação é construída por muitos anos e integra uma série de questões que determinam seu sucesso. Esse recurso, denominado reputação, não pode ser comprado no mercado — ele não é negociável! Assim como a gestão do conhecimento, a reputação também pode se constituir um recurso difícil de ser imitado, raro, valioso para o cliente e explorado pela organização.

A principal idéia da RBV é a de que o gerente pode melhor entender os recursos que fazem parte da empresa em que ele trabalha, conseguindo identificar aqueles que são a base da vantagem competitiva. Alavancar alguns desses recursos pode ser a chave para o futuro da empresa.

"As empresas devem focar suas análises principalmente em suas habilidades únicas e em seus recursos, mais do que no ambiente competitivo" (DIERICKX e COOL, 1989). Voltando ao exemplo da reputação da instituição de ensino, os autores afirmam que os recursos "compráveis" existem, mas não podem ser geradores de vantagem competitiva porque são negociáveis. Dessa maneira, eles consideram recursos estratégicos aqueles:

- não negociáveis;
- não imitáveis;
- não substituíveis.

Dessa forma, o conhecimento é um recurso não negociável no mercado. Não se consegue comprar aquilo que é intrínseco à empresa e que requer a atuação de um aprendizado coletivo. "Se uma empresa precisa de um recurso não negociável no mercado, ela deverá construí-lo" (DIERICKX e COOL, 1989).

Por fim, vale a pena apresentar a visão de Hitt, Ireland et al. (2002), fundamentada nas competências essenciais das empresas tidas como aquelas que têm capacidades valiosas, raras, de imitação dispendiosa e não substituíveis. Caso as empresas apresentem todas essas características, elas são classificadas como capacidades estratégicas, e, portanto, servem para a empresa como fonte de vantagem competitiva em relação a seus concorrentes. As capacidades que não preenchem os quatro critérios de vantagem competitiva sustentável não são competências essenciais. Do ponto de vista operacional, para ser considerada com competência essencial, uma capacidade deverá ser "valiosa e insubstituível aos olhos do consumidor e única e inimitável na opinião da concorrência" (HITT, IRELAND et al., 2002).

Quadro 2.4 Os quatro critérios utilizados na identificação das capacidades estratégicas.

Capacidades valiosas	Ajudam a empresa a neutralizar ameaças ou a explorar oportunidades.
Capacidades raras	Não existe um grande número de empresas.
Capacidades de imitação dispendiosa	História: uma cultura organizacional ou marca singular e valiosa. Ambigüidade causal: as causas e os usos de uma aptidão não estão claramente definidos. Complexidade social: relações interpessoais e de confiança entre os administradores, fornecedores e clientes.
Capacidades insubstituíveis	Não existe equivalente estratégico.

Fonte: Hitt, Ireland et al., 2002.

Gestão do conhecimento e a construção de vantagem competitiva

Na pesquisa que realizamos, alguns termos apareceram como indicadores de resultados da gestão do conhecimento. Os oito entrevistados identificaram o conhecimento como um recurso estratégico e afirmaram que ele é fonte de vantagem competitiva. Foi até mesmo citado que no futuro essa vantagem tendia a ser uma condição essencial para a sobrevivência da empresa no mercado.

Capítulo 2 ■ A Gestão do Conhecimento Como um Recurso Competitivo

Os resultados obtidos foram:

Quadro 2.5   Resultados obtidos com a gestão do conhecimento.

Resultados	Total de empresas que perceberam os resultados
Ganho de mercado	4
Aumento de motivação	4
Diminuição de custos	3
Maior agilidade	3
Aumento de qualidade	2
Melhora na satisfação do cliente	2
Maior preparo da equipe comercial	1
Maior inovação	1

Para Nonaka (2001), a invenção de novos conhecimentos é uma forma de comportamento em que todos são trabalhadores do conhecimento, ou seja, empreendedores. Converter o conhecimento individual em recurso disponível para outras pessoas é um dos grandes desafios, pois envolve motivação, planos de incentivo e carreira, liderança e a existência de um ambiente de aprendizado.

A gestão do conhecimento apresenta etapas críticas, pois envolve o gerenciamento de pessoas em todas elas, desde a criação até a utilização do conhecimento. Assim, o plano de incentivo e **motivação** na organização tem o desafio de comprometer o envolvimento dos funcionários em todas as etapas. É comum, entre todas as empresas analisadas, destacar a motivação dos colaboradores. De uma maneira geral, há grande destaque à crítica de reconhecimento financeiro, isto é, o fato de a recompensa proposta aos esforços de gestão do conhecimento estar vinculada à satisfação pessoal em aprender ou, então, ao cumprimento de um objetivo no planejamento profissional. Essa característica tem destaque em função da essência do conceito que sugere uma mudança cultural, pois se entende que o enriquecimento intelectual proporcionará maior ganho ao longo do tempo.

Podemos ainda associar o aumento da motivação dos funcionários ao *endomarketing*, retratando-o como um conjunto de ações de marketing institucional dirigido para o público interno. São as ações de comunicação que a empresa deve realizar para consolidar a sua boa imagem. Se um profissional é bem informado sobre o que acontece e interessa à sua empresa, ele sentirá que o seu trabalho é respeitado e valorizado, e; conseqüentemente, seu desempenho e sua produtividade serão melhores. Além disso, o *endomarketing* também tem como objetivo estimular o trabalho em equipe e departamentos da empresa. Ponto comum em todas as empresas analisadas, a comunicação interna tem forte apelo nas empresas, visto que o conceito de *endomarketing* parece estar bastante presente em seu cotidiano. Todas as firmas entrevistadas possuem um canal de disseminação da informação, e o mais comum entre elas é o jornal institucional, que procura colocar os funcionários a par dos acontecimentos e dos objetivos da empresa.

A gestão de processos é tida como a revisão e o monitoramento dos processos da companhia que trazem informações e questionamentos que agregam na aquisição do conhecimento organizacional, auxiliando na determinação do que está certo ou errado e o que deve ser mantido ou eliminado. Esse processo requer pessoas com visão do negócio, de maneira que capture os métodos e procedimentos operacionais e as habilidades das pessoas, tratando-os de forma integrada e passando a gerenciar os conhecimentos tácitos e explícitos disponíveis. Das oito empresas analisadas, apenas duas não apresentaram ênfase na aplicação da gestão de processos. Essas organizações apresentam apenas algumas atividades voltadas à validação dos resultados dos processos, para destacar possíveis distorções que geram uma crítica ao processo e não uma reanálise. Nas demais empresas, a gestão de processos é um importante fator para aplicação da gestão do conhecimento. Segundo os profissionais, isso contribui sensivelmente para a criação do conhecimento em razão de sua visão voltada à melhoria contínua.

Essa reavaliação pode ainda melhorar os custos das empresas. O questionamento dos processos contribui para uma diminuição dos custos, uma vez que os processos são redimensionados em busca da melhoria contínua e **diminuição incremental dos custos**. O desafio gerencial é usar os *insights* para criar

Capítulo 2 ■ A Gestão do Conhecimento Como um Recurso Competitivo

processos e encorajar novos comportamentos que contribuirão para o êxito dos esforços de **inovação**, tanto de processos quanto de produtos.

A melhoria contínua reforça os programas de inovação contínua. Para Garvin, (2001) os programas contínuos normalmente envolvem uma série ininterrupta de pequenos experimentos destinados a produzir ganhos incrementais no conhecimento. Ele afirma que esses programas são muito comuns nas fábricas e oficinas. A entrevista mostrou essa aplicação. Uma maneira de criar conhecimento dentro das organizações é com o uso da melhoria contínua. Nas empresas de engenharia, tecnologia e indústria, isso foi detectado durante a entrevista. O próprio sistema de qualidade trabalha com três processos: melhoria contínua, responsabilidade de administração e liderança, para uma das fábricas metalúrgicas entrevistada. Garvin enfatiza que o sistema da qualidade está focalizado na melhoria contínua, podendo ter novos conhecimentos criados.

A **equipe de vendas** torna-se mais preparada à medida que mais informações ficam disponíveis a ela. Essas informações devem compor o cenário externo e interno. É o que chamamos no início do capítulo de inteligência competitiva. Todos os passos dos competidores, as tendências da economia e os impactos nos negócios são de grande importância para a tomada de decisão da equipe de vendas. Muni-la de informações é um processo que requer disciplina. Os números contábeis normalmente demoram a ser divulgados em razão do grande cuidado com relação à exatidão que eles requerem. Imaginem um funcionário da equipe de vendas recebendo no dia 20 do mês os resultados do mês anterior. Como ele poderá tomar alguma atitude, decisão ou correção com 20 dias de atraso? Poucos dias após o fechamento do mês, a equipe já deve contar com todas as informações de volume, faturamento, margem de produtos, margem de clientes. As estratégias para o mês seguinte são traçadas levando-se em conta tais resultados. Podemos fazer uma analogia a um relatório de bordo que auxilia na correção do trajeto ideal que o piloto está fazendo. Além de mais preparados, os colaboradores permanecem mais motivados com o trabalho.

Ter mais informações e conhecimentos interno e externo possibilita que o cliente seja atendido prontamente e suas necessidades sejam resolvidas com mais facilidade. Dessa maneira, pudemos, identificar mais este benefício nas entrevistas: a **melhora na satisfação do cliente**. Essa melhora pode ser disseminada entre os formadores de opinião no mercado, contribuindo para uma melhor imagem e reputação da corporação. A confiança que o futuro cliente tem na instituição poderá ser fator decisivo em uma análise de compra e comportamento do consumidor. Esse processo cíclico beneficiará a empresa no que diz respeito a **ganho de mercado**, item que também apareceu nas entrevistas realizadas.

Retornando à definição de vantagem competitiva, operacionalizada como resultante de todos os fatores específicos e únicos da empresa em particular, durante um período específico (BRITO e VASCONCELOS, 2004), podemos afirmar que todos os gestores das empresas entrevistadas percebem a gestão do conhecimento como uma fonte de vantagem competitiva.

Há ainda uma vasta literatura que aponta a gestão do conhecimento e a vantagem competitiva relacionadas.

Nonaka e Takeuchi (1997), após anos de pesquisa sobre empresas japonesas, convenceram-se de que a criação do conhecimento é a principal fonte de sua competitividade internacional. Ao mesmo tempo, entretanto, o conhecimento tácito é uma fonte importante da competitividade das empresas japonesas. É ele, provavelmente, o principal motivo da competitividade das empresas japonesas — e é ele, provavelmente, o principal motivo pelo qual a gerência japonesa é vista como um enigma pelos ocidentais. "A única vantagem sustentável que uma empresa tem é aquilo que ela coletivamente sabe, aliado à eficiência com que ela usa esse conhecimento e a prontidão com que ela o adquire" (PRUSAK e DAVENPORT, 1998).

"(...) visão da empresa baseada no conhecimento, que tem como principal pressuposto o entendimento de que empresas são comunidades sociais cujo principal papel é administrar seu conhecimento de forma mais eficiente que seus competidores. Essa abordagem apresenta o conhecimento da empresa como seu ativo mais relevante estrategicamente (...). Propõe-se que as empresas possuam diferentes tipos de conhecimento e cada um desses tipos pode proporcionar a base para uma vantagem competitiva" (OLIVEIRA JR., 2001, p. 121).

Para Mintzberg e Quinn (2001), os executivos precisam olhar, além dos produtos da empresa, também para as habilidades intelectuais ou sistemas de administração que, na realidade, criam uma vantagem competitiva sustentada. Produtos, mesmo aqueles com valiosa proteção legal, podem ser facilmente modificados tecnicamente, duplicados ou substituídos. A com-

Capítulo 2 ▪ A Gestão do Conhecimento Como um Recurso Competitivo

petência também não é tipicamente uma das funções tradicionais, como produção, engenharia, vendas ou finanças, em torno das quais as organizações eram formadas no passado. Pelo contrário, as competências tendem a ser conjuntos de habilidades que atravessam as funções tradicionais. A interação permite que a organização desempenhe consistentemente uma atividade melhor que os concorrentes funcionais e que melhore continuamente uma determinada atividade à medida que mercados, tecnologia e concorrência evoluem.

Para Hitt, Ireland *et al.* (2002), na condição de dados dotados de pertinência e objetivos, a informação tem valor competitivo para as organizações. A informação desenvolve-se para transformar-se em conhecimento mais pertinente competitivamente quando é usada para estabelecer ligações capazes de gerar valor no mercado. Desse modo, o conhecimento pode ser visto como informações repletas de experiências, julgamentos, *insights* e valores. Quase todo o conhecimento reside no indivíduo, e, por esse motivo, as organizações bem-sucedidas continuamente oferecem oportunidades para que os funcionários ampliem seus estoques de dados e informações.

Dessa forma, o escopo será identificar os recursos críticos que as empresas estão utilizando como fundamento de estratégias de mercado bem-sucedido e analisar a sua atuação nesse sentido. Cada vez mais os recursos intelectuais, e não os ativos tangíveis, transformam-se nas sementes do êxito no mercado. Além disso, é preciso demonstrar como os novos recursos intelectuais estão induzindo a novas configurações organizacionais, inclusive envolvendo múltiplos elos com outras empresas, como fornecedores, distribuidores, clientes finais e fontes de tecnologia, e demonstrar como os novos recursos intelectuais e as novas configurações organizacionais estão dando origem às competências diferenciais, ou seja, competências que geram valor e benefícios importantes para os clientes. Essas competências, cada vez mais, emanam de atividades de serviço com base em conhecimentos.

Uma interessante visão foi apresentada por Xanthopoylos e Mesquita (2004) em seu artigo apresentado na EnPad de 2004. Eles apresentam um modelo de ligação entre vantagem competitiva sustentável e gestão do conhecimento, como mostra a Figura 2.15, a seguir.

Estratégias de Diferenciação

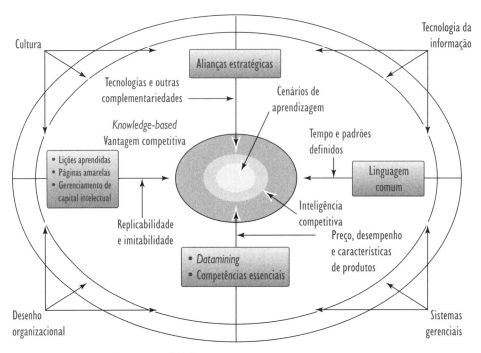

Fonte: Xanthopoylos e Mesquita, 2004.

Figura 2.15 Um modelo de ligação entre vantagem competitiva sustentável e gestão do conhecimento.

Apesar do reconhecimento pelos autores e pelos gestores das empresas entrevistadas de que a gestão do conhecimento promove uma fonte de vantagem competitiva, as medidas de mensuração ainda parecem não ser suficientes para mostrar o poder de um ativo intangível. Os desafios para justificar os investimentos na área ainda aparecem com freqüência.

De uma maneira geral, percebeu-se, com as entrevistas, que os profissionais consideram a gestão do conhecimento um sistema atual e de impacto nos resultados da companhia, ainda que de difícil mensuração. Alguns entrevistados demonstraram facilidade ao identificarem os benefícios e as vantagens perante os concorrentes em decorrência das práticas de gestão do conhecimento, mas ainda não conseguem conectá-los a um indicador de resultados. O teor e a aplicação de suas práticas diferem muito entre as empresas. Fica claro com as entrevistas que sua ênfase está atrelada à disposição da alta administração em envolver a gestão

Capítulo 2 ■ A Gestão do Conhecimento Como um Recurso Competitivo

do conhecimento como item estratégico. Nas entrevistas, percebeu-se que o foco da aplicação das práticas de gestão do conhecimento é nas áreas críticas e/ou de negócio da empresa, permanecendo ainda um campo de oportunidade nas demais áreas. Alguns dos entrevistados sentem dificuldades em medir o ROI (*Return on Investiment*) de algo que é prático. Além disso, os gestores buscam alguma forma de mensuração para a gestão do conhecimento, como o *Balanced Scorecard*, a quantidade de acessos em sistemas de tecnologia de informação, o nível de motivação, a quantidade de idéias utilizadas efetivamente, entre outras.

"Na maioria das empresas, o teste definitivo para a mensuração do valor dos novos conhecimentos é econômico — aumento de eficiência, redução de custos, melhoria do ROI. Mas, na empresa criadora do conhecimento, outros fatores mais qualitativos são igualmente importantes. Será que a idéia incorpora a visão da empresa? Ela expressa as aspirações e as metas estratégicas da alta administração?" (NONAKA, 2001, p. 46)

Podemos sumarizar o tema seguindo uma pirâmide que mostra que o dado é a primeira etapa de um processo gerador de resultados. Já apontamos no início do Capítulo a quantidade de e-mails que recebemos, sem contar os relatórios diversos que nos estão disponíveis. Sem uma interpretação e análise, esse dado não se transforma em informação, que por sua vez não se transforma em um conhecimento. O desenho da estratégia dependerá disso. O planejamento e o plano de ação são feitos, e, uma vez executados, geram o resultado esperado.

Figura 2.16   Pirâmide da gestão do conhecimento.

Conclusão

A gestão do conhecimento nas organizações passa pela compreensão das características e demandas do ambiente competitivo, e também pelo entendimento das necessidades individuais e coletivas associadas aos processos de criação e aprendizado. É evidente que as empresas estão vivendo em um ambiente cada vez mais turbulento, no qual vantagens competitivas precisam ser, permanentemente, reinventadas e setores de baixa intensidade em tecnologia e conhecimento perdem participação econômica.

Nesse contexto, o desafio de produzir mais, melhor e mais barato vai sendo suplantado pelo desafio permanente de criar produtos, serviços, processos e sistemas gerenciais. Por sua vez, a velocidade das transformações e a complexidade crescente dos desafios não permitem mais concentrar esses esforços em alguns poucos indivíduos ou áreas das organizações.

Os indivíduos, por sua vez, vêm aumentando de forma considerável seus patamares de educação e aspirações. De fato, verifica-se que os colaboradores, de maneira crescente, se realizam sendo criativos e aprendendo constantemente.

Constatou-se que há o reconhecimento de que o capital humano, formado pelos valores e pelas normas individuais e organizacionais, bem como pelas competências, habilidades e atitudes de cada funcionário, é a "mola propulsora" da geração dos conhecimentos e de valores nas empresas.

Algumas empresas não utilizam totalmente as práticas de gestão do conhecimento, não havendo um comprometimento real quanto às etapas de gestão do conhecimento: criar, organizar/transformar, armazenar, compartilhar e utilizar o conhecimento na prática. Em alguns de seus sistemas de gestão, ora conhecimentos são criados, mas não disseminados, ora são disseminadas apenas informações, quando poderiam ser incluídos os conhecimentos tácitos e as experiências dos profissionais. Nessas mesmas empresas, algumas práticas realmente utilizam todas as etapas, e, por meio delas, o diferencial é visto e a vantagem competitiva, promovida.

A tecnologia da informação, por si só, não contribui na aplicação da gestão do conhecimento, promovendo vantagem competitiva e conseqüentemente um diferencial para as empresas. Os *softwares* de fato auxiliam o ciclo da gestão do conhecimento, porém sozinhos não promovem vantagem competitiva. É necessário haver um conjunto com outros fatores, podendo citar: gestão de pessoas, de processos, *benchmarking*, inovação e melhoria contínua, *endomarketing* e pesquisa ao cliente. Desse modo, as informações e os conhecimentos poderão ser armazenados, compartilhados e utilizados em forma de novos conhecimentos, promovendo um diferencial.

A união dos conceitos dos fatores que contribuem para a aplicação da gestão do conhecimento resultou numa estratégia em que é possível observar que o conhecimento é um diferencial competitivo que promove as empresas que gerenciam esse conhecimento, um fator que gera vantagem competitiva, de maneira sustentável, pois elas entendem que a diferenciação proposta pela gestão do conhecimento pode ser renovável, atendendo a um dos principais conceitos propostos por Porter (1985): a diferenciação no segmento de atuação.

Os autores estudados e as empresas enfatizam que a gestão do conhecimento é uma prática que promove vantagem competitiva, e algumas vão além, afirmando que no futuro a gestão do conhecimento tornar-se-á um item obrigatório para garantia da existência da empresa.

Também foi comprovada a preocupação das empresas ao detectar que elas utilizam as práticas de gestão do conhecimento em suas áreas de negócios, ou seja, em suas áreas-foco. Em algumas, há a utilização e o investimento nessas práticas apenas nas áreas que geram o negócio da empresa e não por completo na empresa.

O presente estudo se torna um importante enfoque na análise da RBV sob o aspecto da VRIO, sugerindo que a posição das empresas está baseada em seus recursos e capacidades singulares valiosas, raras e difíceis de imitar. As entrevistas sugerem a conexão entre as atividades de gestão do conhecimento e a obtenção de vantagem competitiva.

Bibliografia

AKTOUF, O. Governança e pensamento estratégico: uma crítica a Michael Porter, **RAE — Revista de Administração de Empresas**, v. 42, n. 3, p. 43-53, jul./set. 2002.

ALAVI, M.; LEIDNER, D. E. Review: knowledge management and knowledge management systems: conceptual foundations and research issues. **MIS Quarterly**, v. 25, n. 1, p. 107-133, 2001.

AMIT, R.; SCHOEMAKER, P. J. H. Strategic assets and organizational rent. **Strategic Management Journal**, v. 14, n. 1, p. 33-46, jan. 1993.

ANDREWS, K. R. **The concept of corporate strategy, Homewood**. Dow Jones, Irwins, 1971.

ANSOFF, H. I. **Corporate strategy**. Harmondsworth: Penguin, 1965.

BAER, Alexander. **Endormarketing**. Disponível em: <www.alexanderbaer.com.br/endomkt.htm>. Acesso em: 12 jul. 2003.

BARBIERI, Carlos. **BI — Intelligence:** modelagem e tecnologia. 1. ed. São Paulo: Editora Axcel Books, 2001.

BARNEY, J. Firm resources and sustained competitive advantage. **Journal of Marketing**, v. 17, n. 1, p. 99-120, 1991.

_____. **Gaining and sustaining competitive advantage**. New York: Addison Wesley, 1996.

_____. Resource-based theories of competitive advantage: a ten-year retrospective on the resource-based view. **Journal of Management**, v. 27, n. 6, p. 643-650, 2001.

_____. **Gaining and sustaining competitive advantage**. 2. ed. New Jersey: Prentice Hall, 2002.

BEPPLER, L. **Gestão do conhecimento empresarial**. Disponível em: <www.pr.gov.br/batebyte/edicoes/2003/bb128/ngestao.shtml>. Acesso em: 20 mar. 2003.

BRITO, L. A. L.; VASCONCELOS, F. Vantagem competitiva: o construto e a métrica. **Revista de Administração de Empresas**, 2004.

CASTELLS, M. **A sociedade em rede**. 4. ed. São Paulo: Paz e Terra, 2002.

CENTRO DE REFERÊNCIA EM INTELIGÊNCIA EMPRESARIAL. **Quanto vale o mercado de gestão do conhecimento no Brasil?** Rio de Janeiro, 2001.

CHANDLER JR., A. **Strategy and structure:** chapters in the history of industrial enterprise. Cambridge, MA: MIT Press, 1962.

DAVENPOR, T.; PRUSAK, L. **Conhecimento empresarial**: como as organizações gerenciam o seu capital intelectual. 8. ed. Rio de Janeiro: Campus, 2004.

DIERICKX, I.; COOL, K. Asset stock accumulation and sustainability of competitive advantage. **Management Science**, v. 35, n. 12, p.1504-1511, 1989.

DRUCKER, P. O advento da nova organização. In: SERRA, A. C. Gestão do conhecimento: on knowledge management. **Harvard Business Review**. 5. ed. Rio de Janeiro: Campus, 2001.

D'AVENI, R. **Hipercompetition**. New York: The Free Press, 1994.

_____ Strategic supremacy through disruption and dominance. *Sloan Management Review*, p. 127-135, 1999.

EDVINSSON, L.; MALONE, M. **Capital intelectual**. São Paulo: Makron Books, 1998.

EISENHARDT, K. M.; SANTOS, F. M. Knowledge-based view: anew theory of strategy? In: PETTIGREW, A.; THOMAS, H.; WHITTINGTON, R. **Handbook of strategy and management**. London: Sage, 2002.

FLEURY, M. T.; OLIVEIRA JR., M. M. **Gestão estratégica do conhecimento, integrando aprendizagem, conhecimento e competências**. 1. ed. São Paulo: Atlas, 2001.

GARVIN, D. A. Construção da organização que aprende. In: SERRA, A. C. Gestão do conhecimento: on knowledge management. **Harvard Business Review**. 5. ed. Rio de Janeiro: Campus, 2001.

GHEMAWAT, P. Sustainable advantage. **Harvard Business Review**, v. 64, n. 5, p. 53-58, 1986.

HAYES, Bob E. **Medindo a satisfação do cliente**. 1. ed. Rio de Janeiro: Qualitymark, 2001.

HAMEL, G.; PRAHALAD, C. K. **Competindo pelo futuro**. Estratégias inovadoras para obter o controle do seu setor e criar os mercados de amanhã. 10. ed. Rio de Janeiro: Campus, 1995.

HAYES, B. E. **Medindo a satisfação do cliente**. 1. ed. Rio de Janeiro: Qualitymark, 2001.

HAWLEY, A. Human Ecology. In: SILLS, D. (ED.). **International encyclopedia of the social science**, p. 328-37. New York: MacMillan, 1968.

HITT, M. A ; IRELAND, D.; HOSKISSON, R. E. **Administração estratégica**. 1. ed. São Paulo: Thompson, 2002.

_____; KEATS, B. M.; DEMARIE, S. Navigating in the new competitive landscape: building strategic flexibility and competitive advantage in the 21st. century, **Academy of Management Executive**, v. 12, n. 4, p. 22-42, 1998.

IVANCEVICH, John M. **Human resources management**. 5. ed. New York: International Edition, 2001.

KAHANER, L. **Competitive Intelligence**: how to gather, analyse, and use information to move your business to the top. New York: Touchstone Books, 1998.

KOTLER, Philip. **Administração de marketing**. 10. ed. São Paulo: Prentice Hall (Pearson), 2000.

LEME FILHO, T. **Business intelligence no microsoft excel**. Rio de Janeiro: Axcel Books do Brasil, 2004.

LEONARD, Dorothy. **Wellspring of knowledge.** Boston: Harvard Business School, 2001.

MARANALDO, D. **Estratégia para competitividade**. São Paulo: Produtivismo, 1989.

MARIOTTO, F. O conceito de competitividade da empresa: uma análise crítica. **RAE — Revista de Administração de Empresas**, v. 31, n. 2, p. 37-52, abr./jun. 1991.

MEISTER, Jeanne C. **Educação Corporativa:** a gestão do capital intelectual através das universidades corporativas. 1 ed. São Paulo, 1999.

MINTZBERG, H.; QUINN, J. B. **O processo da estratégia**. 3. ed. Porto Alegre: Bookman, 2001.

MORGAN, G. **Imagens da organização**. São Paulo: Atlas, 2000.

NONAKA, I. A empresa criadora do conhecimento. In: SERRA, A. C. Gestão do conhecimento: on knowledge management. **Harvard Business Review**, Campus, 2001.

_____; TAKEUCHI, H. **Criação de conhecimento na empresa:** como as empresas japonesas geram a dinâmica da inovação. 3. ed. Rio de Janeiro: Campus, 1997.

OLIVEIRA, M. JR. Competências essenciais e conhecimento na empresa. In: FLEURY, M. T.; OLIVEIRA JR., M. M. **Gestão estratégica do conhecimento, integrando aprendizagem, conhecimento e competências**. 1. ed. São Paulo: Atlas, 2001.

OLIVEIRA, D. P. R. **Estratégia empresarial e vantagem competitiva**. 3. ed. São Paulo: Atlas, 2001.

OLIVEIRA, D. P. R. **Sistemas de informação**. 4. ed. São Paulo: Atlas, 1997.

PEREIRA, J. Pesquisa sobre o mercado de gestão do conhecimento. **Onde estamos e para onde vamos**. Disponível em: <www.informal.com.br>. Acesso em: 3 jun. 2005.

PERRIER, R. **Avaliação de marca:** capítulos selecionados. Interbrand Group plc, 1. ed. São Paulo, 2001.

PETERAF, M. The cornerstones of competitive advantage – a resource-based view. **Strategic Management Journal**, v. 12, n. 3, p. 95-117, 1993.

POWELL, W.; DIMAGGIO, P. J. **The new institutionalism in organizational analysis**. Chicago: The University of Chicago Press, 1991.

PORTER, M. E. **Competitive strategy:** techniques for analysing industries and competitors. New York: Free Press, 1980.

_____ **Competitive advantage:** creating and sustaining superior performance. New York: Free Press, 1985.

PRAHALAD, C. K.; HAMEL, G. The core competence of the corporation. **Harvard Business Review**, v. 68, n. 3, p. 79-92, 1990.

PRUSAK, L.; DAVENPORT, T. H. **Working knowledge:** how organizations manage what they know. 1. ed. Boston: Harvard Business School Press, 1998.

QUINN, B. **Intelligente enterprise:** a knowledge and service based paradigm for industry. New York: The Free Press, 1992.

_____; ANDERSON P.; FINKELSTEIN, S. Gerenciando o intelecto profissional: extraindo o máximo dos melhores. In: SERRA, A. C. Gestão do conhecimento: on knowledge management. **Harvard Business Review**. 5. ed. Rio de Janeiro: Campus, 2001.

RUAS, R. Desenvolvimento de competências gerenciais e contribuição da aprendizagem organizacional. In: FLEURY, M. T.; OLIVEIRA JR., M. M. **Gestão estratégica do conhecimento, integrando aprendizagem, conhecimento e competências**. 1. ed. São Paulo: Editora Atlas, 2001.

RUMELT, R. How does industry matter? **Strategic Management Journal**, v. 12, n. 3, p. 167-169, 1991.

_____. **What in the world is competitive advantage?** Working paper The Anderson School at UCLA, ago. 2003.

SANTOS, A; PACHECO, F.; PEREIRA, H.; BASTOS JR. P. **Gestão do Conhecimento:** uma experiência para o sucesso empresarial. 1. ed. Curitiba: Champagnat, 2001.

SCHERER, F. M.; ROSS, D. **Industrial market structure and economic performance.** Boston: Houghton Mifflin Company, 1991.

SCHNEIDERMAN, A. M. **Process Management.** Disponível em: <www.schneiderman.com/process.htm>. Acesso em: 21 mar. 2003.

SCHUMPETER, J. **The theory of economic development.** Cambridge, Mass.: Harvard University Press, 1934.

_____. **Capitalism, socialism and democracy.** Routledge, 1942.

SERVIÇO FEDERAL DE PROCESSAMENTO DE DADOS, Serpro. Disponível em: <www.serpro.gov.br/publicações/gco_site/m_capitulo01.htm> Acesso em: 2 ago. 2003.

SILVA, Sergio L. **Informação e competitividade:** a contextualização da gestão do conhecimento nos processos organizacionais. Disponível em: <www.ibict.br/cionline/310202/3120215.pdf>. Acesso em: 20 mar. 2003.

SINDICATO NACIONAL DA INDÚSTRIA DA CERVEJA (Sindicerv). Disponível em: www.sindicerv.com.br. Acesso em: 25 set. de 2004.

SOCIEDADE BRASILEIRA DE GESTÃO DO CONHECIMENTO. Disponível em: <www.sbgc.org.br>. Acesso em: 21 mar. 2003.

SVEIBY,K, E A. **A Nova riqueza das organizações:** gerenciando e avaliando patrimônios de conhecimento, 7. ed. Rio de Janeiro: Campus, 2003.

TERRA, J. C. C. **Gestão do conhecimento:** o grande desafio empresarial. Rio de Janeiro: Negócios, 2000.

_____; GORDON, C. **Portais corporativos.** A revolução na gestão do conhecimento. São Paulo: Negócios, 2002.

_____. **Gestão do conhecimento e E-learning na prática.** Rio de Janeiro: Negócios, 2003.

_____. Gestão do conhecimento: aspectos conceituais e estudo exploratório sobre as práticas de empresas brasileiras. In: FLEURY, M. T.; OLIVEIRA JR., M. M. **Gestão estratégica do conhecimento, integrando aprendizagem, conhecimento e competências.** 1. ed. São Paulo: Atlas, 2001.

TOFFLER, A. **A terceira onda**. Rio de Janeiro: Record, 1980.

VASCONCELOS, F. RAE. **Revista de administração de empresas/FGV**. EAESP, São Paulo, v. 41, n. 4, p. 98-102, 4. sem. 2001.

VERGARA, Sylvia C. **Gestão de pessoas**. 2. ed. São Paulo: Atlas, 2000.

WIIG, K. M. **Knowledge management:** an emerging discipline rooted in a long history, 2003. Disponível em: <www.krii.com>. Acesso em: 15 mar. 2003.

WHITTINGTON, R. **O que é estratégia**. São Paulo: Pioneira Thompson Learning, 2002.

WOOD JR., T.; PAULA, A. P. Pop-management: pesquisa sobre as revistas populares de gestão no Brasil. In **Encontro da associação nacional dos programas de pós-graduação em administração** — ENANPAD, XXVI, 2002, Salvador. Anais. Rio de Janeiro: ANPAD, 2002, 1 CD ROM.

XANTHOPOYLOS, S.; MESQUITA, F. An Integrative Knowledge Management Approach to Sustainable Competitive Advantage. In: **Encontro da associação nacional dos programas de pós-graduação em administração** — ENANPAD, XXVIII, 2004. Curitiba. Anais. Rio de Janeiro: ANPAD, 2004, 1 CD ROM.

CAPÍTULO 3

A Importância da Governança Corporativa para a Gestão Estratégica das Empresas

Walter Malieni Jr.

"Toda boa dádiva e dom perfeito são lá do alto, descendo do Pai das Luzes" (Tiago 1:17).

Introdução

Em linhas gerais, a maneira mais simples de explicar o termo governança corporativa é apresentá-lo como a forma de governo das corporações, na qual as empresas direcionam esforços para atender aos interesses de determinado grupo, que está no controle da administração e ao qual se deve prestar contas.

Para melhor definir a importante dependência que existe entre os dois temas, é oportuno também decifrar etimologicamente o tema "gestão estratégica".

Enquanto a palavra "estratégia" pode ser definida a partir da palavra estratagema, que significa a arte (militar) de planejar e executar movimentos, com o objetivo de superar o inimigo, a palavra "gestão" significa o ato de gerir, ou seja, o mandante da estratégia.

Assim, a governança corporativa interfere diretamente nas atividades das empresas, desde o planejamento até a implantação das estratégias, pois ela representa a forma de governo, cabendo-lhe prover a corporação de insumos suficientes para "superar o inimigo", que neste caso pode ser substituído por "obter vantagens sobre seus concorrentes".

"Insumos" não precisam ser entendidos apenas como itens tangíveis, facilmente copiáveis, mas, sim, como elementos necessários para a manutenção das operações a longo prazo e que podem representar a aquisição de vantagens competitivas sustentáveis pela dificuldade de reprodução, no caso, os ativos intangíveis, tais como: qualidade do capital intelectual, tecnologia, fidelidade dos clientes, marcas e modelo de gestão capaz de transmitir confiança e transparência aos investidores.

No decorrer do texto, buscar-se-á apresentar, de forma mais detalhada, o tema governança corporativa e a importância do seu emprego para a gestão estratégica das empresas, reforçando o entendimento de que os acionistas necessitam responder pelo governo das organizações, em função de seu papel como provedores de insumos capazes de manter as empresas em longo prazo, por meio do aporte financeiro de seus investimentos.

Apesar de o texto ter um maior enfoque em aspectos de caráter societário e de controle, esses aspectos, muitas vezes de forma imperceptível, interferem na gestão estratégica das empresas e, como conseqüência, em sua forma de atuação e conquista de resultados. Essas questões estão sendo observadas com maior atenção pela sociedade, que vem exigindo das corporações, com maior

Capítulo 3 ■ A Importância da Governança Corporativa para a Gestão...

freqüência, ética e responsabilidade social na administração de suas atividades, reforçando a importância da transparência nos atos dos executivos, o que somente é possível com estruturas de governança corporativa voltadas para tal finalidade, como veremos a seguir.

Boa leitura!

Os Desafios da Separação entre Propriedade e Controle

Independentemente da área de atuação profissional dos leitores deste capítulo, acredito que todos já se defrontaram em suas leituras diárias com notícias que tratam da importância dos recursos administrados por investidores institucionais para o volume de negócios realizados em nossa bolsa de valores, além da influência desses recursos sobre a taxa de câmbio, ou mesmo sobre o saldo de nosso balanço de pagamentos.

A maior desregulamentação dos mercados financeiros contribuiu para ampliar a busca, dos grandes investidores pelas opções de investimentos fora de seus países de origem, trazendo às empresas oportunidades de acessar recursos, na forma de participações acionárias, necessários ao apoio de suas atividades.

A exemplo do que acontece em nosso país, outras nações também promoveram desregulamentações em seus mercados, gerando maior competição por capitais externos.

Como conseqüência, é natural supor que os investimentos sigam em direção às empresas e aos países que ofereçam, além de melhores resultados financeiros, transparência e proteção aos investidores, e o fracasso no atendimento a tais demandas pode representar dificuldades de acessos a essas fontes de recursos, especialmente pelos países em desenvolvimento.

A preocupação com a transparência e ética na gestão das empresas, bem como a liberdade hoje oferecida aos investidores em encontrar alternativas de negócios, juntas, vêm contribuindo para a ampliação de debates acerca dos instrumentos de controle existentes no País, aptos a estimular a captação de recursos pelas empresas, por meio de sua capacidade em possibilitar a prestação de contas pelos executivos, seja aos investidores internacionais ou mesmo aos domésticos.

Entenda-se por instrumentos de controle a perspectiva deles serem um conjunto de arranjos, procedimentos, regulamentos e leis que permitam aos investidores (acionistas) monitorar e avaliar o desempenho dos executivos nas empresas em que detêm recursos aplicados, em especial naquelas em que existe a separação entre propriedade e controle, característica marcante das companhias de capital aberto.

Ao julgar que não são todos que possuem maior familiaridade com o tema em discussão, é oportuno detalhar os motivos que levam à separação entre propriedade e controle nas companhias de capital aberto, como forma, inclusive, de melhor compreender a relevância do tema governança corporativa para a qualidade da gestão das empresas nacionais, independentemente de que maneira nos posicionamos em relaçãoa elas, seja como clientes, fornecedores, funcionários, acionistas etc.

Sem qualquer dúvida, o surgimento das companhias de capital aberto proporcionou alterações históricas no sistema de captação de recursos, que passaram a não mais depender somente de grandes empreendedores, tornando possível com a diluição do capital social, por meio da distribuição de títulos representativos de fração do valor de seu patrimônio, denominados ações, a obtenção de recursos necessários à execução de projetos de crescimento, inclusive dividindo de forma irrestrita o risco de suas atividades, em função da possibilidade de conquistar novos acionistas a qualquer momento.

Sob o ponto de vista dos acionistas, as companhias de capital aberto permitiram-lhes se desfazer de seus investimentos a qualquer momento, por meio da venda a outros investidores, mesmo que parcialmente, da posição acionária adquirida.

Além dos ganhos possíveis de serem obtidos com a valorização dos preços das ações em mãos, os acionistas também têm direito a parte dos lucros originados com os negócios, distribuídos na forma de dividendos.

Por fim, e talvez o atributo que mais alterou a relação entre investidores e empresas foi a possibilidade de os investidores estarem isentos de assumir qualquer outra obrigação ou função nas empresas das quais não são mais donos, mas, sim, acionistas.

Contudo, a dispersão do capital social trouxe consigo a separação entre propriedade (participação acionária) e controle (capacidade de gestão), e, nessa conjuntura, executivos foram contratados, tornando-se responsáveis pela maximização do retorno aos capitais investidos pelos acionistas.

Capítulo 3 ■ A Importância da Governança Corporativa para a Gestão...

Figura 3.1 Dispersão de propriedade (conseqüências).

Em decorrência disso, delegou-se aos executivos contratados o poder de decisão, mantendo o monitoramento de seus atos nas mãos dos acionistas, por meio dos integrantes eleitos para a função de membros dos conselhos de administração das empresas nas quais empregavam seus recursos e que são responsáveis por acompanhar as ações realizadas pelos executivos.

Dessa forma, os executivos devem reportar-se aos conselhos de administração, que, por sua vez, prestam contas ao conjunto de acionistas.

Figura 3.2 Separação entre propriedade e controle (estrutura de relacionamento).

Talvez possa parecer um pouco abstrata a figura dos conselhos de administração na intermediação das relações entre executivos e acionistas, mas, na realidade, compete aos conselhos fixar e aprovar as políticas e os objetivos maiores de uma sociedade, zelando pelo seu fiel cumprimento, devendo sua presença ser entendida como um organismo permanente de disciplina e de avaliação da diretoria.

A eleição dos membros acontece por meio da assembléia geral dos acionistas. Empossados, cabe ao conselho de administração nomear os executivos, que lhes prestarão contas com base nas metas e nos objetivos estabelecidos.

A pulverização do poder acionário dificulta, ou muitas vezes inviabiliza, ações individuais de monitoramento dos acionistas, sendo relevante o papel dos conselhos no sentido de exercer o papel de controle em nome dos acionistas.

Todavia, a figura dos conselheiros precede essa nova configuração de propriedade, apesar de sua importância para o controle do cumprimento das normas estabelecidas nas companhias de capital aberto. Segundo Koontz (apud MÔNACO, 2000, p. 34):

> A história dos Conselhos data da Antigüidade e da Idade Média, quando se esboçou o formato da corporação atual. O Código de Hamurabi, de 2083 a.C., permitia aos babilônios um tipo de sociedade que conduzia os negócios por muitos anos. Entre os romanos surgiu uma outra forma corporativa chamada de societae. Esta corporação era considerada pessoa jurídica e tinha de ter seu conselho de administração para obter alvará de funcionamento. No século XIII, o papa Inocente IV desenvolveu o conceito de corporação como uma entidade fictícia criada pela autoridade papal. No fim da Idade Média, com o aparecimento das cidades, a corporação tornou-se uma instituição.

Para Lodi (1988, p. 1):

> Em algumas sociedades mercantis do passado, como a Companhia das Índias, os membros do conselho atuavam "no lugar de" acionistas, que estavam ausentes como meros investidores, eram seus prepostos e fiscais da administração.
> No século XIX, com o amadurecimento do Conselho, as responsabilidades básicas passaram a ser: custódia de interesses dos acionistas, a determinação dos objetivos da empresa, a seleção de executivos, a segurança de estabilidade e crescimento em longo prazo, entre outras.

Retomando o assunto principal, sob o ponto de vista dos acionistas, os executivos são contratados com o objetivo de maximizar os resultados gerados por seus investimentos, sendo delegada a autoridade de decisão a eles, que passam a ser responsáveis pela gestão diária das empresas.

Por sua vez, a dificuldade em se estabelecer pleno controle das atividades dos executivos, faculta-lhes a capacidade de adoção de procedimentos, de acordo

Capítulo 3 ■ A Importância da Governança Corporativa para a Gestão...

com seus próprios interesses, sendo, portanto, previsível supor a existência de conflitos entre ambas as partes.

Nesse sentido, caso os acionistas não detenham, e eles não detêm, um controle perfeito sobre seus agentes, é natural supor que a gestão dos recursos disponíveis possa sacrificar seus interesses em benefício da satisfação dos próprios executivos ou de grupos que mantenham relacionamento com as empresas.

Na realidade, ocorre que, com a separação entre propriedade e controle, os executivos ganharam poder para decidir acerca de assuntos que envolvam risco razoável, uma vez que, se toda decisão dependesse da aprovação de todos os acionistas, ou mesmo dos conselhos de administração, o progresso empresarial estaria paralisado e todos perderiam.

De acordo com Mônaco (2000, p. 58), para lidar com a multiplicidade de interesses, o mercado gerou estruturas de gestão em que controle, risco, responsabilidade e incentivos são, em diversos graus, alocados entre os integrantes da organização, a fim de produzirem o melhor desempenho coletivo.

Notadamente nas companhias de capital aberto, os sistemas de controle são chamados de estruturas de governança corporativa, e emergem justamente para procurar resolver os problemas oriundos da separação entre propriedade e controle das corporações.

Apesar da necessidade em estabelecer estruturas e procedimentos que garantam aos acionistas o monitoramento das ações exercidas por seus executivos, visando minimizar os custos gerados pela falta de alinhamento de interesses entre ambas as partes, denominados na literatura como *custos de agência*, é importante também ressaltar que o ônus financeiro, gerado aos investidores pela criação de mecanismos de controle desenvolvidos pela separação entre controle e gestão, pode ser considerado o preço que as empresas de capital aberto pagam pelo benefício da irrestrita possibilidade de obtenção de novos acionistas, e, conseqüentemente, de recursos financeiros para suas atividades.

A governança corporativa representa o regime no qual estão constituídas as relações entre executivos e acionistas, com base no princípio de que o conselho de administração é o agente interno de controle das reivindicações dos acionistas.

Até aqui, foi demonstrada com muita ênfase a importância dos conselhos de administração como representantes dos acionistas e, em decorrência, sua função como controladores internos das ações desempenhadas pelos executivos.

Porém, os sistemas de governança corporativa, apesar da importância dos conselhos de administração, não se formam somente por meio das relações entre os membros dos conselhos, os acionistas e executivos.

Na realidade, a qualidade dos sistemas de governança corporativa também depende de outras variáveis igualmente importantes, tais como:

- Proteção oferecida aos investidores pelos sistemas legais.
- Forma de constituição do capital social.
- Modelo de funcionamento do mercado de capitais de cada país.

Este último item, quando desenvolvido sob o ponto de vista de fonte de recursos às empresas, oferecendo liquidez aos investimentos realizados, pode ser empregado como um sistema de controle externo, simplesmente pela possibilidade de flutuação dos preços das ações, em resposta a qualquer medida que venha a ser adotada pelos executivos.

No que se refere à forma de constituição do capital social das empresas, essa pode representar a maior ou menor capacidade de monitoramento dos acionistas, que exercem seu poder por meio da eleição dos membros dos conselhos de administração.

Existem modelos de governança corporativa em que a constituição do capital social das empresas se dá pela existência de formas distintas de ações, como é o caso do brasileiro, que possui dois tipos — ordinárias[1] e preferenciais[2] —, tornando inviável o acesso de acionistas minoritários ao controle das empresas, contribuindo para a ineficiência do poder de monitoramento do grupo de acionistas.

Para que se entenda melhor a questão, no caso do mercado brasileiro, o direito ao voto se dá apenas para portadores de ações ordinárias, e essas devem representar um terço do capital social das empresas, sendo possível afirmar que com apenas 51% das ações ordinárias, o que representa 17% do capital total, é possível tornar-se acionista majoritário de determinada empresa, sem que os valores aplicados representem, de fato, a maior parcela de patrimônio adquirida por meio do mercado de capitais.

Dito de outro modo, ações com direitos distintos contribuem para o exercício do controle pelos acionistas internos (entendam-se controladores), sem que

---

[1] Caracterizam-se pelo direito ao voto nas Assembléias Gerais de Acionistas (AGE), devendo representar, no mínimo, 1/3 do capital total.
[2] Caracterizam-se pela preferência no recebimento de dividendos, mas não possuem direito ao voto. Somente poderão representar 2/3 do capital total das empresas.

eles detenham substancial participação acionária, prejudicando o acesso de outros acionistas no controle das empresas.

Na realidade, os investidores, independentemente de seu porte, estão protegidos quando os direitos de dividendos são vinculados a direitos ao voto em um único tipo de ação.

Apesar de até agora o foco de nossas discussões ter abordado a questão controle, deve-se ter em mente que o papel do monitoramento a ser exercido pelos conselhos de administração não se resume apenas à gestão de controles internos, mas, sim, a uma participação efetiva no processo de observação de mercados concorrentes, como forma de contribuir para o estabelecimento de estratégias que influenciem positivamente o desempenho das empresas pelo uso eficiente dos recursos disponíveis, como forma, inclusive, de maximizar o retorno aos acionistas.

Entretanto, o sistema no qual as empresas estão inseridas é muito mais amplo, existindo outros participantes, além dos acionistas e executivos, tais como empregados, credores, fornecedores etc., o que possibilita a geração de conflitos que podem não se restringir apenas à relação entre ambos, apesar de sua importância para a gestão das companhias de capital aberto.

A Quem as Empresas Devem Servir?

Até o momento, o presente capítulo restringiu-se a demonstrar como se deu a separação entre a propriedade e o controle nas empresas de capital aberto e a necessidade de dotar os conselhos de administração da capacidade de monitorar as ações desenvolvidas pelos executivos, como forma, inclusive, de proteger os interesses dos acionistas.

Talvez, principalmente para profissionais voltados para as áreas de negócios, torne-se questionável aceitar a defesa de que as empresas necessitam priorizar o atendimento dos seus acionistas e não dos seus clientes, razão principal para a sua existência.

Quando analisamos situações vivenciadas por diversas companhias de sucesso, principalmente aquelas consideradas visionárias, o que se percebe é o direcionamento de ações com o objetivo de desenvolver soluções que possam ampliar a percepção de valor aos seus clientes, encontrando serviços e produtos que não atendam somente às suas necessidades conscientes, mas que se antecipem a elas, permitindo o estreitamento dos relacionamentos e, em decorrência, maior fidelidade.

Estratégias de Diferenciação

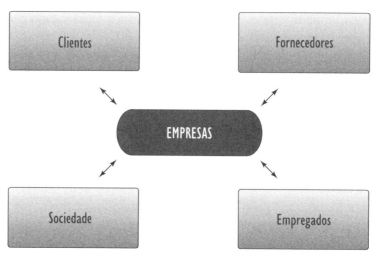

Figura 3.3 A empresa representa um elo para diversos tipos de relacionamentos e interesses.

Sabe-se que as empresas não respondem apenas ao meio ambiente no qual vivem, mas também tentam modelá-lo, a fim de adquirir vantagens competitivas sustentáveis, fruto do desenvolvimento de competências internas, a custos menores e com maior rapidez que seus concorrentes, essenciais à diferenciação de sua marca ou produtos.

Assim, as empresas passam a disputar mercados de acordo com suas competências que, por sua vez, propiciam produtos e serviços que não podem ser antecipados, tornando-se importante o investimento em direção aos interesses de seus funcionários, no sentido de ampliar suas formações de caráter profissional e educacional.

As organizações que não assumirem a qualidade das pessoas como pedra fundamental para a conquista de competências duradouras, criando ambientes internos comprometidos com a quebra de barreiras de aprendizado em todos os níveis, estabelecendo competências internas que sejam de difícil imitação e que permitam a geração de vantagens competitivas sustentáveis, estão sujeitas a ter suas portas fechadas pelo desempenho superior de seus concorrentes.

A mesma sentença de morte, ou melhor, a falência de seus negócios, será dada às empresas que não atendam aos interesses impostos pelos mercados em que atuam.

Capítulo 3 ■ A Importância da Governança Corporativa para a Gestão...

Certamente, sem o valor para o cliente, não há valor ao acionista, sendo necessário harmonizar os interesses dos diversos *stakeholders*[3].

O problema repousa em não permitir que os executivos pratiquem políticas de troca de benefícios que não atendam aos interesses dos acionistas.

É inegável que clientes e funcionários exercem influência direta sobre a continuidade das atividades de qualquer empresa. Porém, deve-se também assumir que a procura pela posição lucrativa é algo existente em qualquer indústria ou segmento e é com essa finalidade que as organizações desenvolvem suas estratégias competitivas, sejam elas de curto ou longo prazo, lembrando que alternativas que possibilitem a ampliação da carteira de clientes, ou, ainda, a criação de competências internas sólidas, oferecem como pano de fundo a constante busca por maior geração de resultados.

Deve-se reconhecer que, para sobreviverem, as organizações precisam ser competitivas. O seu destino a longo prazo depende do relacionamento com os *stakeholders* e da satisfação de suas reivindicações, preservando-se a geração de caixa pela operação eficiente dos negócios. (RAPPAPORT, 2001, p. 23)

Além da necessidade de geração de fluxos de resultados suficientes para seus investidores (credores e acionistas), a capacidade de geração de riqueza pelas empresas depende da exploração de outros caminhos, como prover os consumidores de produtos e serviços com maior valor percebido e oferecer oportunidades de melhora de produtividade aos seus empregados, ou seja, deve-se também agregar valor para as demais partes relacionadas com o desenvolvimento de negócios, existindo legitimidade no atendimento desses interesses, desde que se insiram no contexto de interesses de geração de valor dos acionistas.

Com isso, torna-se previsível o não-atendimento de todas as reivindicações dos diversos *stakeholders*, em função dos conflitos de interesses que possam existir, envolvendo pressões de ambas as partes — *shareholder*[4] e *stakeholder* — sobre os executivos, e, conseqüentemente, tornando mais intensa a discussão quanto ao exercício do controle por parte dos acionistas nas companhias de capital aberto.

---

[3] Termo utilizado para definir os outros agentes com interesse nas empresas: empregados, clientes, fornecedores, credores, entre outros.
[4] Acionista.

O Exercício do Controle das Corporações por Parte dos Acionistas

As argumentações até aqui empregadas têm demonstrado que a defesa do papel dos acionistas como controladores do comando das empresas não ignoram o reflexo que qualquer decisão empresarial pode ter sobre a geração de valor aos demais participantes — *stakeholders* —, que, pela natural contribuição que eles prestam à produtividade e eficiência das empresas, precisam ser encarados como fontes geradoras de riquezas.

Todavia, deve-se também ter em mente que os interesses que rondam uma empresa — inclusive os defendidos pelos *stakeholders* — poderão ser atendidos somente se ela for competitiva, sobrevivendo apenas dessa forma. Para isso, os executivos devem gerar resultados pela operação eficiente de seus negócios.

Crescimento rentável gera dinheiro em caixa, permitindo às empresas sustentarem novas expansões sem excessivo endividamento ou mesmo sem necessidade de novas chamadas de capital e, conseqüentemente, permitindo a manutenção dos interesses acordados com outras empresas participantes.

> Nada pior, para qualquer uma das partes relacionadas, do que a falência de uma empresa.

Esses dois pontos — ser competitiva e possuir operação eficiente de negócios — demonstram a importância do exercício do controle das empresas pelos acionistas, e, em decorrência, a geração de resultados fica voltada para esses, pois os aumentos de valor de uma empresa não atendem somente aos acionistas, na medida em que os aumentos no preço das ações significam reflexos de produtividade e eficiência, o que beneficia todos os interesses envolvidos.

Assim sendo, as empresas necessitam buscar a maximização dos resultados gerados aos acionistas antes de qualquer outro participante, notadamente pelo fato de os demais participantes obterem benefícios seguros em seus contratos; trabalhadores receberem salários; credores, juros e garantia de liquidação dos valores emprestados, tornando os acionistas beneficiários residuais — *residual claims* ou *residual risk bearers* — dos fluxos de caixa gerados pelas empresas, **caso existam**, após a liquidação dos compromissos fixos.

Esse fato indica a possibilidade de hiato entre os fluxos de caixa verificados e os prometidos ou esperados pelos acionistas, denominados anteriormente

Capítulo 3 ▪ A Importância da Governança Corporativa para a Gestão...

residual risks, o que, para Jensen (2000, p. 2), é suficiente para representar o direito de controle por parte dos acionistas, ou seja, o direito de exercer monitoramento sobre as atividades das empresas como forma de assegurar a proteção de seus interesses.

Sob a ótica de residuais reclamantes, os acionistas assumem o direito de gerir o curso das empresas em direção aos seus interesses, pois a maximização do retorno gerado para si representa a geração de riqueza a todos os participantes, de acordo com o cumprimento dos benefícios assegurados pela existência de compromissos formais, conforme abordado anteriormente.

É ainda essa posição de reclamantes que justifica, para a maioria dos economistas, a criação de incentivos de controle aos acionistas, de modo que eles possam verificar ou acompanhar se as decisões de negócios e o uso dos ativos estão gerando lucros adequados, além de eleger os conselhos de administração (BLAIR, 1995, p. 21), ficando sob responsabilidade dos executivos contratados a gestão diária das empresas, como mostra a Figura 3.4.

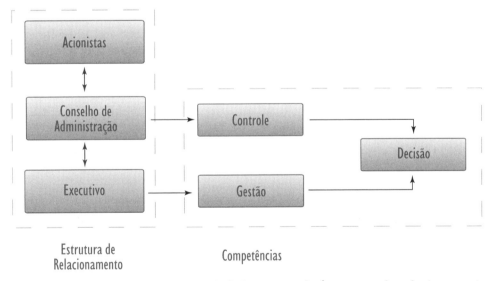

Figura 3.4 Separação entre propriedade e controle (estrutura de relacionamento e competências).

Estratégias de Diferenciação

A Importância das Decisões dos Conselhos para a Conquista de Investidores e Recursos

Os temas até então abordados tinham o objetivo de esclarecer o papel fundamental que os sistemas e as práticas de governança corporativa possuem para a preservação dos interesses dos acionistas, traduzidos pela maximização de sua riqueza.

As oportunidades de investimentos são analisadas pelos investidores, observando-se o mercado como um todo e com o foco na identificação daquelas que proporcionam maior segurança e retorno aos capitais investidos.

Com isso, torna-se primordial entender que, a exemplo do que acontece no mercado consumidor, as empresas competem entre si pela busca de recursos com concorrentes dentro ou fora de seu setor de atuação.

Como reflexo, os conselhos demonstram ter clara noção de que determinada estratégia escolhida pela empresa — ou alguma decisão específica — poderá gerar, ou não, taxas de retorno de longo prazo sobre o investimento dos acionistas, iguais ou superiores a outras oportunidades de investimentos que envolvam riscos comparáveis (DONALDSON, 2001, p. 72).

A estrutura de governança corporativa exerce papel fundamental sobre a gestão estratégica das empresas. Mas qual o efeito exercido pela *ausência* de práticas diferenciadas de governança corporativa sobre a decisão de investimento dos acionistas?

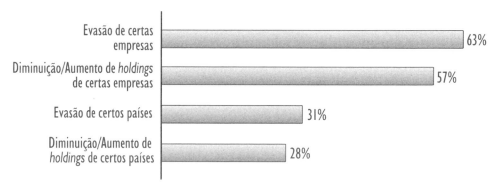

Fonte: Mckinsey, 2002.[5]

Gráfico 3.1 Governança corporativa e sua influência sobre o comportamento dos investidores.

---

[5] Pesquisa realizada com 201 investidores institucionais responsáveis por ativos na ordem de US$ 9 trilhões.

Capítulo 3 ■ A Importância da Governança Corporativa para a Gestão...

O Gráfico 3.1 evidencia a influência dos sistemas de governança corporativa sobre a disposição de compra dos investidores, reforçando a importância da presença dos conselhos na tomada de decisões estratégicas como instrumento que possa garantir aos acionistas oportunidades de negócios que proporcionem maior segurança de retorno aos capitais investidos.

Os modelos de governança corporativa também apresentam reflexos sobre a capacidade de desenvolvimento dos mercados de capitais nacionais, como aponta o Gráfico 3.1, e os Estados têm papel de regulamentação igualmente importante aos procedimentos dos conselhos de administração, como forma de coibir eventuais abusos por parte dos executivos.

Nesse sentido, está sendo cada vez mais reconhecida a necessidade de introduzir práticas de governança corporativa voltadas aos interesses dos acionistas em mercados emergentes, como forma de criar alternativas para atrair e reter capital de longo prazo de investidores locais ou estrangeiros.

A OECD[6] (2001) vem encorajando governos a criar ambientes regulatórios e legais, apropriados ao desenvolvimento de ações para essa finalidade, bem como as empresas a melhorar o processo de governança local. Ambos necessitam ser reconhecidamente confiáveis a fim de assegurar direitos legais aos acionistas e provê-los da capacidade de obtenção de recompensas na hipótese de tais direitos serem violados.

Considerando que o controle das empresas é exercido pelos conselhos, torna-se relevante identificar as práticas de governança corporativa consideradas diferenciadas no sentido de atender aos interesses dos acionistas, traduzidos pela maximização de suas riquezas.

Para efeito de discussão, será abordado com mais detalhes o Modelo Anglo-Saxão, o qual privilegia a geração de riqueza aos acionistas, supondo que as relações entre *stakeholders* e empresas serão controladas enquanto os mercados forem razoavelmente eficientes e competitivos.

A lógica anglo-saxônica é muito simples: considerando que os acionistas são residuais reclamantes dos resultados gerados pelas empresas, torna-se fundamental garantir a eficiência máxima dos recursos empregados, devendo existir mecanismos que garantam a maximização do valor do estoque das empresas, ou seja, seu valor de mercado, o que é reflexo do somatório descontado dos fluxos futuros esperados pelos investidores.

---

[6] Organization for Economic Co-operation and Development.

Os fluxos futuros esperados pelos investidores levam também em consideração questões como carteira e fidelidade de clientes, reputação, valor da marca, temas que somente podem ser valorizados ao longo do tempo pela integração entre as práticas de governança corporativa e a gestão estratégica das empresas.

A escolha do modelo anglo-saxão não implica afirmar que esse seja único, já que existem outras formas de governança corporativa, e, por conseqüência, a priorização de outros interesses que não aqueles defendidos pelos acionistas.

Porém, cabe reconhecer o crescimento da importância do mercado norte-americano como fonte de recursos para empresas do mundo inteiro e a atuação de seus investidores institucionais[7], no sentido de pressionarem por determinadas normas de transparência e pela disseminação de sua cultura institucional em termos de controle corporativo. (LETHBRIDGE, 1999, p. 2)

Além disso, a medida de geração de valor aos acionistas, base do modelo anglo-saxão, ganha maior relevância quando se considera a internacionalização dos investimentos em ações, pois os investidores necessitam ter segurança quanto ao direcionamento estratégico estabelecido pelas empresas nas quais mantêm participações, implicando perda de atratividade para aquelas organizações sediadas em países em que não existam modelos de governança que permitam maior eficiência da utilização dos recursos existentes a favor deles.

Práticas Diferenciadas de Governança Corporativa no Âmbito dos Conselhos

A partir de agora, abordaremos as principais práticas de governança corporativa adotadas no mercado anglo-saxão, e que vem, paulatinamente, também sendo absorvidas pelas empresas brasileiras, principalmente por aquelas que mantém papéis listados na Bolsa de Valores americana.

Das ações de 460 empresas estrangeiras listadas na New York Stock Exchange (NYSE), 37 são de companhias brasileiras, a maior marca entre os países emergentes.

---

[7] Os principais investidores institucionais nos Estados Unidos são os Fundos de Pensão de empresas privadas e públicas, seguidos de Fundos de Investimento, Companhias de Seguros e Bancos, a exemplo do que acontece no Brasil.

Capítulo 3 ■ A Importância da Governança Corporativa para a Gestão...

As descrições a seguir não possuem a pretensão de encerrar discussões sobre o tema, mas situar os leitores quanto às alternativas de controle já existentes no âmbito dos conselhos de administração, no sentido de orientar as empresas em direção à maximização da geração de valor aos acionistas, sendo necessário ressaltar que a maior efetividade das estruturas de governança corporativa depende largamente do reforço do papel dos conselhos de administração e de suas práticas.

Conselheiros independentes

As novas atribuições delegadas aos conselhos de administração tornam imperiosa sua profissionalização, sendo necessária, portanto, a presença de profissionais com capacidade diversificada e independência de pensamento e decisão.

Além dessas qualidades, é indicado que os conselhos tenham mais dois ingredientes: capacidade de discernimento e atualização sobre dados referentes às empresas nas quais exercem seus papéis de representantes dos acionistas.

Assim, torna-se valiosa a composição do quadro dos conselhos com indivíduos sem qualquer vínculo de emprego ou negócios com a empresa em que estarão atuando, denominados de *conselheiros independentes* ou *externos*.

A figura dos conselheiros externos destacou-se a partir da década de 1990, e, para muitos autores, significa a possibilidade de monitoramento mais agressivo das ações tomadas pelos executivos e comprometimento com os interesses dos acionistas.

> As empresas americanas contam, em média, com 15 conselheiros, sendo que 78% são independentes, e cerca de 25% dos conselhos possuem apenas representantes internos.

Por não serem parte da gerência e por não estarem sujeitos aos vieses do sucesso passado e da cultura organizacional, tais conselheiros têm condições de ajudar a gerência de acordo com as diferentes perspectivas sobre os problemas enfrentados pela empresa (MALE, 2001, p. 186).

Com isso, a experiência empresarial diversificada nos conselhos de administração, traduzida pela presença de diretores externos, pode contribuir para a avaliação dos cenários externos à empresa, enriquecendo a visão interna, por vezes limitada, de sua diretoria.

> A análise compartilhada de cenários contribui para um melhor posicionamento estratégico das empresas, que surge da compreensão sofisticada das regras da concorrência, visando estabelecer uma posição lucrativa e sustentável. (PORTER, 1992, p. 3)

A capacidade crítica dos conselheiros externos está também vinculada à competência em manter relação independente com o CEO[8], apesar da realização de atividades conjuntas durante os encontros dos conselhos, os quais acabam por permitir uma maior interação pessoal entre as partes.

A perda do senso de independência dos diretores externos anula a capacidade avaliativa da *performance* do principal executivo e de sua conduta nos negócios em nome da empresa na qual atua, prejudicando a prestação de contas dos conselhos aos acionistas.

> A falência da empresa norte-americana Enron explica a preocupação quanto à continuidade da independência dos conselheiros externos em relação ao CEO. Três de seus seis conselheiros nomeados na comissão de auditoria receberam recursos financeiros da empresa (a título de donativos a instituições terceiras por eles administradas ou por serviços prestados à própria Enron), sugerindo que a independência em relação ao principal executivo era limitada ou inexistente.

Para serem contribuintes efetivos, os membros dos conselhos precisam ser capazes de desenvolver uma relação produtiva de trabalho com o CEO, não necessariamente com envolvimento pessoal.

Eles têm de estar cientes de que as principais parcerias a serem formadas são com os demais componentes do conselho e não com o principal executivo da empresa, e a inclusão de conselheiros externos diminui a probabilidade dos executivos conspirarem e expropriarem os acionistas.

> A falta de maior compreensão sobre a relevância do papel dos conselheiros independentes sobre a governança corporativa no Brasil pode ser percebida em pesquisa realizada pela Korn/Ferry

---

[8] A função de principal executivo recebe em muitos países a denominação de CEO — Chief Executive Office.

Capítulo 3 ▪ A Importância da Governança Corporativa para a Gestão...

Internacional (2001) junto a 127 conselheiros representando 74 empresas, em que se verificou que 57% dos respondentes afirmam não existir nas empresas a busca de conselheiros externos ou inexistem esforços sistemáticos para identificar esses profissionais.

A presença dos conselheiros externos torna efetiva a separação entre controle e gestão da decisão, pois eles detêm incentivos para realizar tal função, uma vez que se estimulam ao desenvolver a reputação como especialistas em decisões de controle.

Para Hann (2001), os conselheiros possuem três tipos de compromissos com os acionistas: *precaução*, *lealdade* e, por último, *estabelecimento de controles*, que acaba sendo um componente existente no compromisso de precaução.

No tocante ao compromisso de lealdade, os conselheiros internos não estão em posição de expressar sua independência de opinião acerca das atividades das empresas ou dos executivos e gerentes. Sua lealdade é para com o CEO.

Apesar dos conselheiros internos também terem responsabilidades fiduciárias com os acionistas, estas são impossíveis de ser cumpridas, em razão da dificuldade em contestar o CEO e as políticas gerenciais das empresas nas quais trabalham.

Em relação ao conceito de precaução e estabelecimento de controles, admiradores e críticos dos sistemas de governança concordam, pelo menos em teoria, que conselheiros externos são melhores para identificar qualquer tendência de executivos que abusem de sua posição de poder.

Contudo, a atração por conselheiros externos deve ser examinada com detalhes, pois, ainda que independência seja uma qualidade valiosa, uma empresa necessita claramente de diretores que também tenham comprometimento e capacidade de discernimento.

Ambas as qualidades, juntamente com os interesses que os conselheiros externos têm na empresa, podem determinar o risco de sua responsabilidade e o tempo necessário para servir como diretor.

Comissão de seleção

A abrangência das atividades desempenhadas pelos conselhos de administração gerou a necessidade da criação de comissões, compostas por membros dos próprios conselhos, com o objetivo de especializar-se em determinadas disciplinas ou áreas de conhecimento, contribuindo para que as decisões adotadas no âmbito dos conselhos sejam providas de maior segurança e qualidade.

Nesse sentido, surge, entre outras, a comissão de seleção, que tem como escopo principal de atuação a identificação e seleção de profissionais capazes de assumir as funções de conselheiros.

Isso não significa dizer que as sugestões do CEO devem ser menosprezadas, mas a autoridade em relação à escolha de novos membros dos conselhos deve ser da comissão específica criada para tal fim, cuja liderança caberá a um conselheiro externo.

Da mesma forma, a competência pela escolha dos membros das comissões deve ser delas mesmas, evitando-se a acusação de que sua constituição foi conduzida pelo próprio CEO, quando este acumula a função de presidente do conselho.

Em pesquisa realizada com 853 das 1000 maiores empresas americanas de capital aberto, constatou-se que apenas 146 possuem o principal executivo como responsável pelas comissões de seleção, o que reforça a liderança dos diretores independentes em tais atividades. (MCLAUGHLIN, 1999)

O crescimento da influência dos comitês reflete-se, em grande parte, na mudança da composição das principais comissões; muitas delas são formadas exclusivamente por conselheiros externos, ou a maioria dos assentos é por eles preenchida, inclusive a função de presidente.

Recentes esforços têm sido direcionados não apenas no sentido de ter certeza de que os conselhos possuem diretores independentes, mas também no sentido de dar a eles uma estrutura que torne possível o monitoramento mais eficaz, como o das comissões de auditoria.

Comissão de auditoria

Com os escândalos financeiros verificados no final de 2002 no mercado americano, aconteceram inúmeras discussões sobre quais instrumentos poderiam ser aprimorados, visando ampliar a capacidade de supervisão dos acionistas em relação às decisões adotadas pelos executivos.

A Lei Sarbanes-Oxley[9], fruto legal de tais debates, que teve por objetivo ampliar a responsabilidade de executivos, conselheiros e empresas de audi-

---

[9] Lei sancionada pelo governo americano, em julho de 2002, como forma de ampliar o poder regulatório do Estado no mercado de capitais daquele país, em resposta aos escândalos contábeis ocorridos com grandes grupos empresariais (Enron, Worldcom etc.).

Capítulo 3 ■ A Importância da Governança Corporativa para a Gestão...

toria em relação à transparência das demonstrações financeiras das empresas, trouxe consigo alterações profundas sobre a responsabilidade das comissões de auditoria, que passaram a ter sua constituição e funções regidas por lei, extrapolando, dessa forma, os conceitos de funcionamento existente pelo próprio processo de auto-regulamentação existente no mercado americano de capitais.

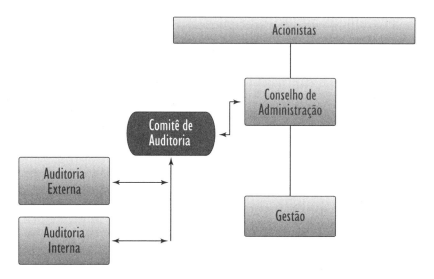

Figura 3.5 Comissão de auditoria (estrutura de funcionamento).

O conceito tradicional das comissões de auditoria previa como objetivo maior a supervisão dos controles contábeis, relatórios e das operações financeiras.

Sob a ótica das práticas diferenciadas de governança corporativa, as comissões representam os conselhos e provêem contato pessoal e comunicação entre o conselho, auditores externos, auditores internos, executivos financeiros e executivos operacionais, sendo responsáveis por contratar os auditores externos e interagir com eles, representando um facilitador para a execução de suas atividades.

A necessidade de que as equipes de auditores internos tenham acesso direto à comissão de auditoria foi demonstrada no caso da concordata da companhia americana Worldcom, um dos maiores escândalos do mercado americano, em que a alegada fraude contábil começou a surgir quando um auditor interno aproximou-se do presidente da comissão de auditoria da empresa, após ter sido dispensado pelo então *CFO — Chief Financial Office*, ao qual prestava contas.

Considerando que os comitês de auditoria possuem delegação para atuar em nome dos conselhos de administração e, em decorrência, dos próprios acionistas, eles se tornam os principais responsáveis pela transparência e ética dos negócios realizados no âmbito das empresas.

Nesse sentido, é papel dos comitês de auditoria exercer efetiva supervisão dos trabalhos executados pelos auditores externos e discutir a qualidade das práticas contábeis utilizadas, buscando deficiências em controles internos e identificando fraudes e atos ilegais.

A derrocada da empresa norte-americana Enron, no final de 2001, reforça a importância do relacionamento entre auditores externos e comissão de auditoria. No presente caso, os auditores externos assumiram como clientes os próprios executivos da empresa e não a comissão de auditoria da empresa, implicando a indicação de que os abusos verificados poderiam ter sido prevenidos ou detectados caso o conselho de administração, leia-se comissão de auditoria, tivesse sido mais agressivo e vigilante.

Para fortalecer os conselhos de administração, é vital que as comissões tenham efetiva capacidade de monitoramento e contribuam para a transparência entre empresas, acionistas e sociedade em geral.

Assim, as comissões de auditoria devem acrescentar outras atividades às suas agendas, como forma, inclusive, de estimular os auditores externos a identificar e demonstrar ameaças potenciais à saúde da empresa, antes de serem citadas como práticas ilegais ou como infrações às normas contábeis.

Em pesquisa realizada pela Korn/Ferry International[10], em 2000, com as 1.000 maiores empresas americanas, verificou-se que todas possuem comitês de auditoria, e 74% das respondentes utilizam-se de comissões de nomeação. Em ambos os casos, as composições contavam apenas com conselheiros externos.

Como se verifica, a existência de boas práticas de governança corporativa tem como principal fonte a independência dos conselhos de administração, que

---

[10] Na pesquisa realizada pela Korn/Ferry International, foram abordados 250 CEOs, 680 diretores externos e 210 diretores internos.

necessitam ter autoridade para agir como órgão de governança, adotando medidas críticas necessárias que atendam aos interesses dos acionistas.

É também importante a constituição de mecanismos que permitam verificar se os executivos estão implementando as decisões da forma estabelecida, lembrando que a gestão das decisões é de responsabilidade dos executivos, enquanto seu controle é de competência dos conselhos.

Um meio de assegurar a independência dos conselhos de administração, necessária ao exercício de supervisão eficaz dos executivos, é a separação das funções de principal executivo e presidente do conselho. Assim, será possível encontrar maior equilíbrio de poder entre as partes, separando-se o controle das organizações de sua gestão (Figura 3.4), e tornando mais evidentes os papéis a serem desempenhados pelos profissionais envolvidos na relação entre conselho e diretoria executiva.

Separação das funções entre CEO e presidente do conselho

Apesar da atenção direcionada à independência dos conselhos de administração em relação ao principal executivo das empresas, a separação das funções do CEO e *chairman*[11] não é algo consensual no modelo de governança anglo-saxão.

Enquanto nos Estados Unidos 80% das empresas optam por vincular ao mesmo profissional as duas funções, na Inglaterra. apenas 24% dos executivos acumulam a função de presidente do conselho e, ainda, nas empresas americanas que optaram pela separação das funções, as razões de cisão geralmente não se referem a questões de governança.

A separação entre as funções pode ser vista como fonte para oferecer maior liberdade aos conselhos na discussão de assuntos que requeiram total independência, como, por exemplo, na avaliação anual dos executivos, algo necessário e encarado pelos investidores como prática diferenciada de governança corporativa e que envolveria mais dificuldades quando houvesse a presença do avaliado como presidente do conselho, apesar da existência de conselheiros independentes.

Na visão do autor deste trabalho, a busca de equilíbrio de poder entre as partes não pode ser entendida como a principal razão para separação entre as

---

[11] Presidente do conselho de administração.

funções, pois a criação de comissões lideradas por diretores externos e sua presença marcante nos assentos dos conselhos tornam menos imperiosa a liderança dos executivos como presidentes de conselhos, sendo necessário entender que as práticas diferenciadas de governança pretendem prover de maior eficácia as decisões dos conselhos de administração em benefício dos acionistas.

A função de presidente do Conselho prevê, entre outras atividades, a preparação da pauta com os assuntos a serem abordados nos encontros, o que, na hipótese de concentração de funções, pode gerar conflitos de interesses entre os papéis, resultando em informações precárias e induzindo os diretores a analisar as empresas e os assuntos sob a ótica dos executivos, o que não asseguraria que fossem obtidos os dados necessários para que realizassem suas funções de supervisão de maneira independente. Isso, por conseqüência, prejudicaria a prestação de contas aos acionistas.

O controle da agenda, a qualidade, a quantidade e a tempestividade do fornecimento de informações impedem os diretores externos de exercer suas funções, prejudicando a transparência das decisões e a prestação de contas aos acionistas e outros agentes.

Deve-se ainda lembrar que os conselheiros internos estão por demais comprometidos com as tradições e com suas próprias idéias. Já os conselheiros externos, sem fontes de informação independentes, poucas vezes são capazes de ir além de pífias discussões e dissensões anêmicas.

Nos conselhos em que se combinam as duas funções de forma mais bemsucedida, freqüentemente, entende-se que faz sentido ter um diretor independente assumindo a função de *lead director*[12], um vice-presidente do conselho informal, para revisar a agenda de assuntos e confirmar se ela reflete o consenso e a intenção de discussão dos demais conselheiros independentes.

Assim, busca-se maior independência na formulação das agendas e na demanda de informações a serem prestadas aos conselheiros.

Provendo um líder separado do principal executivo que acumula as funções, é possível ajudar os diretores a prevenir crises e agir rápido quando uma surge.

O conselho pode eleger um diretor-líder que assuma a responsabilidade por determinar a agenda dos encontros dos conselhos e supervisionar o trabalho das comissões. (LORSCH *apud* ALLAN, 2000)

---

[12] Diretor-líder.

Capítulo 3 ▪ A Importância da Governança Corporativa para a Gestão...

Avaliação de desempenho

Conselhos de administração

Uma avaliação formal e individual da *performance* dos conselhos e dos diretores é um caminho efetivo para responder à demanda por maior prestação de contas (*accountability*) e efetividade por parte dos conselhos.

Além disso, a avaliação individual dos membros do conselho pode ajudá-los a ampliar seus conhecimentos como diretores e motivá-los a ser mais eficientes.

A idéia de todo o conselho de administração analisar seu próprio desempenho, uma vez por ano, é proveitosa, pois possibilita que todos os conselheiros, internos e externos, contribuam para eventuais aprimoramentos e, assim, comprometam-se com as mudanças no processo.

Os resultados da auto-avaliação dos conselhos têm que servir como um ponto de discussão em suas reuniões. Os conselhos e suas missões são dinâmicos, e o processo de avaliação assegura que os planos estratégicos estejam sendo respeitados e que os indivíduos responsáveis por determinar e executar os planos estejam preparados para responder em caso de mudanças das necessidades das organizações.

Ao se julgar que os conselhos respondem por diversos temas, como desenvolvimento das estratégicas de negócios, verificação do cumprimento de normas legais, administração de eventuais crises, contratação de executivos, antes da avaliação dessas áreas específicas caracterizadas pelas comissões sob sua responsabilidade, é preciso definir as ações específicas necessárias em cada uma delas.

Assim, os conselhos são importantes para a prestação de contas aos acionistas, bem como o alinhamento de posicionamentos individuais, diante da missão dos conselhos em ser a primeira linha de controle e *accountability*.

Demonstrando a visão dos próprios avaliados sobre o assunto, em pesquisa realizada pela Korn/Ferry com os conselheiros das 1.000 maiores empresas americanas, foi detectado que os conselhos com avaliações individuais de desempenho são mais efetivos em suas funções. Apesar disso, segundo Johnson (2002) apenas 30% das maiores empresas americanas adotam a avaliação de cada membro.

Talvez a questão da auto-avaliação ainda não seja uma prioridade para os conselhos de administração, mas a absorção de novas responsabilidades e a criação de mecanismos, que permitam maior independência de seus atos, tornarão a conscientização de seus membros de que ao assumir uma posição no conselho sem adicionar valor às discussões causa a perda de credibilidade do órgão e prejudica a noção de responsabilidade, autoridade e *accountability*.

Em síntese, a pluralidade de competências e conhecimentos oferecidos pelos conselheiros pode implicar impossibilidade de um modelo único de avaliação individual no universo dos conselhos de administração. Entretanto, é indispensável julgar a avaliação de cada membro como parte do processo de medição de *performance* de todo conselho, e, além disso, as análises de desempenho individual podem ser um ótimo caminho para clarificar as expectativas de atuação, contribuindo para o efetivo aperfeiçoamento das contribuições prestadas por cada conselheiro.

Reforçando a importância da avaliação dos conselhos de administração como mais uma prática diferenciada de governança corporativa, Schultz (apud MARSHALL, 2001) assegura que o CEO e os conselheiros devem ser avaliados, e ironicamente afirma que o futuro das organizações está freqüentemente nas mãos de um grupo: diretores, que são selecionados ao acaso, raramente são avaliados e quase nunca prestam contas.

Avaliação de desempenho do principal executivo

70% das maiores empresas americanas promovem a avaliação de seu principal executivo. (Conger, 2001)

Sob o ponto de vista dos sistemas de governança, as avaliações formais são vistas como uma prática com potencial para fazer os conselhos muito mais vigilantes e proativos em seus relacionamentos com o CEO, tendo como resultado mais esperado dos processos a melhora na prestação de contas por parte dos executivos.

Considerando que todo o conselho está fazendo uma avaliação coletiva, é imprescindível a compreensão de questões de competitividade e ambientes reguladores nos quais operam as empresas, sua história operacional e financeira recente, sua estratégia, sua organização interna e a qualidade de empregados (LOCHNER, 2000).

Capítulo 3 ▪ A Importância da Governança Corporativa para a Gestão...

Dessa forma, a eficácia tanto das análises sobre a estratégia empresarial quanto das avaliações sobre o desempenho do CEO exige que os conselheiros detenham conhecimentos adequados. Nesse contexto, o termo pertinente é conhecimento e não informação — conhecimento para analisar o conteúdo e o contexto das informações.

O desempenho do CEO pode ser rigorosamente monitorado, mas somente pelos critérios preestabelecidos pelos conselhos e já devidamente comunicados a ele, e uma das responsabilidades cardeais dos conselhos é oferecer uma direção clara para seu CEO com respeito às suas expectativas sobre os resultados que devam ser alcançados. Para assegurar a prestação de contas dos executivos, os conselhos também são responsáveis pela avaliação de sua *performance*.

A avaliação anual do CEO é essencial para um monitoramento eficaz. Basicamente, é um passo importante para o fortalecimento do conselho, pois emite uma mensagem clara para o CEO e os conselheiros, no sentido de que aquele é responsável por estes.

A iniciativa de governança mais convincente inclui um maior rigor dos conselhos na avaliação dos CEOs, bem como dos planos de sucessão e das novas iniciativas no pagamento por desempenho.

Um dos principais fatores de geração de desempenho superior por parte dos executivos é a concessão de pagamento por resultados obtidos, buscando encontrar mecanismos que permitam condicionar o comportamento dos executivos não apenas para a geração de valor em curto prazo, mas também para que suas iniciativas ampliem os resultados, inclusive em longo prazo.

Nessa perspectiva, os processos de avaliação são considerados o principal método para manter a *performance* alinhada com os objetivos, também significando um potencial incentivo para o CEO continuar a aprimorar os resultados, identificando problemas e lidando com eles antes que se tornem mais sérios.

Contudo, na ótica de que o principal executivo é contratado com o objetivo de maximizar a geração de valor aos acionistas, e de que os conselhos devem preservar tais interesses, sendo responsáveis pelo controle das decisões, a avaliação deve promover um novo dinamismo na relação entre CEOs e conselhos, esclarecendo os papéis de cada parte e, sem dúvida, assegurando que os executivos se concentrem consistentemente em suas responsabilidades.

Sistema de remuneração de executivos

A propriedade de ações pode ser importante fonte de incentivos para executivos, conselheiros e acionistas fora do bloco de controle, e a forma e a quantidade de ações em poder podem influenciar o comportamento dos executivos, a *performance* empresarial.

> Mecanismos de remuneração variável através de opções de compra de ações são ofertados por 96% das empresas americanas aos seus executivos. (Knight, 2002)

O modelo de remuneração por meio da entrega de opções de compra de ações, que poderão ser exercidas mediante o cumprimento de metas financeiras, apesar de relevante para obter dos executivos um desempenho que permita maximizar a geração de valor aos acionistas, traz consigo a necessidade de assegurar que o preço de ações em curto prazo representem, para os acionistas e para a própria empresa, as melhores decisões também em longo prazo, não comprometendo a sustentabilidade de seus resultados.

Nesse sentido, questões como a capacidade diversificada e independente de análise dos conselhos e os critérios de fixação e avaliação de objetivos estabelecidos aos executivos, que também contemplem medidas que garantam a continuidade dos resultados financeiros gerados em curto prazo, são de extrema importância para que esse instrumento diferenciado de governança corporativa não acabe por representar um estímulo ao desalinhamento de interesses entre executivos e acionistas. Essa situação significaria que os executivos buscam apenas atingir suas metas financeiras, sem garantir a qualidade dos resultados aos acionistas.

Não se pode admitir que executivos obtenham a superação de objetivos financeiros estabelecidos gerando valorização das ações em curto prazo, conforme escolhas impróprias, em vez de resultados operacionais consistentes, tais como o aperfeiçoamento dos serviços prestados com a qualidade dos produtos ou com a capacidade de pesquisa e desenvolvimento da empresa.

Por isso, os conselheiros não podem faltar com a supervisão adequada das ações dos executivos, agindo para moderar seus excessos; caso contrário, também contribuirão para o colapso da empresa, sendo, portanto, responsáveis pelos fatos ocorridos. Assim, nesse processo de estabelecimento de metas, as formas de remuneração e avaliação, mais uma vez, reforçam a importância dos conselhos como representantes efetivos dos acionistas.

Capítulo 3 ■ A Importância da Governança Corporativa para a Gestão...

A Influência das Práticas Diferenciadas de Governança sobre o Valor de Mercado das Empresas

Os temas até então debatidos buscaram esclarecer o papel fundamental que os sistemas e práticas de governança corporativa têm para a preservação dos interesses dos acionistas, traduzida pela maximização de sua riqueza.

As oportunidades de investimentos são analisadas pelos investidores, observando-se o mercado como um todo, para a identificação daquelas que proporcionam maior segurança e retorno aos capitais investidos.

Como reflexo, os conselhos devem ter clara noção de que determinada estratégia escolhida pela empresa — ou alguma decisão específica — poderá gerar, ou não, taxas de retorno de longo prazo sobre o investimento dos acionistas, iguais ou superiores a outras oportunidades de investimentos que envolvam riscos comparáveis. (BLACK, 2001, p.103)

A geração de valor aos acionistas acontece em três estágios: *criação*, *preservação* e *realização*, que consistem, respectivamente, na obtenção de resultados superiores ao custo de capital, que poderão ser retidos ou distribuídos aos acionistas; na continuidade dos resultados imunes às ineficiências gerenciais, e, por último, na percepção de credibilidade e transparência por parte do mercado, o que permite a manutenção da atratividade de suas ações pelos investidores.

Dessa forma, as empresas que transmitam credibilidade e ofereçam informações relevantes para o mercado no tempo adequado serão reconhecidas pelo efetivo gerenciamento das expectativas de valor, estando muito mais propensas a manter o valor de mercado que reflete seu valor real do que outras que possuam negócios com programas pobres de comunicação.

De certa maneira, o estágio *realização* demonstra a importância dos profissionais de comunicação em trabalhar também a relação das empresas com investidores, que buscam conhecer mais detalhadamente as expectativas futuras das empresas, bem como as justificativas existentes para os resultados presentes alcançados.

No Brasil, a exemplo do que já aconteceu em mercados mais desenvolvidos, a área de relacionamento com investidores (RI) ganha, cada vez mais, reconhecimento como uma importante ferramenta de valorização do preço de mercado das empresas por sua capacidade de transmitir transparência nas ações corporativas aos investidores.

Diante dos três estágios defendidos por Black (2001, p. 103) e suas respectivas constituições, pode-se afiançar que as práticas diferenciadas de governança, quando garantem independência, prestação de contas dos resultados empresariais aos acionistas (*accountability*) e zelo pela formação e direcionamento de esforços e interesses no sentido de atender às preocupações dos acionistas, contribuem para a geração de valor aos investidores.

Em pesquisa realizada pela Mckinsey nos Estados Unidos, em 2000, com 200 investidores institucionais[13] entrevistados, 56% dos investidores latino-americanos e 48% dos investidores estrangeiros, a transparência foi levantada como a primeira prioridade de governança corporativa, demonstrando seu atual descontentamento com os procedimentos de divulgação de informes pelas empresas.

Na mesma oportunidade, apurou-se que 80% dos entrevistados declaram sua disposição em pagar um prêmio significativo por ações de empresas "bem governadas" do que para empresas com falhas de governança, mas com comparável *performance* financeira.

Dos entrevistados, 75% entendem que as práticas dos conselhos de administração são, pelo menos, tão importantes quanto o desempenho financeiro, quando eles avaliam empresas para investimento.

Para inversões na América Latina, quase metade dos respondentes considerou as práticas dos conselhos de administração mais importantes do que o desempenho financeiro.

Em 2002, em nova pesquisa realizada pela Mckinsey, verificou-se que 82% dos respondentes entenderam que as práticas de governança são iguais ou mais importantes que o desempenho das empresas, para investimentos também na América Latina. Veja a Figura 3.6.

Entendam como "bem governadas" as empresas cuja maioria dos conselheiros é independente, com programas próprios de avaliação, e que tenham procedimentos que garantam transparência no ato dos administradores, entendidos aqui como os próprios conselheiros e executivos, além de disposição para prestar esclarecimentos aos acionistas, quando requeridos.

Em países como Estados Unidos e Inglaterra, os investidores estão dispostos a pagar um prêmio de 18% por ações de empresas "bem governadas", enquanto no caso de empresas brasileiras o ágio obtido atinge 23% (2000). A diferença no ágio pago pelos investidores reflete o espaço que eles entendem que exista para a melhora das demonstrações financeiras em determinado país. (Fonte: Mckinsey)

---

[13] Responsáveis pela gestão de US$ 3,25 trilhões de ativos.

Capítulo 3 ■ A Importância da Governança Corporativa para a Gestão...

Fonte: Mckinsey, 2002.

Figura 3.6 Governança corporativa *versus* resultados financeiros.

Já em 2002, o prêmio pago por ações de empresas brasileiras bem governadas subiu para 24%, permitindo concluir que nosso país, sob a perspectiva dos investidores estrangeiros, não vem progredindo em seu sistema de governança corporativa.

Em 1997, na pesquisa também realizada pela Mckinsey, nos Estados Unidos, com 50 grandes investidores institucionais, apurou-se uma disposição em pagar 11% de prêmio por ações de empresas com práticas diferenciadas de governança.

Percebe-se, então, mesmo em países com mercado de capitais desenvolvido, a valoração das práticas de governança corporativa pelos investidores institucionais. Pela disposição em pagar prêmios crescentes por ações de empresas "bem governadas", pode-se deduzir que os rendimentos proporcionados por tais empresas também vêm apresentando evolução positiva, fruto provável da maior eficácia na alocação de recursos e tomada de decisões dos conselhos, o que, conseqüentemente, gera a redução do custo de captação por parte das empresas.

Nas Figuras 3.7 e 3.8, a seguir, estão expostos os prêmios adicionais declarados pelos investidores institucionais por ações de empresas que detinham boas práticas de governança corporativa em diversas regiões do mundo. Os dados foram coletados em pesquisas realizadas pela consultoria Mckinsey, nos anos de 2002 e 2000.

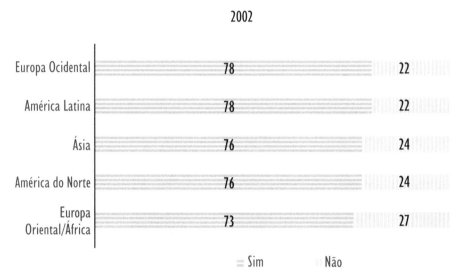

Figura 3.7 Aceitabilidade do pagamento de prêmio adicional por ações de empresas "bem governadas" – 2002.

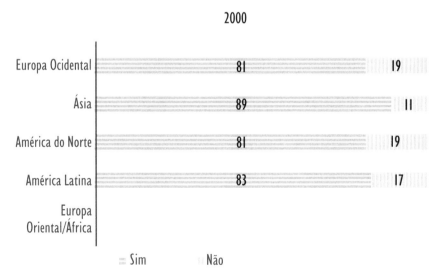

Figura 3.8 Aceitabilidade do pagamento de prêmio adicional por ações de empresas "bem governadas" – 2000.

Capítulo 3 ■ A Importância da Governança Corporativa para a Gestão...

Com relação aos principais atributos de governança corporativa, investidores sediados na América Latina e com investimentos na região priorizam a aquisição de papéis de empresas que tenham transparência em sua gestão, enquanto investidores estrangeiros com negócios na América Latina priorizam ações de companhias que preservem os interesses de seus acionistas minoritários, pela existência de ações sem direito ao voto, o que impossibilita sua atuação nos conselhos de administração.

A pesquisa ressalta a dificuldade em mensurar o impacto de mercado dos prêmios que os investidores disseram que pagariam por empresas "bem governadas". Porém, ao mesmo tempo, deixam poucas dúvidas sobre a importância da governança corporativa, sendo um importante argumento para a reforma dos diversos sistemas de governança corporativa que ainda não privilegiam a geração de valor aos acionistas.

As Iniciativas Brasileiras de Aprimoramento da Qualidade das Práticas de Governança Corporativa

> A exposição que as empresas conseguem nos veículos de comunicação direcionados ao meio empresarial, quando anunciam iniciativas de aprimoramento de seus sistemas de governança corporativa, demonstra que tais iniciativas são sinônimo de vantagem competitiva diante dos seus concorrentes na captação de recursos, graças às alternativas que se criam, de maior respeito aos acionistas, e, principalmente, de maximização da geração de valor.

O mercado de capitais brasileiro começa a se revelar uma possibilidade de financiamento às empresas e de alternativa de investimento ao cidadão comum, situação que pode, em longo prazo, representar choques positivos à competitividade das empresas, pela maior oferta de recursos privados no apoio da atividade produtiva, concorrendo com o modelo de endividamento bancário.

Do lado da demanda por papéis de empresas brasileiras, 2004 ficou marcado como o primeiro ano em que o total de investimentos realizados por pessoas físicas superou os realizados por investidores estrangeiros, superado apenas por aqueles realizados por investidores institucionais, como mostra a Tabela 3.1, a seguir.

Estratégias de Diferenciação

Tabela 3.1 Perfil dos investidores no mercado de capitais brasileiro.

	1998	1999	2000	2001	2002	2003	2004
Pessoa física (%)	12,3	15,9	20,2	21,7	21,9	26,2	27,5
Institucional (%)	17,6	15,6	15,8	16,0	16,5	27,6	28,1
Estrangeiro (%)	25,1	22,3	22,0	25,1	26,0	24,1	27,3

Fonte: Bovespa.
Obs.: Os percentuais referem-se à participação de cada grupo no volume de compra e venda de ações.

Também em 2004, na outra ponta, da oferta de papéis para investimento, aconteceram sete aberturas de capital, com volume financeiro e de transações superior em três vezes ao da soma das ofertas realizadas durante o período de 1995 a 2003, como mostra a Tabela 3.2.

Tabela 3.2 Histórico das ofertas primárias de ações no Brasil.

	1998	1999	2000	2001	2002	2003	2004
Aberturas de capital de quantidade	0	1	1	1	1	0	7
Volume da oferta (R$ mil)	0,00	395.185	33.000	2.100	305.344	0,00	3.674.545

Demonstrando a maior preocupação do investidor comum pela qualidade dos procedimentos de governança corporativa adotados pelas corporações, as empresas que, quando no lançamento de seus papéis, aderiram no Nível 2 e ao *Novo Mercado* tiveram maior valorização do que as inscritas no Nível 1, piso do modelo de certificação lançado pela Bovespa. Essas denominações serão abordadas mais adiante, facilitando o entendimento do leitor.

Ao mesmo tempo em que se deve comemorar os novos ventos que sopram, não se deve entender que houve alterações mais profundas na estrutura de propriedade das empresas nacionais, que continuam sob regime de controle familiar.

Capítulo 3 ■ A Importância da Governança Corporativa para a Gestão...

Apesar de a concentração de propriedade representar obstáculos ao estabelecimento de práticas mais transparentes de controle a todo grupo de acionistas, não se torna inviável a implantação de medidas que possam aprimorar o modelo brasileiro de governança corporativa.

O principal exemplo de busca de aprimoramento encontra-se na Bovespa, que vem demonstrando a importância do estabelecimento de regimes que permitam maior transparência e prestação de contas entre empresas e acionistas.

Em 2001, foi introduzido pela instituição um novo regime de regras e práticas de governança corporativa, denominado *Novo Mercado*, cuja adesão por parte das empresas é voluntária e tem como principal objetivo proporcionar maior segurança aos investidores, oferecendo maior transparência de informações e, em decorrência disso, permitindo a redução dos custos de captação de recursos.

Além da criação do *Novo Mercado*, a Bovespa também desenvolveu um programa de certificação de empresas, com base em seus sistemas de governança corporativa, todos com adesão voluntária.

A proposta do programa é criar alternativas para as empresas que estão dispostas a se tornarem mais transparentes e oferecer mais garantias para os investidores, sem que isso implique alterações significativas na sua estrutura patrimonial, como é previsto no *Novo Mercado*.

Nesse sentido, a Bovespa criou um conjunto de regras de transparência e boas práticas de governança corporativa para empresas, administradores e controladores. Essas normas foram definidas como *práticas diferenciadas de governança corporativa*, e a adesão a elas distingue as empresas como Nível 1 ou Nível 2, dependendo do grau de compromisso assumido.

Tais requisitos são considerados importantes para uma boa valorização das ações e de outros ativos emitidos pelas empresas.

Quanto ao *Novo Mercado*, as organizações que conseguirem atingir esse nível de qualificação têm, como maior diferencial a ser ofertado aos seus acionistas, a inexistência de ações com direitos distintos (ordinárias e preferenciais), sendo que todas as ações oferecem direito ao voto aos seus portadores, que passam a exercer seu poder de influência proporcionalmente ao volume de capital investido. Além disso, são estabelecidos procedimentos que permitam oferecer maior liquidez e transparência.

O Nível 2 não oferece um único tipo de ação. Porém, é estabelecido que para algumas situações os portadores de ações preferenciais também devem se manifestar, por meio de seus votos, conforme os itens a seguir:

a) Transformação, incorporação, fusão ou cisão da empresa;
b) Aprovação de contratos entre a empresa e o acionista controlador, diretamente ou por meio de terceiros, assim como de outras sociedades nas quais o acionista controlador tenha interesse;
c) Preço de emissão das ações, quando se tratar de aumento de capital com a integralização em bens; escolha de empresa especializada para determinação do valor econômico;
d) Alteração ou revogação de dispositivos estatutários que alterem ou modifiquem quaisquer das exigências previstas no contrato de adoção de práticas diferenciadas de governança corporativa.

O Nível 1, estágio inicial para que uma empresa seja considerada portadora de práticas diferenciadas de governança corporativa, estabelece regras que, a exemplo dos demais estágios, permitem garantir aos acionistas maior liquidez e transparência.

Caso uma empresa tenha por objetivo abrir seu capital, no mínimo, ela deverá, obrigatoriamente, aderir ao Nível 1.

Para medir o desempenho das empresas listadas no *Novo Mercado* e nos dois níveis de práticas diferenciadas de governança corporativa, a Bovespa criou o específico Índice de Ações com Governança Corporativa Diferenciada, denominado IGC, cuja ponderação das ações para sua formação se dá pelo seu valor de mercado em circulação, com pesos diferenciados para as empresas do *Novo Mercado* (peso 2), Nível 2 de governança corporativa (peso 1,5) e Nível 1 (peso 1).

> Mas em um mercado tão distinto como o brasileiro, onde existe grande concentração de propriedade e baixa liquidez, iniciativas como as desenvolvidas pela Bovespa adicionam valor positivo aos acionistas?

Em resposta, temos os Gráficos 3.2 e 3.3, a seguir, onde o IGC é comparado com outros índices de acompanhamento do mercado de capitais. Como se pode perceber, desde seu lançamento, a carteira formada apenas por empresas certificadas pela Bolsa vem apresentando resultados superiores a índices mais abrangentes de mercado, como é o caso do Ibovespa.

Na hipótese de compararmos os IGC com outros ativos financeiros ou índices de preço, verifica-se também a melhor rentabilidade por empresas que aderiram aos preceitos estabelecidos pelo sistema de classificação das práticas de governança corporativa.

Capítulo 3 ▪ A Importância da Governança Corporativa para a Gestão...

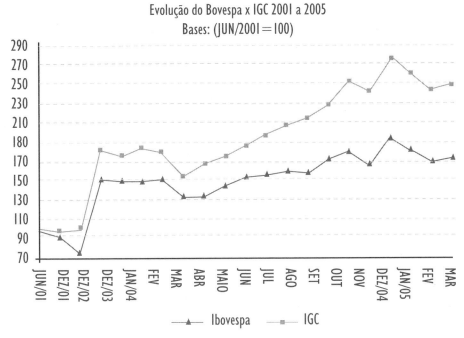

Fonte: Bovespa.

Gráfico 3.2   IGC versus Ibovespa.

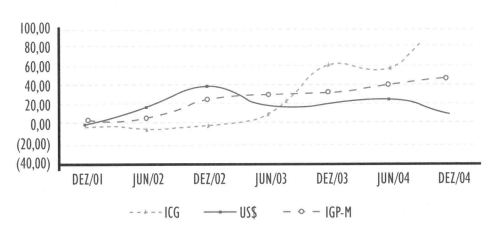

Fonte: Bovespa.

Gráfico 3.3   Variação semestral (%) — 2001 a 2004.

Em ambas as situações, o desempenho de papéis que oferecem condições diferenciadas de monitoramento e controle se destaca, representando, inclusive, oportunidades de ampliação da competitividade das empresas também em seus mercados de atuação, pela maior capacidade de captação de recursos, a custos menores.

Apesar de inquestionável, no que se refere ao efeito de práticas diferenciadas de governança corporativa sobre o retorno aos investidores, nosso país ainda carece de maiores alterações em seu regime legal, como forma de estimular a melhor divisão de poder entre os acionistas e estabelecer maior confiança para o cidadão comum, a fim de que ele, a exemplo do que acontece nos Estados Unidos, veja o investimento em ações sem restrições. Essa situação, inclusive, ofereceria maior liquidez ao mercado de capitais local, motivando a abertura de capitais de mais organizações.

A Bolsa de valores americana conta com mais de 85 milhões de acionistas, com renda média anual de US$ 57.000 e mais de 28 mil empresas com ações listadas, demonstrando a popularização desse tipo de investimento. (Fonte: NYSE)

Quando se tem contato com os números acima, lembrando que a Bovespa possui apenas cerca de 300 empresas com ações em Bolsa, não se pode questionar o vigor do modelo de governança corporativa anglo-saxão, voltado para a geração de valor aos acionistas.

Nesses mercados, o direcionamento do controle das empresas aos acionistas não reduziu a necessidade das organizações de desenvolver alternativas para expansão de sua capacidade competitiva nos mercados de atuação, não sendo possível ignorar o fato dos principais estudos existentes sobre comportamento do consumidor, marketing, processos de gestão e vendas, serem oriundos dos meios acadêmicos anglo-saxões, demonstrando, pelo menos no campo teórico, a convivência produtiva em direção à busca de maior geração de valor aos investidores e, também, da preocupação constante com o aprimoramento da capacidade competitiva das empresas e da necessidade em se manterem relações duráveis com os clientes, principal fonte de geração de valor às empresas, que atualmente não se consolidam apenas por atributos de seus produtos e serviços, mas, sim, pelo valor representativo de suas marcas.

Capítulo 3 ▪ A Importância da Governança Corporativa para a Gestão...

Construção de Marcas Fortes e Geração de Valor aos Acionistas

Com certeza, uma empresa sem clientes não existe. Mas para ter clientes uma empresa precisa construir um conjunto maduro de relacionamentos, que somente pode se tornar sustentável se o suporte financeiro existir e, para isso, a constituição de mecanismos de transparência e prestação de contas são fundamentais.

A sociedade atual e a própria economia mundial vêm passando por transformações motivadas pela consolidação dos processos democráticos e culturais. Os movimentos de fusões e aquisições, privatizações e da própria globalização vêm impondo às organizações a necessidade de revisão das formas de relacionamento com seus diversos públicos, que passam a ser centradas não somente em questões econômicas, mas também em atitudes que transmitam o sentimento de adoção de comportamentos éticos, em que a geração de lucros ocorre em ambiente que busque o respeito aos valores das demais partes envolvidas.

Essas novas regras não formais de conduta empresarial estão sendo, cada vez mais, observadas e cobradas por cidadãos e pelo próprio mercado de capitais.

A maior exigência por atributos que superem aqueles inerentes aos produtos e serviços adquiridos traz consigo a oportunidade de discutir a importância do valor representativo das *marcas* e como os sistemas de governança corporativa, voltados para prover transparência e prestação de contas, podem contribuir para o atendimento das novas demandas sociais, sem a perda das responsabilidades existentes com os acionistas.

Aqui, trataremos a questão *marca* não como um instrumento de marketing, mas, sim, como um ativo intangível estratégico, sendo responsabilidade de toda a organização construí-la e respeitar os valores que a compõem, pois elas são indispensáveis para que o mercado consumidor note os produtos e serviços e, em decorrência, permita a realização do potencial de criação de valor de outros ativos, sejam eles tangíveis ou não.

O papel da marca como agente de reconhecimento não se resume, atualmente, em um auxílio na divulgação do desempenho dos produtos e serviços, mas, sim, em um sinônimo do somatório de fatores passíveis de ampliar o valor percebido dos bens e serviços adquiridos, transmitindo valores e conotações, dando sentido único às empresas, o que, dessa forma, torna mais difícil o trabalho de posicionamento a ser adotado, tanto pela maior concorrência existente, como também pela necessidade de estabelecer políticas de relacionamento que permitam a construção, em longo prazo, desse conjunto de atributos.

Na realidade, o maior desafio das marcas é conseguir refletir uma reputação corporativa superior, que se transforme em fonte de vantagem competitiva, ampliando a capacidade de criação de valor em longo prazo, tornando-se uma contribuição positiva para o desempenho geral das empresas.

> A reputação de uma empresa é resultante de: credibilidade, integridade, confiabilidade e responsabilidade (FOMBRUM, 1996, apud MILLES e GOVIN, 2000).

Na essência dessas quatro variáveis encontram-se elementos como: produtos de maior qualidade, propagandas honestas, responsabilidade em relação a questões sociais e ambientais e respeito às obrigações assumidas com os demais agentes econômicos que estão auxiliando na construção dessa vantagem competitiva.

Hoje, os consumidores buscam benefícios mais amplos do que os representados pelo produto em si, tais como preço e qualidade. Valores éticos, práticas de governança corporativa e de responsabilidade social, bem como forma de tratamento dado a empregados e fornecedores, também acabam por interferir na percepção dos clientes.

A reputação de uma empresa não se edifica isoladamente, sendo influenciada pela reputação, inclusive, de outras corporações que constituem sua cadeia produtiva, não lhe eximindo da responsabilidade, como contratante, dos padrões de conduta de uma prestadora terceirizada.

> A reputação de corporações globais foi atingida por questões relativas aos padrões de trabalho de seus fornecedores localizados em diversas partes do mundo. Muitas empresas seguiram o exemplo da Nike, Levi Strauss e Reebok, e passaram a exigir que os fornecedores, em regiões como Ásia e América Latina, adotem padrões específicos sobre jornada, segurança, salários e trabalho infantil.

O exemplo acima empregado demonstra a necessidade do alinhamento de conduta entre os colaboradores e os *stakeholders*, como forma de direcionar a *marca* para um posicionamento que lhe permita maximizar os resultados aos acionistas, bem como projetar, de maneira eficaz, valores e conotações positi-

Capítulo 3 ▪ A Importância da Governança Corporativa para a Gestão...

vas aos clientes, ampliando, com isso, sua satisfação e fidelidade e, em decorrência, permitindo a prática de margens mais elevadas por parte das empresas.

No mercado de capitais americano já se verifica que marcas bem posicionadas, e outros ativos intangíveis, como capital intelectual, capacidade de inovação e de aprendizado, capacidade de relacionamento com investidores e clientes, vêm respondendo por significante e crescente proporção do valor de mercado de empresas, justificando o investimento em seu desenvolvimento, como alternativa efetiva para a construção de vetores de geração de valor a longo prazo.

Em virtude dessa nova realidade, os conselhos necessitam incluir em suas agendas de trabalho rotinas de monitoramento e controle que permitam acompanhar o efeito do conjunto de ativos intangíveis sobre o desempenho das empresas e, em decorrência, sobre a geração de valor aos acionistas.

A habilidade de planejamento da empresa e de posicionamento no futuro pode ser considerada um rico ativo intangível, necessário para reduzir riscos e volatilidades em seus preços de mercado, reforçando a importância de experiência diversificada e independente no assento dos conselhos de administração.

Mesmo sob o risco de se tornar repetitivo, porém considerando a importância para a gestão estratégica das organizações, nunca é demais lembrar que uma empresa não existe somente por sua capacidade de geração de caixa, com base em suas operações presentes, mas também pelo potencial futuro de criação de valor.

Nesse sentido, estima-se que 60% do valor agregado do mercado de capitais americano é baseado em expectativas futuras. As indústrias e empresas que contribuem fortemente para esse número são aquelas cujos ativos derivam de suas capacidades em oferecer ou criar ativos intangíveis, tais como serviços, pesquisa e desenvolvimento, sendo possível afirmar que esses são os maiores vetores de crescimento em qualquer negócio ou economia (SEEMAN, 2004).

Se o valor de mercado de uma empresa está centrado em expectativas futuras, o mesmo acontece com as *marcas*, demonstrando a relação entre reputação empresarial superior e a geração de valor aos acionistas.

Em pesquisa realizada pela consultoria Stern & Stewart, o valor futuro de uma *marca* representa 70% de seu valor total (a diferença é representada pelos resultados atuais), significando sua potencialidade em gerar retornos econômicos acima da média por longos períodos.

Estratégias de Diferenciação

A administração eficiente das marcas consiste em balancear a sua utilização para suportar os lucros correntes e assegurar sua capacidade de gerar resultados futuros.

Pelo que foi exposto até aqui, além da questão temporal, o sucesso na administração sustentável depende da capacidade dos gestores em conseguir integrar visões que possam fornecer respostas ao desafio de estabelecer marcas que criem valor a clientes e acionistas.

Isso se deve ao já tratado anteriormente, que é a multiplicidade de interesses que rondam uma empresa. Para os profissionais de marketing, "valor" é um conceito do ponto de vista do consumidor final, do cliente, da entrega, representando o hiato entre o benefício percebido e o custo pago por um produto ou serviço, podendo ser entendido como um conceito de avaliação externo à empresa, ou seja, dimensionado por outras partes, estando relacionado à emoção e à carga simbólica e cultural que podem ser representadas pelas marcas.

Para os executivos de finanças, "valor" é um conceito econômico que se refere à diferença entre o preço recebido pela entrega de um produto e o seu custo para entregá-lo, formado basicamente pela gestão dos ativos tangíveis. Desse ponto de vista, "valor" é uma avaliação interna à empresa, e está relacionada à eficiência operacional.

Em resumo, o sucesso empresarial constrói-se pela gestão estratégica da entrega de benefícios para o consumidor que exceda seu custo econômico, remunerando adequadamente os capitais investidos.

Para gerenciar tal relação, é importante conhecer não só os atributos racionais e emocionais que sustentam a relação da empresa e seus produtos com os consumidores, mas também identificar e aprimorar os vetores de valor responsáveis pela competitividade e lucratividade das corporações, a fim de que os resultados para ambas as partes possam ser sustentáveis, permitindo o estabelecimento de relacionamentos em longo prazo, que proporcionam maiores oportunidades de ganhos.

A constituição de marcas fortes tem possibilitado às empresas, inclusive, utilizar-se dessa vantagem competitiva como diferencial na captação de recursos por meio do mercado de ações.

Em pesquisa realizada, em 2001, por professores da Universidade da Califórnia, demonstrou-se que as pessoas físicas preferem aplicar em empresas com marcas fortes, enquanto as institucionais dão mais importância a aspectos de caráter econômico-financeiro.

Capítulo 3 ▪ A Importância da Governança Corporativa para a Gestão...

A maior inclinação dos investidores individuais pelas marcas mais visíveis é resultado do relacionamento já existente com os produtos e serviços adquiridos.

Um risco dessa associação entre marcas fortes e propensão a investir é a possibilidade de um investimento frustrado contaminar a imagem da empresa, reforçando a importância de as empresas adotarem ações que garantam a sustentabilidade de seus resultados.

Em termos concretos, não basta a entrega de resultados em curto prazo, como participação de mercado e rentabilidade, é necessário garantir sustentabilidade desse resultado no futuro, significando adotar ações em curto e longo prazos, o que, mais uma vez, reforça a importância dos conselhos de administração, independentes, na discussão das metas estratégicas das empresas.

Aqui se reforça o entendimento de Black (2001), quando se discutiu a influência das práticas diferenciadas de governança sobre o valor de mercado das empresas, onde o autor defende que as empresas devem criar (curto prazo) e preservar (longo prazo) os ganhos gerados aos acionistas, que consistem, respectivamente, na obtenção de resultados superiores ao custo de capital, que poderão ser retidos ou distribuídos, e na sua continuidade, imunes às ineficiências gerenciais.

Aqui, mais uma vez, destaca-se a importância dos gestores integrarem suas visões sobre a geração de valor, estabelecendo processos de comunicação que inspirem confiança, buscando guiar sua relação com o mercado de forma segmentada, respeitando a diferença de perfil de seus investidores, pois muitos percebem as organizações, inclusive, acumulando o papel de consumidores.

Em outra pesquisa, realizada pela consultoria inglesa Interbrand, verificou-se que, em prazos mais dilatados de investimento, os mercados internacionais de ações tiveram uma alta de 1,35% ao mês, enquanto os papéis de empresas com marcas valiosas subiram 2,05%.

Segundo o estudo, um nome conhecido pode representar, em média, 38% do valor de mercado da companhia, reforçando os benefícios do estabelecimento de reputação empresarial superior sobre os ganhos dos acionistas, permitindo maior rentabilidade e geração de lucros de maneira mais estável.

Da mesma forma que a marca traz consigo a capacidade de comunicação diferenciada com os consumidores, essa comunicação também demonstra ser estrategicamente importante para a competitividade das empresas, agora no mercado de capitais, pois acionistas têm valorizado informações que abordem as expectativas, oportunidades e riscos futuros, bem como dados não financeiros sobre ativos intangíveis que podem ser importantes para a competitividade empresarial, sendo que tais ativos compreendem arranjos de governança, estrutura de gerenciamento, entre outros.

A exemplo do que acontece em mercados mais desenvolvidos, algumas empresas nacionais, tais como Suzano e Petrobras, preparam-se para lançar um demonstrativo que possa apresentar o conjunto de seus ativos intangíveis, muitas vezes não representados em suas demonstrações financeiras, mas que exercerão influência futura sobre a geração de valor aos acionistas.

Esse procedimento permite aos investidores vislumbrar as possibilidades de ganhos futuros de acordo com a administração desses ativos, permitindo, inclusive, o monitoramento mais estreito das ações dos executivos em direção ao atendimento de seus interesses, ampliando a necessidade das empresas em desenvolver modelos eficientes de comunicação.

A necessidade de transparência e comunicação, que começam a ser exigidas pelo mercado brasileiro, permite-nos inferir que, a exemplo do que acontece com as marcas em relação ao mercado consumidor, os valores e os procedimentos que estabelecerão a forma de relacionamento e comunicação com os investidores também exercerão influência sobre o valor de mercado das corporações, notadamente pela inexistência de um modelo de governança corporativa voltado para a geração de valor aos acionistas, especialmente para aqueles fora do controle.

Com isso, reforça-se o papel da área de relacionamento com investidores (RI), antes subordinadas, apenas às áreas financeiras das empresas, mas que começa a assumir papel mais estratégico, envolvendo o relacionamento entre a empresa e os investidores, os órgãos reguladores, as instituições e entidades de mercado e a mídia especializada.

Tendo por base o levantamento realizado pela consultoria inglesa Interbrand (VALOR, 22/7/2005) sobre os nomes mais valiosos no Brasil, em 2004, é possível comprovar a mesma tendência entre marcas fortes e rentabilidade.

No ano passado, enquanto o índice Bovespa subiu 17,8%, as ações das empresas com marcas mais valiosas tiveram um ganho, em média, de 39,02%.

No Brasil, algumas marcas podem atingir 23% do valor de mercado de uma empresa, como é o caso da Natura, cujo nome foi avaliado em US$ 573 milhões. Em seguida, vem a TAM, com 17,95% de seu valor. Por último, a Gol, com a marca avaliada em US$ 326 milhões ou 11,78% do preço no mercado.

Capítulo 3 ▪ A Importância da Governança Corporativa para a Gestão...

As três marcas mostram a importância de um nome respeitado nas aberturas de capital, especialmente quando o objetivo é pulverizar as ações, atraindo pessoas físicas. As três marcas tiveram expressivas adesões de pessoas físicas. A Natura teve 5.460 investidores, a Gol, 12.380 e a TAM, 1.171 compradores. Veja a Tabela 3.3.

Tabela 3.3 Valor da marca *versus* valor de mercado.

Marca	Empresas em Bolsa	Nível de GC**	Valor de mercado*	Valor da marca*	Marca/valor de mercado (%)
Natura	Natura	NM	2.490,00	573	23,01%
TAM	TAM	2	1.281,29	230	17,95%
GOL	GOL	2	2.766,54	326	11,78%
Sadia	Sadia S.A.	1	1.763,46	189	10,72%
Itaú	Banco Itaú	1	17.373,38	1.342	7,72%
Bradesco	Bradesco	1	12.161,54	859	7,06%
Skol, Brahma e Antarctica	Ambev		17.973,08	1.192	6,63%
Unibanco	Unibanco	1	3.651,54	235	6,44%
Banco do Brasil	Banco do Brasil		9.991,92	601	6,01%
Embraer	Embraer		6.168,08	185	3,00%
Vivo	CRT, Tele Centro Oeste, Tele Leste, Tele Sudeste e Telesp Celular		8.501,54	218	2,56%
Petrobras	Petrobras		48.000,77	554	1,15%

* Em US$ milhões
** GC = Governança Corporativa

Estratégias de Diferenciação

Além de demonstrar a contribuição das marcas sobre o valor de mercado das empresas, a Tabela 3.3 também expõe a possibilidade de posicionamento superior diante dos clientes e acionistas, cumulativamente, o que estabelece às empresas oportunidades de sustentação de seus resultados pela geração de valor a ambas as partes.

Considerando que a relação apresenta as 12 marcas mais valiosas do País, é de se supor que as empresas listadas possuam relacionamento consolidado com seus clientes e parceiros, com capacidade de geração de vantagens para ambas as partes, fruto provável de seus posicionamentos estratégicos, avaliados e acompanhados pelos detentores do poder de controle das corporações, ou seja, os conselhos de administração.

Mesmo com a posse de marcas fortes, as empresas em discussão não abriram mão de estarem voltadas para a geração de valor aos seus acionistas. Fato identificado pelo número de empresas certificadas pela Bolsa de Valores de São Paulo.

Dessa maneira, se o poder de controle está exercido em benefício dos acionistas, e as empresas também são detentoras de marcas fortes, não se pode negar que a presença de conselhos independentes, com experiência diversificada e com capacidade de alinhar os interesses entre os investidores e executivos (pilares das boas práticas de governança corporativa), exerce influência positiva sobre a reputação das empresas, traduzida por meio de suas marcas. Vale atentar para as seguintes constatações:

- As três empresas com as maiores relações valor da marca *versus* valor de mercado aderiram a níveis mais elevados de certificação (Novo Mercado e Nível 2).
- Das 12 marcas citadas, 7 aderiram aos programas de práticas diferenciadas da Bovespa.
- As cinco empresas com maior relação valor da marca *versus* valor de mercado estão certificadas pela Bolsa de Valores de São Paulo.
- As quatro empresas com menor relação valor da marca *versus* valor de mercado não possuem qualquer certificação de emprego "oficial" de práticas diferenciadas.

A Natura, atualmente, é um dos casos mais emblemáticos de atendimento de interesses de outras partes e a geração de riqueza aos acionistas. Em pesquisa conduzida pela revista *Exame*, constatou-se que a empresa, nos últimos dez

Capítulo 3 ▪ A Importância da Governança Corporativa para a Gestão...

anos (1995-2004), ofereceu o nono maior retorno sobre patrimônio de uma amostra de 500 corporações que operam no País.

No mesmo período, a empresa apresentou o segundo maior faturamento do segmento de produtos farmacêuticos, higiene e cosméticos, perdendo apenas para a Avon, uma multinacional americana.

Mesmo atingindo esse patamar invejável de geração de resultados e tendo aderido ao nível mais alto de práticas diferenciadas de governança corporativa no mercado brasileiro, o **Novo Mercado**, a empresa é detentora da quarta marca mais valiosa do País, possuindo a maior relação valor da marca *versus* valor de mercado.

Essas evidências reforçam o que até aqui se advogou sobre a possibilidade de as empresas estarem voltadas para o atendimento dos interesses dos acionistas sem comprometer seu melhor posicionamento nos mercados em que atuam, oferecendo sustentabilidade a seus resultados por meio da influência que a gestão estratégica dos ativos, entre eles a representatividade de uma marca, pode exercer sobre a intenção de consumo de pessoas e empresas, conciliando com as preocupações em longo prazo que lhe permitirão manter fontes de financiamento capazes de manter a diferenciação de mercado adquirida pela construção de uma reputação superior, para transmitir credibilidade e integridade de gestão, seja do ponto de vista do consumidor ou dos acionistas.

A TAM, que possui a segunda melhor relação valor da marca *versus* valor de mercado, e aderiu ao Nível 2 das práticas diferenciadas de governança corporativa, representa, inclusive, um exemplo sobre como a austeridade de gestão de uma empresa pode contribuir para o fortalecimento de sua reputação perante seus clientes.

A partir de 2001, em virtude de diversos fatores, como a morte do seu presidente fundador, o desaquecimento do setor provocado pelos atentados de 11 de setembro e o acirramento da concorrência interna com o surgimento da *low cost* GOL, a TAM implantou, para sobreviver, medidas que visavam a profissionalização de sua gestão e a redução dos custos de sua operação.

Em algumas situações, a redução de custos passou pelo corte de diferenciais oferecidos pela empresa a seus clientes, como era o caso dos serviços de bordo e da classe executiva em vôos nacionais.

Essas medidas representaram o retorno da empresa à lucratividade, permitindo-lhe realizar nova emissão de ações, no valor de R$ 548 milhões, demonstrando a confiança dos investidores em relação à qualidade dos procedimentos adotados para a continuidade de seus negócios, notadamente os estrangeiros, vigilantes em relação à qualidade das práticas de governança corporativa nas empresas nas quais investem.

> Das ações colocadas à venda pela TAM, 73,8% foram adquiridas por investidores estrangeiros.

O mais impressionante nessa empreitada é que, além da empresa ganhar mercado, hoje ela é líder no mercado doméstico, com 42% de *market share*, e é detentora de uma das marcas mais valiosas do País.

A austeridade imposta pelo novo modelo de gestão mostrou-se imprescindível para a empresa obter os resultados aqui apresentados, mas, provavelmente, a valorização de sua marca aos olhos dos consumidores também contou com a natural comparação realizada com sua ex-principal concorrente, a Varig, que, afundada em uma crise sem-fim, não conseguiu aplicar nova estrutura de negócios capaz de manter a reputação de sua marca e, tão pouco, atrair a atenção do mercado de capitais, tornando mais evidente ainda a seriedade das ações realizadas pela TAM, que conseguiu manter sua reputação corporativa pela capacidade em comunicar-se com diversas partes, sejam clientes, fornecedores ou acionistas, demonstrando com credibilidade os objetivos estabelecidos e os resultados corporativos alcançados.

Conclusão

As empresas com práticas diferenciadas de governança corporativa, ao assumirem um modelo de gestão corporativa transparente, preocupado com a prestação de contas aos seus investidores, estão também sintonizadas com o atendimento de exigências de toda ordem, sejam elas de caráter fiscal, trabalhista, entre outros, existindo real preocupação com o efeito que tais transgressões podem exercer sobre o risco de imagem das empresas, ou seja, sobre suas marcas, que, como vimos, é fator preponderante para a geração de resultados superiores.

Em empresas "bem governadas", cabe aos conselhos de administração, como representantes dos acionistas, serem responsáveis pela gestão dos riscos inerentes às suas atividades, inclusive o de imagem, não sendo possível des-

Capítulo 3 ■ A Importância da Governança Corporativa para a Gestão...

vincular os efeitos que qualquer medida possa gerar sobre os valores corporativos transmitidos aos agentes de relacionamento por meio de suas marcas.

Sem resultados positivos as empresas não sobrevivem, devendo as corporações ser detentoras de procedimentos diferenciados de governança corporativa voltados para a criação de valor, mantendo relacionamento com os públicos estratégicos, de forma socialmente responsável, com o objetivo de atingir a sustentabilidade em seus resultados, ou, em outras palavras, a perenidade de suas atividades.

Espero que todos os leitores tenham entendido as práticas de governança corporativa como um ativo estratégico e intangível a ser administrado pelas empresas como forma de obter diferenciais diante de seus concorrentes, seja no mercado de consumo seja no de capitais.

Nessa discussão, abordou-se com maior ênfase as empresas de capital aberto pela maior necessidade de transparência e exigência na prestação de contas. Porém, qualquer organização, aberta ou não, necessita estabelecer um modelo administrativo que facilite o trabalho de controle e monitoramento, a fim de que suas decisões sejam tomadas no sentido de garantir a perenidade de suas atividades.

É importante entender que os recursos oriundos de sócios em companhias de capital fechado são naturalmente restritos, nos quais as preocupações com a adoção de reconhecidos critérios contábeis, com a capacidade de análise diversificada dos cenários futuros em que se inserem, a determinação de alçadas para decisão, a forma de divisão de poder entre os sócios etc. são fatores importantes para a definição do modelo de governo utilizado pelas empresas, algo que certamente interferirá em sua capacidade de obtenção de recursos bancários e no estabelecimento de parcerias estratégicas pela influência que exercem sobre o risco do negócio.

Bibliografia

ALLAN, Peter. A comparison of the views of CEOs and public pension funds on the corporate governance issues of chairman-CEO duality and election of lead directors. **American Business Review**, West Haven, jan. 2000.

BLAIR, Margaret M. **Ownership and control:** rethinking corporate governance for the twenty first century. United States: Brookings Institution, 1995.

CONGER, Jay A., FINEGOLD, David, KBURANA, LAWLER III, Edward E. Trad Afonso.

_____. LAWLER III, Edward E., FINEGOLD, David L. **Corporate Boards. United Stares**: Jossey-Bass, 2001.

DONALDSON, Gordon. Nova ferramenta para os conselhos de administração. Tradução Afonso Celso da Cunha Serra. In: Experiências de Governança Corporativa, **Harvard Bussiness Review**. Rio de Janeiro: Campus, 2001, p. 58-81.

Melhores e maiores. *EXAME*. São Paulo: Abril, 2005.

FRANCO, Thais. Research para o varejo. **Revista Capital Aberto**, n. 18, ano 2, fev. 2005, São Paulo.

FRISCH, Felipe. Ações de marca. **Valor Econômico**, São Paulo, 22 jul. 2005, D 1.

HANN, Daniel P. Emerging issues in U.S. corporate governance: Are the recent reforms working? **Defense Counsel Journal**, Chicago, abr. 2001.

HARRIS, Trish W. Establishing effective boards. **Financial Executive**, Morristown, Jun. 2001.

INSTITUTO BRASILEIRO SOBRE GOVERNANÇA CORPORATIVA. **Pesquisas Brasileiras sobre Governança Corporativa**, 2001. Disponível em: <http://www.ibgc.org.br>. Acesso em: 24 maio 2002.

JENSEN, Michael C. A THEORY OF THE FIRM: governance, residual claims, and organizational forms. **Harvard University Press**, 2000.

JOHNSON, David W. Directors: take the high ground. **Directorship**, vol. 28, p. 1-3, April, 2002.

KNIGHT, James A. Performance and greed. **The journal of business strategy, United States**, vol. 23, n. 4, p. 24-27, 2002.

KORN/FERRY INTERNATIONAL. **27th Annual Board of Directors Study 2000**. Disponível em: <http://www.kornferry.com>. Acesso em: 24 maio 2002.

LACHINI, Luciana Del Caro. **Revista Capital Aberto**, n. 14, ano 2, out.2004, São Paulo.

Capítulo 3 ■ A Importância da Governança Corporativa para a Gestão...

LETHBRIDGE, Eric. **Governança Corporativa**, jan. 1999. Disponível em: <http://www.bndes.gov.br>. Acesso em: 7 jun. 2002.

LOCHNER Jr.; PHILIP R. Lessons in evaluating CEO performance. **Directorship**, out. 2000.

LODI, João Bosco. **O conselho de administração**. São Paulo: Pioneira, 1988.

MALE, John G. Redesenhando a linha entre o conselho de administração e o CEO. Tradução Afonso Celso da Cunha Serra. In: Experiências de governança corporativa. **Harvard Bussiness Review**. Rio de Janeiro: Campus, 2001, p. 184-197.

MCKINSEY QUARTELY. **Three surveys on corporate governance**, 2002. n. 4. Disponível em: <http://www.mckinsey.com>. Acesso em: 27 maio 2002.

MCKINSEY & COMPANY. **Global investor opinion survey:** Key findings, 2002. Disponível em: <http://www.mckinsey.com/governance>. Acesso em: 30 ago. 2002.

MCLAUGHLIN, David T. The non-executive chairman serves special needs in special circumstances. **Directorship**, v. 25, p. 4-5, abr. 1999.

MILES, Morgan P.; GOVIN, Jeffrey G. **Environmental marketing:** a source of reputational, competitivde and financial advantage — JBE, v. 23, p 299-311, fev. 2000.

MÔNACO, Douglas Cláudio. **Estudo da composição dos conselhos de administração e instrumentos de controle das sociedades por ações no Brasil**. 2000. Dissertação (Mestrado). Faculdade de Economia, Administração e Contabilidade — Universidade de São Paulo, 2000.

MONKS, Robert A. G., MINOW, Nell. **Corporate governance**. 2 ed. Blackwell, 2001.

MARSHALL, Jeffrey. As board shrink, responsabilities grow. **Financial Executive**, Morristown, jun. 2001.

OECD — Organization for Economic Co-operation and Development. **Principles of Corporate Governance**, 2001. Disponível em: <http://www.oecd.org>. Acesso em: 19 mar. 2002.

PORTER, Michael. **Vantagem competitiva:** criando e sustentando um desempenho superior. Tradução Elizabeth Maria de Pinho Braga. 7. ed. Rio de Janeiro: Campus, 1992.

QUEIROZ, Patrícia. **Revista Capital Aberto**, n. 19, ano 2, mar. 2005, São Paulo.

RAPPAPORT, Alfred. **Gerando valor para o acionista:** um guia para administradores e investidores. Tradução Alexandre L. G. Alcântara. São Paulo: Atlas, 2001.

STERN STEWART & CO. **Revista Capital Aberto**, n. 19, ano 2, mar. 2005, São Paulo.

SEEMAN, Patricia. **Manage intangibles executive excellence**, 2004.

CAPÍTULO 4

Responsabilidade Social, um Problema de Todos

René Eduardo de Salomon

"Agradeço à minha devotada esposa o apoio, mesmo com o sacrifício do convívio familiar, ao grande Arquiteto do Universo, responsável por permitir a consecução desse trabalho, aos amigos que com suas palavras de incentivo permitiram que a coragem não nos faltasse e especialmente ao Prof. Edilberto Camalionte, que nos mostrou o caminho maravilhoso da transmissão do saber."

Responsabilidade Social, um Problema de Todos

As empresas estão buscando responder aos anseios da sociedade e mostram-se preocupadas em atender a uma nova ordem social, especialmente em função de um ambiente altamente competitivo.

Em conseqüência, as empresas buscam novas respostas para o conceito de responsabilidade social, dada a complexidade dos negócios, as constantes inovações tecnológicas e a velocidade das informações.

A responsabilidade social pode ser definida como o compromisso que uma organização deve ter para com a sociedade, expresso por meio de atos e atitudes que a afetem positivamente, de modo amplo, ou a alguma comunidade, de modo específico, agindo proativamente e coerentemente no que tange a seu papel específico na sociedade.

A conduta e os posicionamentos das organizações devem percorrer caminhos que vão da ética e da transparência nos negócios até as ações desenvolvidas com a comunidade ou dirigidas a ela.

Por comunidade, podemos entender os colaboradores, clientes, fornecedores, parceiros, o governo, meio ambiente e a sociedade em geral.

Vivemos num país em que impera a desigualdade de renda, prevalece uma cultura impregnada pelo imediatismo, pelo desperdício, pelo conformismo, com uma educação básica deficiente e um percentual elevado de pessoas analfabetas, exploração indevida do trabalho infantil, um governo desestruturado para a correção dos problemas sociais, tendo como conseqüência um elevado índice de desemprego e graves problemas sociais decorrentes desses fatores.

Os recursos provenientes do investimento privado ainda são incipientes. Enquanto nos Estados Unidos o percentual existente na relação entre o Produto Interno Bruto (PIB) e o investimento privado é da ordem de 6,3%, no Brasil, essa relação é da ordem de 1,5%.

Uma nova ordem social deve ser formada pelas entidades comunitárias ao lado do Estado e do mercado. A nova ordem social surge em decorrência da falência do Estado do bem-estar social, principal provedor de serviços sociais aos cidadãos.

Essa nova ordem social está caracterizada pela mudança das relações do cidadão com o governo, pelo predomínio da ação comunitária sobre a ação estatal, o surgimento de novas instituições sociais e novos canais de reivindicações sociais e o surgimento de uma nova concepção de Estado.

Capítulo 4 ▪ Responsabilidade Social, um Problema de Todos

A empresa envolvida em projetos de responsabilidade social tem ganhos em função da valorização de sua imagem, maior capacidade para recrutar novos talentos, obtém uma lealdade maior por parte dos consumidores, motiva seus colaboradores e atinge o escopo de dar à sua estratégia de negócio maior sustentabilidade e conseqüente longevidade.

Portanto, a responsabilidade social passa a compor a estratégia de diferenciação de uma empresa tendo como premissas básicas a contratação de pessoas portadoras de deficiências, atua por meio da colaboração com a comunidade nos problemas de saúde e educação, adota práticas efetivas de combate à corrupção, estabelece padrões de excelência na prestação de serviços ao consumidor e desenvolve campanhas publicitárias que respeitam os grupos excluídos da sociedade, como os idosos, homossexuais e demais grupos.

Várias causas contribuem para o crescimento das necessidades socioeconômicas; entre elas, podem ser destacadas: o fracasso das políticas sociais tradicionais, o crescimento do voluntariado, a contínua degradação ambiental, a crescente onda de violência, a expansão das organizações de cunho religioso, maior interesse da mídia para os problemas sociais e a existência de um maior número de empresas em busca da cidadania empresarial.

Segundo dados da pesquisa realizada pela Universidade John Hopkins, existe um alto índice de ocupação de mão-de-obra no Terceiro Setor.

Em oito países (Estados Unidos, Suécia, França, Alemanha, Hungria, Japão, Inglaterra, Itália), o Terceiro Setor é responsável por 4,5% dos ocupados, o que representa 110 milhões de trabalhadores.

No Brasil, estima-se um total de 600 mil pessoas trabalhando no Terceiro Setor, que somados aos voluntários perfazem 1,2 milhão de pessoas.

A gestão da responsabilidade social apresenta duas diferentes dimensões: interna e externa.

A responsabilidade social interna tem como foco o público interno, constituído pelos colaboradores da empresa e seus dependentes. A área de atuação abrange aspectos relativos à educação, aos salários e benefícios e à assistência de uma forma geral. Os instrumentos utilizados derivam dos programas de Relações Humanas e planos de previdência complementar.

O tipo de retorno oferecido através da gestão da responsabilidade social interna ocorre por meio do aumento de produtividade por parte dos colaboradores, tendo como conseqüência a apresentação de melhores resultados e garantindo a satisfação dos acionistas.

A gestão da responsabilidade social externa, tem como foco a comunidade na qual a empresa encontra-se inserida.

A área de atuação da referida gestão engloba as atividades voltadas para a educação, saúde, assistência social e ecologia.

Os instrumentos utilizados se apresentam de diversas formas: por meio de doações, programas específicos para o voluntariado, parcerias com as mais diversas entidades e aplicação de programas sociais.

O tipo de retorno colimado pela gestão da responsabilidade social externa visa a obtenção de uma imagem mais solidificada e especialmente um retorno para os *stakeholders*.

Uma pesquisa realizada pelo Instituto Ethos constatou diversos fatores que levariam as pessoas a não adquirir produtos de empresas que apresentassem uma propaganda enganosa, que oferecessem produtos causadores de danos físicos aos consumidores, que viessem a apoiar campanhas de políticos envolvidos com atos de corrupção, que empregassem mão-de-obra infantil em suas atividades, que sonegassem impostos e que subornassem os agentes públicos.

Adicionalmente, o Instituto Ethos detectou por meio de pesquisa que 51% das pessoas entrevistadas consideram a ética nos negócios a mais importante característica de uma empresa.

As novas tendências em projetos sociais levam à descentralização das diversas ações sociais, a um maior envolvimento por parte da comunidade, ao desenvolvimento de um novo modelo de assistência social, ou seja, ao estabelecimento de uma parceria com a sociedade, à implantação de programas e projetos sociais auto-sustentáveis e ao fomento ao emprego.

Portanto, o conceito de responsabilidade social deve consistir na decisão da empresa de participar de ações comunitárias na região em que está presente, buscar a preservação do meio ambiente, investir no bem-estar de seus colaboradores, criar um ambiente de trabalho saudável e transparente, dar retorno aos acionistas, garantir a sinergia de seus parceiros e, acima de tudo, garantir a satisfação de seus clientes.

Fortalecimento da Sociedade Civil

Desde a descoberta do Brasil pelos navegadores portugueses, as instituições beneficentes sempre se mostraram presentes. Marcam presença as institui-

Capítulo 4 ■ Responsabilidade Social, um Problema de Todos

ções católicas com enfoque na saúde e educação que foram, de certa forma, responsáveis pela formação de parte da elite brasileira.

Portanto, essas instituições foram praticamente as únicas responsáveis em termos de provimento de saúde e educação no Brasil.

A filantropia doméstica somente mudou a sua fisionomia com o advento da democratização, quando a sociedade brasileira, a partir dos anos 1980, passou a exercer seus direitos constitucionais suspensos pelos regimes militares.

De forma lenta e gradual, conforme expressão dos governos militares, surgiu uma irreversível consciência política, e, ao final da década, foi possível a eleição do primeiro presidente civil, decorridos 29 anos do processo ditatorial. Elegeu-se presidente Fernando Collor de Melo, cuja campanha utilizava o mote de "combate aos marajás", e propugnava o combate à ineficiência e ao nepotismo disseminado nas instituições públicas.

Com o apoio das Fundações Ford e Kellogg, a Câmara Americana de Comércio convocou um comitê integrado por empresas brasileiras e fundações corporativas, como o Banco Bradesco, Banco Iochpe, Fundação Roberto Marinho, Construtora Norberto Odebrecht, as empresas multinacionais, como Xerox e Alcoa, e as organizações como Instituto Itaú Cultural e Vitae.

A grande oportunidade para o surgimento do exercício de cidadania surgiu com a reação da sociedade civil, reativa às denúncias de corrupção, culminando com o processo de "impeachment" e conseqüente afastamento do principal governante.

O surgimento do novo cenário democrático exigia mais do que a ligação da caridade católica com ações filantrópicas, baseadas em esforços individuais e movidos pelo desejo de atender aos direitos básicos postulados por grupos de baixa renda, especialmente com relação às questões de saúde e educação.

A necessidade de uma organização civil, capaz de captar o envolvimento da comunidade como elemento integrante da cidadania, permitiu o surgimento do Grupo de Institutos, Fundações e Empresas (Gife), tendo como objetivo difundir e aperfeiçoar a aplicação dos recursos privados para o desenvolvimento do bem comum.

A criação de um Código de Ética estabelecendo padrões de conduta para os seus membros foi a primeira decisão formal do Gife, definindo o investimento social como o resultado de um posicionamento responsável e de reciprocidade com relação à sociedade.

Torna-se clara a necessidade de distinguir as ações de responsabilidade social e de marketing social, esta última com a visão calcada no lucro empresarial.

Estratégias de Diferenciação

O grande desafio do País é a extraordinária concentração de renda, e, apesar do crescimento da economia, a injusta distribuição dos recursos aumenta. Entramos no século XXI com 10% da população brasileira tendo 46,8% da renda do País, enquanto outros 20% sobrevivem com 3,6%, de acordo com dados do Instituto Brasileiro de Geografia e Estatística (IBGE).

Diante de dados tão alarmantes, as organizações da sociedade civil, empenhadas na redução das desigualdades sociais, deveriam garantir que a prática do investimento social pudesse melhorar a distribuição de renda ou, pelo menos, impedir seu agravamento.

Sob o ponto de vista ético, não é justo que o mercado e as empresas tenham proveito de suas ações sociais antes que a comunidade tenha proveito dos investimentos feitos. Por outro lado, o investidor social tem o direito de usufruir, como subproduto de seu investimento social, um valor agregado à sua imagem; ou seja, com a apropriação da mudança social por parte da comunidade, o investidor pode agregar valor à sua marca, fazendo com que a relação garanta resultados às partes de maneira equilibrada.

Outro dado significativo é o volume de recursos canalizados em atividades sociais pelo setor privado. O Instituto de Pesquisa Econômica Aplicada (Ipea) demonstrou que as três regiões mais ricas do País doaram recursos da ordem de 10% de seu produto bruto, com destaque para a região Sudeste que, já em 1998, doou em torno de US$ 2 bilhões.

Se canalizados corretamente, esses investimentos poderiam contribuir de um modo mais efetivo para uma mudança social.

Um outro aspecto a ser considerado é a estrutura fiscal existente, e de certa forma pouco amigável. É necessária a distinção entre as ações de investimento social, ou seja, de recursos privados para fins públicos, dos investimentos com características sociais voltados para interesses privados. É preciso que o governo reconheça o importante papel que as organizações da sociedade civil realizam ao longo dos anos, melhorando a qualidade de vida dos cidadãos excluídos dos direitos mais elementares.

A existência de uma atividade filantrópica, apesar da inexistência de uma política fiscal estimulante, demonstra o inegável interesse por parte do setor privado em modificar e melhorar as comunidades carentes.

Capítulo 4 ■ Responsabilidade Social, um Problema de Todos

Marco Legal das Entidades sem Fins Lucrativos

Estamos num país em que existe uma legislação complexa sobre os mais variados temas e dispositivos pertinentes às citadas entidades.

Em conseqüência, a criação e o funcionamento de uma entidade sem fins lucrativos obriga o gestor a uma compilação das diversas leis, dos decretos, das medidas provisórias, resoluções e portarias, que em cada caso exige diversos procedimentos.

Assim, surgem diversos procedimentos, muitas vezes, conflitantes para a constituição de uma fundação, já que ocorre a independência de cada Ministério Público Estadual e com a edição de resoluções diferentes em cada unidade da Federação.

As entidades públicas e privadas têm procurado solucionar a questão, já que também são escassas a doutrina e a jurisprudência sobre as entidades sem fins lucrativos.

Um exame do Código Civil brasileiro permite verificar que existem duas classes de pessoas: as pessoas físicas ou naturais e as pessoas jurídicas, ou seja, são reconhecidos pelo Estado, como entes dotados de personalidade jurídica, os seres humanos, o grupamento de pessoas físicas (sociedades e associações) e um patrimônio vinculado a determinado objetivo (as fundações).

A pessoa física, ou seja, o ser humano, adquire a personalidade civil com o seu nascimento, enquanto a personalidade jurídica só é concedida quando o Estado verifica que a entidade reúne as condições necessárias para realizar os objetivos sociais.

O Código Civil brasileiro divide as pessoas jurídicas em duas categorias: as de direito público e as de direito privado.

As de direito público são divididas em duas subclasses: as de direito público interno (União, Estados, Municípios) e as de direito público externo (os demais Estados soberanos).

Teoricamente, o que diferencia a sociedade civil sem fins lucrativos da associação é o número de pessoas e os interesses que as envolvem. Normalmente, uma sociedade sem fins lucrativos reúne um pequeno número de pessoas para atender a uma coletividade ou a um grupo determinado da referida coletividade que não os sócios, enquanto a associação normalmente é composta por um grupo maior de pessoas com o objetivo de atender aos interesses daqueles que a compõem.

Para melhor compreender os diferenciais existentes entre as três entidades, uma breve explicação:

- A sociedade civil sem fins lucrativos é uma pessoa jurídica de direito privado que se forma por meio da reunião de mais de uma pessoa, e que tem a finalidade de beneficiar outras pessoas.
- A associação é um agrupamento de pessoas, geralmente em maior número, que sempre tem como objetivo o atendimento dos interesses dos próprios associados ou de interesses destes, embora possam visar o benefício de terceiros.
- A fundação tem como característica a existência de um patrimônio que alguém separa do que lhe pertence, sempre para beneficiar outras pessoas que não o instituidor ou os administradores da entidade.

Cidadania Corporativa (A Diferença entre Investimento Social Privado e Responsabilidade Social Empresarial)

As sociedades ocidentais tendem a identificar mais fortemente direitos corporativos do que responsabilidades. Esse posicionamento está em mutação, pois se espera mais de uma empresa cidadã. A necessidade de atender a uma legislação ambiental cada vez mais rigorosa e o interesse da sociedade de como as empresas definem suas atividades e geram resultados provocam, necessariamente, uma mudança de posicionamento com relação a direitos e responsabilidades sociais.

A partir dos anos 1990, as empresas brasileiras começam a demonstrar um maior envolvimento com os aspectos sociais e a adoção de estratégias específicas decorrentes.

A mudança de postura por parte do empresariado é derivada de transformações do mercado brasileiro, bem como do cenário político-social.

Assim sendo, o surgimento de diversas leis e estatutos, tais como a Lei da Política Nacional do Meio Ambiente, o Estatuto da Criança e do Adolescente, o Código do Consumidor e a Lei Orgânica da Assistência Social, contribuíram para fortalecer a sociedade civil e a conscientizar o cidadão brasileiro para as necessidades sociais.

Capítulo 4 ■ Responsabilidade Social, um Problema de Todos

O mercado sofreu profundas transformações a partir da abertura à concorrência internacional e o processo de privatização das empresas estatais, causando uma mudança nas estratégias corporativas, especialmente na conquista do público-alvo.

Poucos assuntos têm sido tão debatidos quanto a capacidade das empresas de aliar o sucesso financeiro ao equilíbrio ambiental e à atuação social.

Assim sendo, podemos entender como desenvolvimento sustentável, de acordo com a definição proposta pelas Nações Unidas: "Atende às necessidades das presentes gerações sem comprometer a capacidade de as futuras gerações satisfazerem suas próprias necessidades".

As empresas mais importantes no mundo dos negócios passaram a incorporar o desenvolvimento sustentável em suas discussões estratégicas, da política de relações públicas e dos relatórios anuais.

É perfeitamente compreensível o referido comportamento, pois os negócios que buscam a sustentabilidade acabam sendo mais valorizados pelos governos, investidores e clientes.

O Índice Dow Jones de Sustentabilidade (DJSI) é um exemplo de como trabalhar a sustentabilidade como uma excelente oportunidade de negócios, permitindo a redução dos custos e riscos, ou permitindo a elevação de seus rendimentos e sua participação de mercado.

O referido índice lista as ações de um grupo de empresas do mundo todo que aliam a solidez financeira a uma postura de responsabilidade ambiental e social. Um aspecto a considerar é que o desempenho do índice tem sido consistentemente melhor que o apresentado pelo Índice Geral Dow Jones (DJGI).

Os acontecimentos mundiais de grande repercussão no planeta, tais como a fome avalassadora na África, a explosão do reator nuclear em Chernobyl, colocaram em evidência a necessidade de ampliar os esforços para as áreas econômicas e sociais.

Um dos índices observados com maior evidência é o da *ecoeficiência*, ou seja, um incremento cada vez maior da produtividade com o uso cada vez menor dos recursos naturais.

Um exemplo desse posicionamento é o da Natura, a maior fabricante brasileira de cosméticos, que, em 2003, aumentou 26,8% de sua produção, e o consumo de água e energia elétrica da empresa registraram uma queda de 4,5% e 9%, respectivamente.

As empresas voltadas para a ecoeficiência direcionam suas preocupações à redução dos resíduos, interpretados como sinônimos de matéria-prima desperdiçada.

No passado recente, as empresas investiam tão somente no tratamento da poluição emitida através dos canos e chaminés.

A pioneira a levantar a problemática da necessidade da observância dos princípios da ecoeficência foi a empresa norte-americana 3M, nos anos 1970. A empresa implantou processos para evitar a geração de poluentes, deixando de emitir 1,1 milhão de toneladas de poluentes, economizando, em 2004, cerca de 950 milhões de dólares.

Outras empresas, como a norte-americana Interface, a maior fabricante mundial de carpetes, recolheu de forma voluntária, nos últimos dez anos, cerca de 29 mil toneladas de produtos descartados pelos clientes. Os resíduos foram reutilizados pela empresa na produção de energia (40%) e reciclagem (52%). Os restantes 8% foram doados para ONGs por apresentarem bom estado de conservação.

O Grupo Pão de Açúcar efetuou a substituição das sacolas de compras elaboradas com material plástico por outras produzidas com materiais ecologicamente corretos.

O mesmo grupo promove reuniões periódicas com grupos de clientes, para que possam opinar sobre o atendimento das lojas.

Na União Européia, os custos de reciclagem dos produtos descartados pelos usuários de eletroeletrônicos e de automóveis correm, obrigatoriamente, por conta dos fabricantes. Na maior parte dos países, a toxicidade das pilhas e baterias obriga seus fabricantes a fazer reciclagem.

A Construção da Imagem por Meio das Relações Públicas

As empresas a utilizam na comunicação para obter a solidificação de suas marcas. No Terceiro Setor, as organizações devem estar permanentemente preocupadas com as suas marcas que funcionam como elementos representativos e identificadores das empresas.

A marca pode representar o conjunto de expectativas e percepções por parte do público-alvo, representando atitudes, estilos e valores.

Ter uma marca forte significa ter uma série de atributos positivos que acabam proporcionando melhores resultados para as organizações, principalmente em relação aos principais públicos com os quais se relacionam.

Capítulo 4 ▪ Responsabilidade Social, um Problema de Todos

As parcerias entre o governo e as empresas ficam facilitadas por meio da solidificação da marca, pois elas conquistam a simpatia para as causas que defendem, e como conseqüência captam mais recursos e obtêm com maior facilidade a adesão de voluntários, conseguindo uma maior exposição na mídia.

A Responsabilidade Social e as Empresas Exportadoras

As exportações brasileiras têm apresentado um crescimento expressivo, e o referido resultado torna-se fundamental para garantir saldos positivos na balança comercial, e para as empresas a economia de escala, resultante do referido esforço, garante uma melhoria de competitividade, apesar da complexidade crescente do mercado internacional.

Cada vez mais surgem barreiras, as quais dificultam sobremaneira a conquista dos mercados externos, pois já não é mais suficiente ter preços atrativos e a qualidade exigida pelos mercados internacionais.

Essas barreiras podem estar configuradas como medidas protecionistas pela imposição de taxas e, muito modernamente, por meio da contemplação dos princípios éticos adotados pelas empresas. Assim sendo, o mundo corporativo percebe a impossibilidade de ampliar seus negócios em outros mercados com a utilização do trabalho infantil ou a exploração de trabalho escravo.

A preocupação com a imagem projetada para o mercado faz com que as empresas, como Wal-Mart e Carrefour, deixem de manter relações comerciais com fornecedores que transgridam as regras fundamentais da responsabilidade social e da ética.

A conquista de novos mercados, especialmente por empresas sediadas em países de rica biodiversidade, estará cada vez mais comprometida com o respeito aos princípios da responsabilidade social, especialmente na conquista do consumidor consciente, como o norte-americano e o europeu.

A obtenção da cerificação com o selo FSC, da ONG Forest Stewardship Council, o qual atesta o não-envolvimento da empresa extratora com o trabalho infantil ou escravo e não atuante em áreas preservadas, tem garantido à empresa Orsa Florestal a conquista do mercado holandês.

A Orsa ocupa hoje a maior área de floresta tropical certificada do mundo, abrangendo cerca de 545 mil hectares no Estado do Pará. As espécies exportadas para a Holanda vão desde a maçaranduba até o jatobá, e por serem consideradas madeiras de alta densidade são utilizadas para a construção de diques e pontes.

Estratégias de Diferenciação

A obtenção do assim chamado selo verde garante aos produtores preços cerca de 30% acima dos produtos sem a certificação.

O mercado de produtos que colaboram para o desenvolvimento de comunidades carentes apresentou um crescimento considerável nos últimos anos. É o chamado *fair trade*, ou comércio justo.

O número de consumidores dispostos a pagar mais por produtos que comprovadamente estão voltados para o progresso de comunidades carentes vem crescendo cada vez mais.

Percebendo o grande potencial de mercado, diversas empresas, como a rede de cafeterias Starbucks e sua concorrente Dunkin' Donuts, só adquirem café de produtores certificados.

A empresa Kraft, uma das gigantes do setor alimentício, oferece ao mercado uma grande parte de sua linha com o selo do comércio justo.

A idéia do comércio justo floresceu, por volta da década de 1970, quando as organizações européias de ajuda humanitária passaram a propagar a obrigação de observar as necessidades sociais e ambientais, por meio de uma relação mais justa entre as nações mais desenvolvidas e ricas do Norte e as menos desenvolvidas e pobres do Sul.

A plataforma básica consistia na aquisição de produtos que, de alguma forma, fossem originários de comunidades carentes e que servissem para promover o desenvolvimento social e econômico delas.

O desenvolvimento do referido conceito resultou na constituição da Fairtrade Labelling Organizations (ONG FLO), sediada na Alemanha, em 1997.

A FLO estabelece os critérios para o comércio justo, possuindo uma organização independente, cuja missão consiste em inspecionar e certificar os pequenos produtores em todo o mundo.

A organização veda o trabalho forçado e as crianças só podem participar produtivamente, quando respeitadas as condições de saúde e educação.

A discussão em torno da responsabilidade da empresa privada, com relação ao bem-estar da sociedade, vem de longa data. Existe a corrente que coloca a empresa como responsável pelos impactos que provoca nas comunidades e no meio ambiente, e conseqüentemente como propulsora do desenvolvimento social.

A corrente oposta, delineada em torno do liberalismo econômico clássico, tem como base de sustentação a idéia do lucro, como missão primordial da empresa. Com a realização de lucros, seriam gerados recursos para o desenvol-

Capítulo 4 ■ Responsabilidade Social, um Problema de Todos

vimento de novos empregos, geração de renda, pagamento de impostos, ou seja, a contribuição efetiva para uma sociedade melhor e mais justa.

Um dos defensores do liberalismo econômico, o norte-americano Milton Friedman, detentor do prêmio Nobel de Economia, que em 1988, em entrevista concedida a jornalistas do Jornal Washington Post, se posicionou da seguinte forma:

> Há poucas coisas capazes de minar tão profundamente as bases de nossa sociedade livre como a aceitação por parte dos dirigentes das empresas de uma responsabilidade social que não seja a de fazer tanto dinheiro quanto possível para seus acionistas.

As duas correntes têm posicionamentos absolutamente defensáveis. Uma empresa que não gera lucros não pode promover o desenvolvimento expresso por meio de novos investimentos, geração de empregos e incremento da renda. Por outro lado, a excessiva carga tributária existente, especialmente em nosso país, exige uma postura governamental voltada para o cumprimento de suas obrigações sociais.

O próprio sistema capitalista já não suporta mais o enfoque puramente financeiro dado aos negócios, de uma forma geral, e ele espera que os envolvidos na esfera dos negócios não tenham uma visão estreita voltada simplesmente para o retorno aos acionistas.

No Fórum Econômico, realizado na cidade de Davos, Suíça, a cidadania corporativa foi um dos temas mais debatidos. Uma pesquisa realizada com os delegados participantes revelou que, para 24% deles, a reputação e a integridade da marca, para as quais a responsabilidade social contribui, têm maior valor.

A ação social das empresas pode ser entendida como uma efetiva estratégia de negócios. Uma vez incorporada à cultura da empresa, a responsabilidade social não pode ser ignorada, sob o peso de rejeição por parte de uma sociedade que preza novos padrões sociais.

Os Novos Padrões de Responsabilidade Social

Para incentivar as empresas a adotar dez princípios relacionados à defesa dos direitos humanos, das condições de trabalho, do combate à corrupção e da proteção ao meio ambiente, e por meio dos princípios promover inclusão social, foi lançado, em 1999, o assim chamado Pacto Global. Os princípios foram promulgados pelo secretário-geral da Organização das Nações Unidas (ONU), Kofi Annan, o qual desafiou as empresas a dar um passo adiante na humanização globalizada.

As empresas podem aderir ao pacto, bastando para tal expressar seu apoio à referida iniciativa por intermédio de carta dirigida ao secretário-geral da ONU. Aguarda-se por parte das empresas signatárias relatórios indicativos de suas atividades ligadas ao desenvolvimento social.

O Brasil é um dos países com um grande número de empresas que se tornaram signatárias do referido pacto. Entre as empresas signatárias encontram-se: Belgo Mineira, Petrobras, Fersol, Copel, Novartis, O Boticário e Santander Banespa.

Com o objetivo de estabelecer condições mínimas para a obtenção de um desenvolvimento sustentável global até 2015, foram lançadas, em 2000, em Nova York, as Metas do Milênio, durante a realização da Cúpula do Milênio.

As metas promulgadas abrangiam temas como a erradicação da extrema pobreza, melhoria da saúde materna, da fome e da proteção ao meio ambiente.

O Brasil foi um dos países que assumiu o compromisso de cumprimento das metas, mas os resultados foram desanimadores. Podem ser citadas as empresas Amanco, Souza Cruz e Mineração Rio do Norte como participantes do projeto.

Durante a realização da Eco-92, no Rio de Janeiro, foi firmado o documento denominado Agenda 21, para promover um novo padrão de desenvolvimento do País, da cidade, do Estado ou, até mesmo, de uma escola, por intermédio de um plano de ação composto de quatro seções, 40 capítulos, 115 programas e em torno de 2.500 ações a serem implementadas.

De acordo com o programa, uma empresa não poderá agir isoladamente, e, sim, garantir uma articulação com as organizações civis e o governo, para juntos definirem as ações a serem implementadas.

Os indicadores Ethos foram implementados em 2000 e lançados pelo referido instituto, organização voltada para a promoção da responsabilidade social empresarial.

O instituto auxilia as empresas a gerenciar os impactos sociais e ambientais por intermédio de um diagnóstico, que aborda temas como valores e transparência, meio ambiente, público interno, consumidores, clientes e comunidade.

Capítulo 4 ■ Responsabilidade Social, um Problema de Todos

O *modus operandi* consiste em responder a um questionário pela Internet, e o Instituto Ethos efetua uma avaliação, informando o desempenho da empresa em comparação ao de seus pares.

Segundo uma pesquisa realizada pelo Instituto Ethos, em 2004, abordando a reação do público-alvo com relação a um posicionamento ético inadequado, os seguintes índices foram observados e referentes a um não-retorno para novas aquisições nas empresas que:

- utilizam propaganda enganosa: 49%;
- oferecem produtos que causam danos físicos aos usuários: 43%;
- colaboram com os políticos corruptos: 42%;
- colocam as pessoas em situação constrangedora em suas propagandas: 32%;
- utilizam na produção a mão-de-obra infantil: 28%.
- empreendem com habitualidade a sonegação de impostos: 22%; e
- praticam o suborno de agentes públicos: 11%.

Em outra pesquisa, o Instituto Ethos constatou que a ética nos negócios foi considerada por 51% das pessoas entrevistadas a característica mais importante de uma empresa.

A norma ISO 14001 foi criada pela ISSO, uma ONG que atua por meio de uma rede de institutos, sendo representada no Brasil pela Associação Brasileira de Normas Técnicas (ABNT).

A norma ISO 14001 tem como escopo definir padrões para que as empresas efetuem um gerenciamento ambiental, com o objetivo de reduzir os efeitos negativos de suas atividades sobre o meio ambiente.

A empresa é submetida a uma auditoria periódica para a verificação de que as diretrizes foram incorporadas a seus processos.

A norma vem sendo observada no Brasil em cerca de 600 empresas devidamente certificadas.

Outra norma global concernente à responsabilidade social é a SA 8000, lançada, em 1997, pelo Council of Economic Priorities Accreditation Agency (Órgão Credenciador do Conselho de Prioridades Econômicas), que decorre de uma iniciativa coletiva para reunir códigos de conduta cada vez mais fragmentados e oferecer definições claras de termos concernentes aos direitos do trabalhador, incluindo as questões relativas a trabalho infantil, trabalho forçado, saúde e segurança. A necessidade de transparência nos resultados oferece a possibilidade de uma normatização dos procedimentos empresariais, criando simultaneamente um *benchmarking* universal em torno do qual as empresas definirão seus procedimentos com relação à responsabilidade social.

As normas SA 8000 constituem um código de responsabilidade social perante terceiros, com possibilidade de aplicação em todos os setores empresariais, para avaliar se as empresas e outras organizações estão cumprindo as normas trabalhistas e as de direitos humanos.

As normas SA 8000 procuram assegurar que as empresas possam desenvolver seus negócios para atingir o escopo de melhorar a saúde e a prosperidade de uma comunidade e, ao mesmo tempo, para a continuidade dos lucros.

As empresas que adotam as normas SA 8000 têm como norteamento a proteção da reputação de sua marca e a imagem da empresa.

As empresas que aderem às normas SA 8000 visam colher os seguintes benefícios:

- Aprimoramento da relação com fornecedores e terceirizados;
- Aperfeiçoamento da gestão da cadeia de suprimentos;
- Maiores garantias para seus acionistas; e
- Melhoria da comunicação.

No momento em que a empresa passa a preencher os requisitos prescritos pelas normas, obterão a respectiva certificação e o credenciamento público da correspondência aos padrões estabelecidos. As entidades credenciadas para exercer a auditoria pelo Órgão Credenciador do Conselho de Prioridades Econômicas (CEPAA) emitirão a respectiva certificação.

As convenções estabelecidas pela Organização Internacional do Trabalho (OIT), formarão a base por meio da qual as empresas serão auditadas com relação a trabalhos escravos, mão-de-obra infantil, liberdade de associação e reforçadas pelos conceitos expressos na Declaração Universal dos Direitos Humanos da ONU e da Convenção das Nações Unidas dos Direitos da Criança.

Como conseqüência, serão estabelecidos os critérios que formarão a base do julgamento das auditorias para que a empresa possa obter a respectiva certificação.

Com relação ao trabalho infantil, são levados em consideração alguns critérios básicos, e que somente com o seu integral cumprimento será possível outorgar à empresa a devida certificação, a saber:

Capítulo 4 ■ Responsabilidade Social, um Problema de Todos

1) A empresa assume o compromisso de não se engajar na utilização da mão-de-obra infantil e não apoiar sob nenhuma circunstância referida atividade;
2) A empresa adotará políticas e procedimentos para proteger e promover o processo educacional das crianças, levando em consideração a legislação local;
3) A empresa garantirá que a soma das horas destinadas ao trabalho, da escola e do transporte para as referidas atividades, não exceda a dez horas diárias;
4) As empresas devem garantir que os trabalhos não sejam realizados em locais inseguros, insalubres e que possam colocar em risco a vida e a saúde das crianças.

Apesar de o lançamento das normas SA 8000 ter sido recebido de forma entusiástica pela maioria das ONGs que operam na área de direitos humanos, com ênfase no posicionamento ético e na prática de comércio justo, houve um certo consenso na admissão de que as referidas normas seriam apenas um começo para a mudança das condições, até então existentes, do comércio mundial.

Várias empresas passaram a adotar procedimentos extremamente direcionados à responsabilidade social, como a grande distribuidora de brinquedos Toys "R" Us, a qual passou a exigir de todos os seus fornecedores a certificação pelas normas da SA 8000.

Da mesma maneira, a empresa Avon passou a fazer exigências idênticas a seus fornecedores, incluindo o direito de auditar suas fábricas.

A utilização da auditoria de responsabilidade social pode garantir alguns benefícios importantes:

- Ampliar a vantagem competitiva em relação as demais *players* do mercado despreocupado com os aspectos sociais;
- Atender às exigências dos compradores globais, obtendo como conseqüência acesso a novos mercados;
- Desenvolver uma melhoria significativa nos produtos e processos oferecidos;
- Promover por seu posicionamento um incremento no nível de satisfação de seus clientes;
- Obter um realce na marca e conseqüentemente na imagem pública;
- Promover os benefícios étnicos, ampliando as comunicações honestas e transparentes;

- A empresa obtém benefícios estratégicos com a aplicação de uma auditoria que realça os processos de gestão a curto e em longo prazo, permitindo que as alterações possam ocorrer com maior facilidade;
- A empresa obtém benefícios financeiros pela ampliação da confiança por parte dos acionistas, reduz o custo dos seguros e possibilita um acesso a recursos financeiros.

Cabe ao gestor a decisão com referência à opção mais indicada, já que não param de surgir nos princípios, normas e padrões de responsabilidade social.

As empresas buscam continuamente guias, princípios e certificações e selos que, de alguma maneira, pudessem orientar e atestar as possíveis ações e estratégias disponíveis e ligadas à responsabilidade social.

Muitas iniciativas têm sido apresentadas por órgãos ligados à ONU, demonstrando o interesse crescente das mais diversas organizações em desenvolver projetos norteados a oferecer ações voltadas à comunidade.

O surgimento de certificações, selos, princípios e normas trouxeram o desafio da escolha mais indicada para as empresas desejosas de atuar no campo da responsabilidade social.

A dúvida que assola o pensamento dos gestores se refere não somente à escolha do padrão adequado, mas, principalmente, se a referida escolha pode produzir resultados efetivos.

Um outro problema reside no fato de que a adoção de princípios ou certificados capazes de atestar a sustentabilidade do negócio não trazem lucros imediatos.

O mais importante é a formação da imagem da empresa, pois na realidade a imagem é tudo.

Na realidade, não existe uma fórmula ou uma receita capaz de equacionar todos os problemas. O empreendedor deverá formular a política de sustentabilidade com base em suas convicções pessoais.

A Declaração Universal dos Direitos Humanos da ONU e o Local de Trabalho

O contraste existente entre as populações dos países desenvolvidos e as dos chamados países em desenvolvimento faz com que surjam discrepâncias consideráveis na política de proteção às crianças. Nos países mais pobres, as crian-

Capítulo 4 ■ Responsabilidade Social, um Problema de Todos

ças são submetidas a jornadas exaustivas de trabalho, desde a mais tenra idade, não tendo acesso à assistência médica, à educação e, em grande parte, constituem a principal fonte geradora de recursos de sua família.

Organizações voltadas para a detecção dos referidos abusos, tais como Human Rights Watch e a Anistia Internacional, têm constatado uma evolução crescente dos referidos procedimentos que afrontam a dignidade humana.

Empresas de grande expressão internacional, como Nike, Reebok, Mark & Spencer, C&A, têm sido apontadas pela mídia internacional como exploradoras da mão-de-obra infantil na fabricação e aquisição de produtos derivados de esforço de trabalho infantil.

A reação das empresas foi a de negar seu envolvimento e passaram a se preocupar para que o referido procedimento não possa ser repetido.

O surgimento de eventos dessa natureza tem provocado nas empresas uma maior preocupação com as violações sobre os direitos humanos e o papel que as organizações corporativas devem assumir na direção de assegurar a implementação efetiva dos procedimentos voltados para a aplicação dos referidos direitos.

Não basta condenar os governos por não oferecer uma maior proteção às liberdades individuais, cabe também aos cidadãos um posicionamento efetivo no combate às diferentes violações.

As corporações são cidadãs e, portanto, são titulares da cidadania corporativa, o que exige um posicionamento de combate sistemático a procedimentos que venham a violentar a dignidade humana.

O sistema aberto de informações, que utiliza as comunicações via satélite e via Internet, tem permitido uma rápida propagação das violações e o conseqüente repúdio às infrações cometidas contra determinados indivíduos e grupos.

Os direitos humanos não são apenas discutidos no âmbito das nações de governos. As discussões sobre os direitos humanos se estendem a todos os locais de trabalho, uma vez que assuntos relativos à isonomia salarial, liberdade de pensamento, igualdade de oportunidades, exploração de mão-de-obra infantil, ao direito de constituir família, ao direito de reconhecimento dos sindicados fazem parte do referido âmbito.

As origens da Declaração dos Direitos Humanos, de 1948, têm suas raízes nos horrores perpetrados nas duas guerras mundiais. É bastante similar à Constituição dos Estados Unidos da América do Norte e pode, de certa forma, ser vista como uma Constituição dos Estados Unidos global, ou seja, um regulamento elaborado para os próximos 100 anos.

A criação da Organização das Nações Unidas, originária das conseqüências trazidas pela Segunda Guerra Mundial, adotou uma declaração dos direitos humanos similar à Constituição dos Estados Unidos. Vários presidentes norte-americanos fizeram com que os direitos humanos ocupassem um posicionamento central em sua política externa.

Como corolário do referido posicionamento novos espaços foram objeto de regras protecionistas como o direito ao acesso da utilização de águas e resíduos tratados, o direito a uma habitação, o direito a uma alimentação condigna, o direito à privacidade, bem como o direito das corporações multinacionais e de outras organizações que através de sua atuação ultrapassam as fronteiras nacionais, de se tornarem cidadãs corporativas e possuírem direitos e deveres similares a indivíduos com plena responsabilidade por suas decisões

Um Quadro Exploratório das ONGs no Brasil

As primeiras ONGs surgiram durante a existência dos governos militares, com a finalidade precípua de defender, na busca da redemocratização do País e especialmente na defesa dos direitos humanos. No início de sua existência, as ONGs eram praticamente desconhecidas pela sociedade e sua visibilidade ficou mais evidente a partir da Conferência do Meio Ambiente, denominada Rio-92.

Conseguir um estudo contábil a respeito da quantidade de ONGs atuantes torna-se uma tarefa extremamente difícil. A grande dificuldade deriva do fato de que a natureza do trabalho das ONGs ainda não é de domínio público, embora tenham uma presença importante no crescimento social do País. A evidência desse posicionamento se comprova por meio da quantidade e diversidade de grupos beneficiados pelas práticas providas de êxito.

Algumas ONGs se tornaram tão bem-sucedidas, que foram adotadas como políticas públicas pelo Estado e se tornaram merecedoras de diversas premiações.

Outra dificuldade constatada é referente à natureza e ao papel desempenhado pelas ONGs. Sob uma mesma nomenclatura, uma grande quantidade de entidades está posicionada com modelos organizacionais, com missões e visões diversificadas e sustentabilidade completamente diferentes.

Capítulo 4 ■ Responsabilidade Social, um Problema de Todos

Por não ter finalidades lucrativas, tendo portanto uma configuração como não-mercado, possibilitam a existência de uma grande diversidade de instituições.

Outra dificuldade reside no aspecto jurídico: a não-existência de um regulamento oficial que estabeleça os parâmetros jurídicos para a atuação das ONGs no Brasil. Elas se constituem como Associação Civil de Direito Privado sem Fins Lucrativos ou Fundação.

Com a referida configuração, podem ser encontradas diversas instituições, tais como organizações filantrópicas, clubes esportivos, associações de moradores, hospitais, partidos políticos e outras organizações de direito privado e sem finalidade de lucro.

As dificuldades em classificar as ONGs não empanam o brilho que elas têm, apresentado em benefícios a grupos específicos e em propostas alternativas para o desenvolvimento da sociedade nas quais estão inseridas.

A Associação Brasileira de Organizações Não-Governamentais (Abong) congrega um bom número de empresas, distribuídas em três diferentes categorias. A primeira dessas categorias está fundada no reconhecimento das diferenças, ou seja, para que não surja a ocorrência de atitudes discriminatórias, ou em função da religião, raça, condição física, do sexo, da idade ou em qualquer outra condição que possa estabelecer a diferenciação entre seres humanos.

A segunda categoria está posicionada na direção da conquista dos direitos de cidadania, especialmente na superação das desigualdades sociais.

A terceira categoria engloba as entidades que se preocupam com a preservação do meio ambiente, e especialmente preocupadas em preservar para as futuras gerações as diferentes formas de vida.

A existência das ONGs não elimina a existência das atividades desenvolvidas pelo poder público. Seu objetivo é identificar e analisar as causas dos problemas sociais, oferecendo, ao mesmo tempo, soluções para promover o envolvimento da comunidade.

As ONGs não têm características de universalidade, não possuem representatividade pública, não têm institucionalidade e nem recursos capazes de garantir a possibilidade de substituir o poder público.

As ONGs não são e não pretendem ser as intermediárias dos movimentos sociais, sindicais, dos partidos políticos, ou de qualquer outro movimento da sociedade civil. Na realidade, elas se constituem em fatores estimulantes de todos os movimentos por meio da sensibilização da população na direção do reconhecimento de seus direitos.

São muitos os exemplos de participação das ONGs nos diversos movimentos: na luta pelos direitos dos portadores de aids, pela proteção dos direitos das crianças e dos adolescentes, no estabelecimento da justiça no tratamento das minorias indígenas, no impulso para a direção de novos padrões educacionais, da saúde e da habitação, na valorização da cultura, na defesa dos direitos do consumidor e, de uma forma em geral, na defesa da participação dos excluídos de qualquer espécie.

O Terceiro Setor

Usualmente, é chamado de Terceiro Setor ou Organizações Não-Governamentais (ONGs) o conjunto de pessoas jurídicas sem fins lucrativos.

A classificação mais utilizada pelos teóricos para as pessoas jurídicas sem fins lucrativos é a seguinte:

1) Primeiro Setor: o Estado, entendo este como o ente com personalidade jurídica de direito público, responsável por funções públicas essenciais e indelegáveis ao particular, como a justiça, fiscalização, segurança e outras políticas públicas.
2) Segundo setor: é compreendido pelas pessoas físicas ou jurídicas de direito privado, encarregadas da produção e da comercialização de bens e serviços, tendo como objetivo o lucro ou enriquecimento do empreendedor.
3) Terceiro Setor: aquele que congrega as organizações que, embora prestem serviços públicos, produzem e comercializam bens e serviços, não são estatais, não objetivam o lucro por meio dos empreendimentos, estando incluídas nessa classificação as associações, as sociedades e as fundações.

A denominação ONGs tem sido mais vinculada às organizações que tenham suas finalidades direcionadas a questões que atinjam genericamente a coletividade, como o meio ambiente e outras situações.

O termo instituto, utilizado para identificar entidades, com a conotação de pessoa jurídica adotada por muitos, pode significar uma entidade que pode ser governamental ou privada, lucrativa ou não lucrativa.

Usualmente, o termo tem sido mais freqüentemente utilizado para identificar algumas sociedades civis sem fins lucrativos, o que pode acarretar uma certa confusão em termos de terminologia.

Capítulo 4 ■ Responsabilidade Social, um Problema de Todos

Podemos dizer que, de uma forma genérica, as entidades do Terceiro Setor ou as ONGs são pessoas jurídicas de direito privado sem fins lucrativos, sejam sociedades civis, associações e fundações, e todas podem ser denominadas institutos.

Existe um novo termo para denominar as pessoas jurídicas de direito privado sem fins lucrativos: organizações da sociedade civil de interesse público.

No entanto, alguns estudiosos do assunto querem vincular o referido termo a determinadas pessoas jurídicas, até mesmo às que não eram consideradas filantrópicas, entendidas como tal, as que não visam lucros com distribuição de bens e serviços e não cobram do usuário final ou do beneficiário o serviço prestado, mantendo suas operações com os recursos dos sócios ou associados, ou por meio de recursos públicos.

Com enfoque no referido assunto, foi promulgada pelo Poder Executivo a Lei n. 9.790/99, que classifica as entidades que podem ser reconhecidas como organizações da sociedade civil de interesse público, com o poder de firmar parcerias, administrar recursos do Erário Público, sem necessitar do reconhecimento de utilidade pública.

Como conseqüência, podem ser consideradas organizações da sociedade civil de interesse público todas as pessoas jurídicas que prestam serviços de interesse coletivo e que o fazem sem objetivar o lucro.

O papel do voluntariado

O Poder Público, com o objetivo de atender aos anseios daqueles que desejavam servir seus semelhantes sem remuneração, promulgou a chamada Lei do Voluntariado. Por meio de cinco artigos, a referida Lei serviu para regularizar as relações entre o voluntário e a entidade, bastando que exista a aplicação de um termo, o qual venha a definir com clareza a atividade voluntária, as condições em que ela será exercida e que não existam vínculos empregatícios ou obrigações trabalhistas.

Anteriormente, a aplicação da Lei do Voluntariado, a dispensa do voluntário por parte de uma entidade, muitas vezes, por mudanças na direção administrativa, produzia efeitos econômicos e fiscais, fazendo com que a entidade evitasse a aceitação de novos prestadores de serviço voluntário.

A prática da filantropia é uma questão de Responsabilidade Social, e que deve ser apreciada como uma possível solução para boa parte dos problemas enfrentados pelo Brasil. Qualquer indivíduo pode praticar a filantropia, mas certos conceitos devem ser levados em consideração, para garantir que a referida prática atinja os objetivos desejados, como:

Qualquer pessoa pode ser voluntária.

Não há necessidade de que a pessoa seja especialista em alguma coisa, basta o desejo inerente à pessoa de ajudar ou de fazer o bem a outras pessoas.

O trabalho de voluntariado é uma via de mão dupla.

A atividade de voluntariado deve ser gratificante e motivadora, com a doação de energia e criatividade. Em troca, o voluntário aprimora o relacionamento humano, aprende a lidar com diversas situações e, acima de tudo, tem a satisfação em se sentir útil.

O voluntariado é uma relação de pura riqueza.

É um contato humano em que surgem oportunidades de novos relacionamentos, aprendizado constante e, acima de tudo, a obtenção de riquezas pessoais pela prática da solidariedade.

O voluntariado exige iniciativa.

O voluntário deve ser criativo e decidido, e, se possível, deve antecipar-se às decisões, levando em consideração os procedimentos existentes na instituição na qual insere sua atividade.

O voluntariado é uma opção de vida.

Existem inúmeras formas de aplicação do trabalho voluntário. A ajuda a pessoas carentes pode ser exercida em múltiplas atividades: na área de educação, esporte, cultura, meio ambiente, lazer e tantas outras.

O voluntariado é compromisso.

O voluntário deve saber que, uma vez que tenha assumido determinada responsabilidade, essa deve ser cumprida, mesmo que a dedicação só possa ser oferecida em espaços de tempo muito reduzidos.

Capítulo 4 ▪ Responsabilidade Social, um Problema de Todos

Cada um tem seu estilo de trabalho.

Alguns trabalhos de voluntariado são preferidos por se tratar de trabalho em grupo. Certas pessoas preferem trabalhar isoladamente e todos os trabalhos têm igual valor.

Voluntariado exige qualidade.

O voluntário deve saber que sua ação demanda qualidade, ou seja, sua missão deve garantir a inserção social de pessoas que de, outra forma, jamais poderiam aspirar a qualquer benefício.

Voluntariado significa integração social.

Deve estar assegurado a todas as pessoas, sejam elas deficientes, idosas ou aposentadas, o direito de contribuir com seus valores, experiências e criatividade, compartilhando suas alegrias para aliviar o sofrimento de outras pessoas.

Voluntariado resulta em lucro comum.

A oferta espontânea da solidariedade reforça o sentimento de cidadania e a integração na sociedade, pois a ajuda para outras pessoas resulta na ajuda a si mesmo.

A ONU define o voluntariado como: "O voluntário é o jovem ou adulto que, por interesse pessoal ou espírito cívico, dedica parte de seu tempo, sem remuneração alguma, a atividades voltadas ao bem-estar social a outros campos".

A definição do Programa Voluntários do Conselho da Comunidade Solidária expressa na mesma linha de direção o conceito de voluntariado: "Voluntário é o cidadão que, motivado pelos seus valores de participação e solidariedade, doa seu tempo, trabalho e talento, de maneira espontânea e não remunerada, para causas de interesse social e comunitário".

A empresa pode ser uma fonte estimuladora das atividades de voluntariado, oferecendo espaços adequados, fortalecendo a existência de um grupo coordenador para que as ações tenham um maior alcance e possam, então, atrair um maior número de participantes.

A oferta de espaços destinados à comunicação, tais como murais e jornais internos e a disposição de oferecer aos interessados equipamentos que possam permitir o desenvolvimento das ações de solidariedade e espírito cívico, são fatores estimulantes para que mais pessoas venham a oferecer seus esforços em benefício da comunidade.

O ideal é que haja o envolvimento não só dos dirigentes da empresa, mas de todos os *stakeholders*.

A existência de um apoio às ações voluntárias não garante a constituição de um programa. Ele só começa a frutificar quando a empresa decide incorporar essa força solidária como mais um de seus projetos, passando a organizá-la e gerenciá-la com os mesmos padrões de eficácia e eficiência destinados aos demais negócios.

Para aplicação do programa de voluntariado no âmbito empresarial é necessário verificar se a organização apresenta condições internas para a referida atividade. Isso implica examinar o clima existente, situações que podem gerar conflitos, ou seja, uma análise SWOT, conhecendo os pontos fortes e fracos e analisando os riscos e as oportunidades para a aplicação do programa.

Seria paradoxo, por exemplo, falar em voluntariado numa empresa em que os acidentes sejam freqüentes em decorrência de sua atividade profissional. Da mesma forma, empresas que venham a utilizar mão-de-obra infantil e pratiquem outras formas que conflitem com a legislação trabalhista terão um clima desfavorável a qualquer aplicação de um programa de voluntariado.

A falta de um programa transparente de valorização profissional, em que não existam oportunidades de progresso ou quaisquer outras formas de estímulo à criatividade, fará com que ocorra o fracasso de qualquer atividade voltada para o bem comum.

Por outro lado, as condições externas à empresa devem ser consideradas. O reflexo das ações voluntárias em relação à comunidade do entorno exige a mesma reflexão.

Uma empresa que venha a poluir o meio ambiente, produzindo danos à saúde de uma comunidade, jamais terá o apoio necessário à consecução de objetivos sociais.

Outro aspecto a ser considerado é a sinergia com os objetivos da empresa, ou seja, se o programa de voluntariado está alinhado com a missão da empresa e os objetivos do negócio.

Um programa de voluntariado em sintonia com os valores, a missão e os objetivos da empresa passa a ter uma função estratégica, pois reforça a cultura

Capítulo 4 ■ Responsabilidade Social, um Problema de Todos

interna, amplia o alcance de suas operações percebidas pela sociedade e colabora para o fortalecimento da imagem da empresa ao seu público-alvo.

A formação de um grupo de voluntários pode ser facilitada pela criação de um núcleo inicial multidisciplinar, com o envolvimento dos departamentos de Recursos Humanos, Marketing, Produção, Financeiro e Comunicação — e deve incluir também os colaboradores de diferentes níveis hierárquicos, para garantir a pluralidade de percepções.

Para que exista uma percepção clara dos objetivos a serem alcançados, devem estar presentes os seguintes questionamentos:

- É desejável reforçar a imagem empresarial?
- De que forma nós podemos aprimorar o relacionamento com a comunidade do entorno?
- A empresa deseja projetar-se como socialmente responsável?
- A coesão interna necessita ser estimulada?
- Quais iniciativas serão incentivadas, ou a vocação será concentrada em uma só atividade?

O plano de ação deve fazer com que o grupo de trabalho procure ampliar seus conhecimentos, coletar experiências existentes sobre o trabalho de voluntariado e debater idéias e conceitos. O conhecimento pode ser fortalecido por meio da participação em seminários e cursos específicos.

Evolução do Terceiro Setor

O novo universo de atividades socioeconômicas, denominado Terceiro Setor, evoluiu fortemente nas últimas duas décadas, constituído de associações e fundações sem fins lucrativos.

Essas organizações apoiadas por indivíduos e empresas colaboram das mais diversas formas para o desenvolvimento de projetos sociais, caracterizando-se como um misto de investimento do setor privado em questões de interesse público.

O Terceiro Setor tem demonstrado um extraordinário crescimento e é objeto de debate dos demais setores, especialmente daqueles que se defrontam com os aspectos da exclusão social.

O desenvolvimento desse setor, com uma relevância econômica crescente, tem trazido preocupações de ordem legal, já que até o presente momento não existe um diploma legislativo que venha a regular as inúmeras relações decorrentes das atividades empreendidas pelos organismos sociais.

Um dos documentos resultantes das preocupações sociais foi elaborado, em 1990, e denominado Estatuto da Criança e do Adolescente (ECA), o qual, por intermédio de incentivos fiscais, procura viabilizar a prática de políticas públicas para a proteção das crianças e dos adolescentes.

Os contribuintes do referido projeto adquirem o direito de deduzir de suas declarações do Imposto de Renda a totalidade das doações feitas aos Fundos dos Direitos da Criança e do Adolescente, mantida a obediência aos limites legais estabelecidos (1% para as pessoas jurídicas e 6% para as pessoas físicas).

Posteriormente, outras leis surgiram, e com destaque especial às voltadas à proteção dos projetos culturais. Um dos exemplos mais proeminentes é a chamada **Lei Rouanet**, a qual permite que as entidades sem fins lucrativos captem recursos na iniciativa privada, por meio de projetos culturais previamente submetidos ao julgamento do Ministério da Cultura.

De acordo com a referida Lei, a empresa contribuinte pode considerar despesa operacional todos os valores destinados, a título de doação ou de patrocínio, aos projetos que tenham tido aprovação prévia do Ministério da Cultura.

Uma parte desse valor poderá ser objeto de dedução para efeito do Imposto de Renda devido pela pessoa jurídica, sendo 30% no caso de patrocínio e 40% no caso de doação, limitada a 4% do Imposto de Renda, excluído o adicional.

Em 1995, foi editada a Lei número 9.249, que estabelece os parâmetros para a dedutibilidade das despesas com as doações da base de cálculo do Imposto de Renda da pessoa jurídica tributada pelo lucro real. O referido benefício é concedido às empresas que venham a fazer contribuições às instituições de ensino e pesquisa e às organizações sem fins lucrativos, portadoras do Título de Utilidade Pública Federal, ou que tenham obtido a qualificação de Organizações da Sociedade Civil de Interesse Público.

Posteriormente, em 1998, foi promulgada pelo Congresso Nacional a Lei número 9.608, mais conhecida como a Lei do Voluntariado, a qual estabelece normas relativas ao trabalho voluntário.

O grande benefício trazido pela Lei do Voluntariado foi o reconhecimento jurídico das atividades do voluntariado. Com a definição legal do trabalho voluntário, os aspectos de sua natureza jurídica, as regras relativas aos direitos e deveres do voluntariado ficaram delimitados os limites da atuação da referida atividade.

Capítulo 4 ■ Responsabilidade Social, um Problema de Todos

Praticamente um ano após a promulgação da Lei do Voluntariado, foi editada a Lei de número 9.790, conhecida como a Lei das Organizações da Sociedade Civil de Interesse Público (Oscip) e como O Marco Legal do Terceiro Setor.

O grande mérito da Lei das Oscip foi trazer algumas inovações que incentivaram, de forma bastante acentuada, o crescimento do Terceiro Setor, com a simplificação de diversos procedimentos para o reconhecimento institucional das entidades com pretensões de qualificação perante o Poder Público.

O estabelecimento da referida Lei trouxe um regime jurídico diferente, inovador, provido de conceitos como transparência, legalidade, moralidade e publicidade.

A Lei das OSCIP inovou também ao criar o Termo de Parceria, o qual abrange em seu conceito os acordos a serem firmados entre o Poder Público e as entidades da Sociedade Civil.

A nova categoria jurídica trouxe à baila novos posicionamentos, como a criação do Conselho Fiscal para controle interno, remuneração dos dirigentes, obrigatoriedade da feitura de um relatório de atividades e demonstrações financeiras.

Essas medidas fortaleceram os conceitos de profissionalismo, tendo como decorrência o aumento da credibilidade e da confiabilidade das organizações que compõem o Terceiro Setor.

A necessidade de amparo legal diante da evolução do Terceiro Setor torna-se uma preocupação constante da sociedade moderna, e o novo Código Civil dedica um capítulo específico às associações.

O marketing a serviço do Terceiro Setor

> O bom nome, para o homem e a mulher, é a jóia de maior valor que se possui. Quem rouba a minha bolsa me desfalca de um pouco de dinheiro. Mas, quem surrupia meu bom nome tira-me o que não o enriquece e torna-me completamente pobre. (William Shakespeare, em Otelo.)

Os profissionais que atuam na área de marketing costumam dizer que existem apenas dois tipos de organizações: as que utilizam as ferramentas de marketing e as que morreram. Muitas organizações que atuaram no Terceiro Setor, cujos trabalhos tiveram resultados relevantes, deixaram de existir apesar da abnegação e da seriedade com que procuraram atingir seus propósitos.

A atuação de alguns mantenedores e dirigentes inspirados simplesmente na vocação e direcionados unicamente para a filantropia faz com que se esqueçam de que a existência de boa vontade, persistência e *expertise* não é condição suficiente para garantir a perenidade das organizações voltadas ao trabalho social.

É preciso que as organizações adotem um planejamento estratégico, pautado em uma efetiva política de marketing, com a finalidade de garantir uma maior visibilidade às causas que escolheram desenvolver e, especialmente, à edificação de marcas sociais respeitadas.

Assegurada a visibilidade, amplia-se a possibilidade de obtenção de apoio do governo ou das empresas e também da sociedade em geral.

O processo de globalização exige das organizações sociais a capacidade de competir não só no âmbito local, como também no ambiente internacional. Em conseqüência, os dirigentes dessas organizações devem aprimorar os seus conhecimentos de marketing, administração, tecnologia da informação e a sua necessidade de prover com soluções criativas a sustentabilidade das organizações que dirigem.

A definição de um planejamento estratégico leva a um questionamento capaz de estabelecer os caminhos a serem percorridos para atingir os objetivos a saber:

- Quem somos?
- Qual é a nossa missão?
- Para que existimos?
- A quem vamos beneficiar?
- Onde pretendemos chegar nos próximos anos?
- Que valores nós pretendemos defender?
- Qual será o ambiente no qual pretendemos atuar?
- O que devemos corrigir em nossa atuação?
- Qual deverá ser o nosso posicionamento?
- Quais serão os recursos necessários?
- Como poderemos efetuar as captações necessárias?
- Quais os recursos necessários para a manutenção da organização?
- Quais são nossos diferenciais competitivos?
- Quais parcerias podem dar suporte à causa?

Não há condição de sobrevivência nos mercados de grande competitividade, e o marketing permite a compreensão das forças e o comportamento do mercado, a visão para parcerias e patrocínios e o desenvolvimento de produtos e serviços

Na realidade, o marketing permite, por meio das ferramentas disponíveis, satisfazer as necessidades e os desejos de pessoas, grupos de pessoas, empresas e organizações com a oferta de produtos e serviços que venham a preencher os referidos requisitos.

Philip Kotler, autor consagrado e um dos expoentes do marketing moderno, define o marketing como a análise, a organização, o planejamento e controle dos recursos da empresa gerados em relação ao consumidor, com o objetivo de satisfazê-lo de forma lucrativa.

Ao gestor de marketing cabe a escolha das ferramentas de marketing que possam assegurar à organização a melhor relação de custo–benefício.

No caso das instituições do Terceiro Setor existe a exigência do estudo das necessidades de mercado, do planejamento de produtos e serviços adequados, da formulação de preço e da estratégia de comunicação capaz de motivar os diversos públicos, sejam eles parceiros, doadores, voluntários, empresas e órgãos do governo.

Portanto, é de importância fundamental que os conceitos de marketing sejam utilizados pelas organizações do Terceiro Setor, independentemente de seu porte, de sua finalidade, atividade ou dos princípios que as nortearam.

Aplicação do planejamento estratégico no Terceiro Setor

A falta de investimentos e investidores, e as oscilações da economia que afetam o mercado de uma forma geral, são problemas comuns que exigem dos gestores das organizações sociais uma velocidade de reação gerencial, que por sua natureza obrigam a uma velocidade de reação gerencial que, em muitos casos, fica comprometida diante da exigüidade do tempo disponível.

Em conseqüência, ocorre uma dificuldade para reflexão a uma possível alteração dos rumos da organização e de seus objetivos.

A competitividade das organizações nacionais não tem apresentado os mesmos níveis de crescimento de países como a China e a Índia, os quais têm tomado um espaço crescente no mercado mundial de bens e serviços.

A necessidade da utilização de ferramentas de gestão competitiva leva, necessariamente, a uma mudança na mentalidade dos dirigentes, reformulação da cultura das empresas, discussão de metas, montagem de cronogramas, no estabelecimento de parâmetros de *performance* e na documentação dos trabalhos executados.

Mesmo sem fins lucrativos, as entidades do Terceiro Setor devem trabalhar com métodos de gestão que ajudem os envolvidos no processo a criar determinado valor, o qual deve ser agregado aos que serão ajudados.

O questionamento estratégico é o passo inicial para um processo de planejamento, e ele envolve a seguintes perguntas:

- Em que tipo de negócio estamos?
- É realmente nesse negócio que devemos permanecer?
- Quais são as outras possibilidades?
- Existe a possibilidade de manter o negócio existente e paralelamente desenvolver novos negócios?
- Como podemos fazer para renovar, garantindo um crescimento da organização?

O processo de gestão das empresas do Terceiro Setor, as levam a estabelecer diferentes padrões de atuação, influenciados pelo grau de mudança a ser atingido, a projeção das relações de causa e efeitos decorrentes da referida mudança e o cálculo das diversas alternativas operacionais.

Os processo de gestão adotam como ferramentas de avaliação quantitativa, as planilhas eletrônicas ou integradas.

As alternativas disponíveis permitem uma escolha mais precisa dos padrões de atuação através do emprego de cálculos probabilísticos.

Estes procedimentos garantem aos gestores a escolha mais adequada da estratégia operacional a ser adotada.

Por sua própria natureza, o processo de planejamento tende a fornecer um número variado de alternativas a serem gerenciadas.

Vários cenários podem surgir para cada tipo de negócio dentro da mesma instituição, criando uma seqüência flexível de planejamento operacional, possibilitando um processo decisório mais acurado diante do ambiente existente.

O processo de monitoramento é imprescindível para a detecção e correção das possíveis falhas na concepção do plano.

Assim sendo, por meio do monitoramento, vão ser justapostos os dados referentes aos dados contábeis comparados aos orçados. Por outro lado, a análise permitirá o reagrupamento e a identificação de todas as correlações.

Uma especial atenção deverá ser dada ao processo de comunicação, visando atingir de forma efetiva os interessados e avaliando a percepção deles.

Capítulo 4 ■ Responsabilidade Social, um Problema de Todos

O planejamento deverá permitir a revisão das alternativas adotadas e a possibilidade de refazer ou cancelar as ações adotadas.

Os diferentes posicionamentos: investimento social privado e responsabilidade social empresarial

A partir da década de 1980, e com maior ênfase a partir dos anos 1990, as ações sociais das empresas sofrem considerável alteração, passando de um comportamento puramente assistencialista a um posicionamento assentado sobre uma política estratégica.

A mudança de comportamento no cenário empresarial decorreu das profundas alterações ocorridas no cenário político-social brasileiro.

As alterações na legislação e o surgimento de diversos estatutos e regulamentos, tais como o Estatuto da Criança e do Adolescente; o Código do Consumidor; a Constituição de 1988; a Lei Orgânica da Assistência Social e a Lei de Política do Meio Ambiente, trouxeram uma nova concepção e forma de importância vital para a sociedade civil organizada, possibilitando uma participação mais efetiva do cidadão brasileiro, especialmente no que tange à sua consciência social e aos seus padrões de exigência.

A conquista do consumidor levou as empresas a incorporar em suas estratégias de negócios a participação nas comunidades, por meio de investimentos com cunho social.

O envolvimento do setor privado, por meio de ações sociais, tem recebido as mais diferentes titulações, tais como cidadania empresarial, empresa cidadã, filantropia empresarial, e utilizadas com semelhante significado, como se todas apresentassem o mesmo fenômeno.

Com o envolvimento da comunidade, interessada em incorporar à cidadania as ações filantrópicas, surgiu a formalização do Grupo de Institutos, Fundações e Empresas (Gife), tendo como finalidade aperfeiçoar e divulgar conceitos e práticas no uso de recursos privados destinados a promover o desenvolvimento social.

A diversidade das ações adotadas levou o Gife a distinguir dois diferentes conceitos: responsabilidade social empresarial e investimento social privado.

A denominação responsabilidade social empresarial se refere ao processo de gestão empresarial em sua essência. Ela se traduz pela forma como uma organização empresarial conduz seus negócios para se tornar parceira e co-responsável pelo desenvolvimento social, tendo como parâmetro os conceitos desenvolvidos pelo Instituto Ethos de Responsabilidade Social.

A empresa, no relacionamento com os diversos públicos, como governo, fornecedores, sociedade, colaboradores e meio ambiente, deve observar os preceitos éticos da responsabilidade social, uma vez que seu posicionamento poderá lhe garantir um posicionamento mais favorável na conquista de determinado mercado.

Nos dias atuais, em que a competição se torna cada vez mais acirrada, uma empresa que não venha a se preocupar em oferecer condições saudáveis de trabalho a seus colaboradores ou não evitar ou minimizar os efeitos danosos sobre o meio ambiente, está fadada a ver seus produtos ou serviços rejeitados pelo seu público-alvo.

Na escolha das marcas de sua preferência, o consumidor está cada vez mais atento a seu significado ético. Como conseqüência, é preciso analisar a origem e o fim dos recursos no processo de responsabilidade social empresarial, e teremos nitidamente o uso de recursos privados para fins privados.

Existe uma outra lógica em determinado aspecto da responsabilidade social, ou seja, o investimento na comunidade que o Gife nomeia como investimento social privado e o define como a utilização planejada e voluntária dos recursos privados em projetos de interesse público. Nesse caso, ocorre o uso de recursos privados para fins públicos.

O Gife, em 1995, já explicitava em seu Código de Ética a diferença entre o investimento social privado e o cumprimento de outros itens da responsabilidade social. O texto do Gife define claramente: "Os conceitos e a prática do investimento social defendidos pelo Gife derivam da consciência da responsabilidade e da reciprocidade para com a sociedade, assumida livremente por empresas, fundações ou institutos associados, e são de natureza distinta e não devem ser confundidas nem usadas como ferramentas de comercialização de bens tangíveis e intangíveis (fins lucrativos) por parte da empresa mantenedora, como são, por exemplo, marketing, promoção de vendas ou patrocínio, bem como políticas e procedimentos de recursos humanos".

A importância do balanço social

Existem diferentes conceitos sobre o balanço social, derivados das mais diversas correntes de pensamento, cada um deles procurando exprimir os pontos de vista sob os prismas de ordem técnica, política, social e legal.

Capítulo 4 ■ Responsabilidade Social, um Problema de Todos

Existe um consenso de que o balanço social não é apenas uma peça componente da estratégia de comunicação da organização, mas também uma demonstração, a todos os interessados, da utilização dos diversos recursos na produção dos benefícios sociais.

O balanço social deve exprimir, além dos aspectos sociais, os resultados empresariais, já que se trata de uma demonstração econômica e financeira aliada a um panorama social.

As empresas de caráter público visam suprir as necessidades básicas de determinada comunidade, previstas pela legislação, tais como saúde, educação, transporte, cultura, entre outras.

A análise social, oferecida por meio do chamado balanço social, informando à comunidade os principais indicadores de cunho social e demonstrando aos interessados quais os benefícios diretos e indiretos que estão sendo proporcionados, permite o acompanhamento da situação econômico-financeira da organização.

O balanço social é na realidade um importante instrumento auxiliar na divulgação do *status* econômico de uma organização e um elemento complementar às demonstrações financeiras determinadas pela legislação em vigor.

A evolução de pensamento quanto ao uso da riqueza, com a finalidade de atender ao bem-estar social e, ao mesmo tempo, assegurar a transparência das informações de caráter público, tem origem na Alemanha, fortemente influenciada pelo movimento trabalhista de 1920.

As demais correntes européias, que apregoavam a necessidade de uma elevação na qualidade de vida dos menos afortunados, traziam à baila os conflitos de opiniões com relação ao acúmulo da riqueza por parte das empresas.

Os anseios das sociedades em melhorar o padrão de vida dos trabalhadores, os quais tinham um tratamento semelhante aos dos escravos, ocorria em face do prevalecimento do interesse das empresas em detrimento dos anseios sociais.

Naquela ocasião, não havia a percepção da sociedade com relação ao papel exercido pelas empresas nas comunidades.

A partir desse contexto, fortaleceu-se o conceito da importância do ambiente externo influenciado pelas ações das empresas, por meio dos produtos ou serviços oferecidos, bem como pela postura com relação ao papel que essas empresas representavam na comunidade.

Nos tempos atuais, com a globalização dos mercados e a menor influência das barreiras comerciais e sociais, torna-se cada vez mais importante a obrigação da empresa em prestar informações à comunidade, com o reconhecimento da relação de dependência entre a organização geradora da riqueza e a sociedade que sacia suas necessidades por meio dela.

Existe, portanto, uma estreita relação entre o capital e o trabalho, em que os traços sinérgicos da referida dependência se entrelaçam, fortalecendo a produção e ocasionando o progresso das nações.

A sinergia existente diz respeito à sociedade, aos empresários e capitalistas, criando a responsabilidade por parte dos dirigentes, especialmente das entidades públicas, de exercer uma gestão pautada pela eficiência e eficácia das empresas, para que elas possam oferecer proveito social à comunidade.

No Brasil, a experiência relativa ao balanço social é, de certa forma, recente, uma vez que as ações mais objetivas com relação ao assunto ocorreram a parir de 1997.

Naquele ano, os empresários discutiram programas de ação e resolveram apresentar sugestões com relação aos aspectos quantitativos e qualitativos, provenientes das atuações empresariais, e especialmente ao papel desempenhado pelas empresas em suas relações com as comunidades em que estavam inseridas.

As deputadas Sandra Starling, Marta Suplicy e Maria da Conceição Tavares, em maio de 1997, procuraram oficializar por meio de um projeto de lei a adoção do balanço social por parte das empresas.

De acordo com o projeto, as empresas privadas com mais de 100 colaboradores deveriam obrigatoriamente apresentar um balanço social em todas as empresas públicas.

As justificativas para o projeto se baseavam em fortalecer a consciência das organizações quanto à sua responsabilidade na preservação do meio ambiente e à utilização dos recursos provenientes dos lucros em programas que redundem em benefício dos próprios colaboradores, bem como dos demais setores sociais. O projeto nunca foi votado no Congresso Nacional.

De maneira sintética, o projeto formulava:

> A atuação social de uma empresa deve ser refletida documentalmente, com a exposição da qualidade de suas relações com os colaboradores, o cumprimento das cláusulas sociais, a participação dos colaboradores nos resultados econômicos da empresa e as possibilidades de desenvolvimento pessoal, bem como a forma de sua interação com a comunidade e sua relação com o meio ambiente.

Capítulo 4 ■ Responsabilidade Social, um Problema de Todos

Dois fatores alteraram o posicionamento da sociedade com relação à responsabilidade social: o lançamento do Código do Consumidor, criando a noção de responsabilidade social e a implementação dos programas de qualidade, que funcionaram como uma declaração de reconhecimento de responsabilidade.

Ainda é pequeno o número de empresas que adotou a prática de divulgar dados operacionais, e as que o fazem procuram cumprir simplesmente com as obrigações legais.

O balanço social deve oferecer informações que tenham relação direta com os programas desenvolvidos pela empresa e demonstrar à sociedade quais os benefícios proporcionados pelas ações sociais desenvolvidas por essas empresas.

Algumas questões devem ser colocadas em evidência:

- Quais são os serviços prestados à sociedade?
- Quais são os programas desenvolvidos?
- Quais os benefícios oferecidos aos colaboradores?
- Qual é a missão da empresa?
- A empresa foi constituída com que finalidade?
- Os objetivos sociais estão sendo atingidos?

A publicação do balanço social oferece às empresas uma maior transparência e serve também como uma importante ferramenta de gestão, especialmente oferecendo dados que permitam o esclarecimento com referência a metas atingidas, de que forma serão direcionados os investimentos e que novos serviços poderão ser oferecidos à sociedade.

Fundação Abrinq pelos direitos da criança e do adolescente

O Terceiro Setor tem procurado destacar as empresas que se preocupam com a responsabilidade social por meio de premiações, e existem exemplos que merecem destaque e que consagram a atuação das empresas voltadas ao universo das crianças e dos adolescentes.

A Fundação Abrinq instituiu o Prêmio Criança e o selo Empresa Amiga da Criança com a função de reconhecer as atuações que contribuem para a proteção e o amparo das crianças e dos adolescentes.

O selo foi criado em 1995, e aproximadamente mil empresas obtiveram a permissão para utilizar o referido destaque em seus produtos e peças publicitárias. Ao mesmo tempo, as empresas assumem o compromisso de não empregar mão-de-obra infantil e de investir em projetos sociais destinados à infância.

A obtenção do respectivo selo se processa no momento em que uma empresa adota o princípio de não empregar mão-de-obra infantil e exerce alguma atividade que venha a apoiar alguma iniciativa em prol das crianças e dos adolescentes.

Uma vez comprovada a atuação da empresa, a equipe da Fundação Abrinq analisa os dados e o responsável legal pela empresa assina o termo de compromisso, composto por dez itens, e a permissão para utilizar o selo Empresa Amiga da Criança em seus produtos e peças publicitárias.

Ao assumir o compromisso de não empregar mão-de-obra infantil e investir em projetos sociais destinados à infância, a empresa também assume compromissos adicionais, tais como: não empregar adolescentes de 16 a 18 anos em atividades noturnas, perigosas ou insalubres; fornecer aos filhos dos funcionários da empresa uma creche ou um auxílio-creche; orientação aos funcionários para efetivarem o registro de nascimento dos filhos; orientação e certificação dos filhos de funcionários com relação à matrícula na escola; incentivar as funcionárias a efetuar o exame pré-natal e todos os exames necessários; estimular o aleitamento materno por parte das funcionárias até os seis meses de idade; adotar as medidas de sanção comercial contra empresas que estejam comprovadamente utilizando mão-de-obra infantil e contribuir para o Fundo de Direitos da Criança e do Adolescente.

A contribuição para o Fundo de Direitos da Criança e do Adolescente está amparada por uma lei de incentivo fiscal municipal prevista no Estatuto da Criança e do Adolescente (ECA).

A contribuição da empresa equivale a 1% do imposto de renda devido, e, em cada cidade, o Fundo é gerenciado por um conselho integrado por membros do governo e da sociedade civil, que determina o destino da verba.

Quando o selo Empresa Amiga da Criança foi criado, em 1995, a Fundação Abrinq cobrava apenas três compromissos das empresas dispostas a utilizar a referida distinção: **dizer não ao trabalho infantil, investir em projetos e divulgar a referida iniciativa entre funcionários, fornecedores e clientes.**

A fiscalização da aplicação dos princípios por parte das empresas é feita pelos próprios funcionários das organizações amigas da criança, pelos clientes e pelas autoridades.

Capítulo 4 ■ Responsabilidade Social, um Problema de Todos

Inclusão de pessoas portadoras de deficiência

O vocábulo inclusão tem sido utilizado com bastante freqüência e aplicado a diferentes parcelas da população, como idosos, mulheres, crianças, adolescentes e negros, anteriormente consagradas com a denominação de minorias sociais.

O termo inclusão dificilmente tem sido estendido aos portadores de deficiência, embora sua representação seja bastante significativa, ou seja, cerca de 25% da população total.

A não-presença desse segmento da população nos espaços sociais torna necessário um posicionamento urgente para a criação de condições favoráveis à sua inclusão.

As causas das deficiências são as mais variadas e podem se originar de problemas genéticos, acidentes, doenças, violência urbana, condições sociais e ambientais precárias.

Um outro aspecto a ser considerado é o caráter democrático da deficiência, uma vez que atinge todas as idades, todos os sexos, todas as etnias, raças e pessoas nas mais diversas categorias socioeconômicas.

O mais grave é que a deficiência é encarada pela sociedade com posicionamentos preconceituosos, com conseqüente discriminação aos portadores de deficiências, de certa maneira, expressa de forma velada, o que reforça ainda mais o caráter de exclusão.

Uma das ferramentas mais efetivas que pode oferecer uma perspectiva para alterar o referido posicionamento discriminatório da sociedade é a informação.

Por acreditar no poder da comunicação, a Universidade de São Paulo (USP) implantou a Rede Saci, sigla que significa Solidariedade, Apoio, Comunicação e Informação, em agosto de 1999, em parceria com a Universidade Federal do Rio de Janeiro (URFJ), a Rede Nacional de Ensino e Pesquisa (RNP) e o Instituto de Estudos e Pesquisas Amankay.

A Rede Saci chamou para si a incumbência de divulgar permanentemente informações sobre a deficiência, com a finalidade de provocar a inclusão social e digital, tendo como conseqüência a melhoria da qualidade de vida e o exercício da cidadania das pessoas portadoras de deficiência.

O problema da deficiência foi tratado durante um longo período como um problema pertinente à pessoa e à sua família, e até mesmo circunstanciado sob o aspecto religioso.

Estratégias de Diferenciação

Com o passar dos anos, o cenário existente vem sendo alterado e a sociedade tem-se posicionado em considerar que a inclusão dos deficientes físicos é um direito que vem evoluindo passo a passo.

Na realidade, o problema da inclusão dos deficientes físicos faz parte do compromisso ético de reduzir a desigualdade social e oferecer um espaço para o desenvolvimento das potencialidades mais representativas do referido segmento.

No entanto, para que ocorra a integração na sociedade, surgem duas vertentes importantes que demandam atenções específicas: Educação e Trabalho.

Essas duas áreas estão intimamente ligadas, pois a educação é necessária para a obtenção de uma qualificação ao trabalho, e para garantir um bom desempenho torna-se imprescindível a formação por meio da educação.

A mudança de postura da sociedade fica evidenciada pela aceitação das pessoas com deficiência física em diversos ambientes escolares, cultivando a convivência e o respeito às diferenças.

Por outro lado, as empresas começam a entender a importância do aproveitamento da mão-de-obra composta por pessoas portadoras de deficiência física, atualmente amparadas por legislação específica.

A deficiência é um assunto complexo, porque cada pessoa é um universo único, com diferentes necessidades. As organizações precisam estar atentas às necessidades dos colaboradores deficientes e dos clientes deficientes.

Uma pessoa é deficiente quando apresenta um impedimento físico ou mental, causador de um efeito adverso substancial e de longo prazo sobre a capacidade de executar uma tarefa ou executar as tarefas do dia-a-dia.

O número de pessoas portadoras de deficiência cresce rapidamente, especialmente como conseqüência do envelhecimento da população. A discriminação contra os deficientes vem diminuindo de intensidade, e, ao mesmo tempo, a legislação contra a discriminação vem sendo fortalecida.

Alguns dados sobre a deficiência impressionam sobremaneira; na Europa, mais de 50 milhões de pessoas apresentam deficiências, equivalendo à população da Dinamarca. Nos Estados Unidos, o número de deficientes atinge a cifra de 45 milhões de pessoas, e a IBM efetuou um cálculo do potencial de mercado de produtos para o referido segmento da ordem de US$ 100 bilhões por ano.

No Reino Unido, um entre quatro clientes potenciais é deficiente ou possui em seu círculo mais íntimo alguma pessoa com deficiência.

Para atrair clientes portadores de deficiência, as empresas têm treinado seus colaboradores para tratar de maneira adequada os clientes com necessidades especiais.

Estatísticas norte-americanas demonstram que apenas 17% das pessoas portadoras de deficiência nasceram deficientes, e a maioria dos fatos causadores de deficiências ocorre durante a atividade profissional.

As empresas, de uma maneira geral, têm procurado reter os funcionários que se tornaram portadores de deficiências no ambiente de trabalho em função dos altos custos representados pelas aposentadorias.

A contratação de pessoas com deficiência pode contribuir para uma melhoria da imagem da empresa, assim como poderá ocorrer uma reação adversa quando uma organização discrimina pessoas portadoras de deficiência.

As instalações dos prédios do futuro levarão em consideração a acessibilidade a todos os clientes e colaboradores.

Três quartos das empresas fabris norte-americanas, especialmente na área de tecnologia e comunicação, empregam pessoas deficientes, e 87% das empresas que contrataram pessoas portadoras de deficiência encorajaram outras empresas a adotar o mesmo procedimento.

Aproximadamente 90% dos empregadores e colaboradores entrevistados estavam extremamente satisfeitos com a atuação dos funcionários deficientes que se posicionaram a favor da contratação de um número maior de colaboradores com deficiência.

Preconceitos contra a orientação sexual e a idade

Existe na sociedade brasileira um forte preconceito com relação a contratação de pessoas a partir dos 40 anos de idade, embora existam comprovações de que as referidas pessoas mostram maior dedicação e se sentem realizadas quando podem apresentar seus predicados profissionais.

A legislação brasileira não oferece o amparo necessário para proteger e garantir o acesso ao mercado de trabalho, especialmente dos integrantes do grupo denominado da terceira idade.

A discriminação ocorre também em países supostamente mais avançados, como o Reino Unido, no qual quatro entre cinco pessoas com mais de 50 anos de idade acreditam que foram rejeitadas em função de sua idade. Como 40% da população do Reino Unido têm 45 anos ou mais, o problema se apresenta com cores bastante dramáticas.

Com relação à orientação sexual, as mudanças se processam com muita lentidão, especialmente quanto à questão relativa à igualdade de oportunidades.

Avaliação do risco e retorno dos projetos sociais

Todo investidor é por natureza extremamente seletivo e, por conseqüência, cuidadoso com seus investimentos. Antes de tudo, ele se preocupa com a solidez da instituição que deverá receber o investimento e efetua uma análise dos ativos que compõem a carteira do investimento, sua liquidez e seu risco.

Com base nessas premissas, e especialmente com o estabelecimento do objetivo a ser alcançado, por meio da taxa de retorno, o investidor efetua a escolha para o direcionamento de seu investimento.

Mesmo no caso de investimentos dirigidos a aspectos sociais, os investidores realizam os mesmos procedimentos. A racionalidade e o planejamento prevalecem na decisão em efetivar uma doação, embora existam fatores emocionais que influenciam as decisões dos investidores.

A preocupação em transformar as ações sociais em resultados efetivos, que predomina tanto nas empresas como nas pessoas, esbarra em determinadas dificuldades.

A primeira delas é imaginar que a ação social se extingue quando os recursos são enviados para as organizações que deles necessitam.

O fato de conhecer a entidade para a qual deverão ser destinados os recursos não é o mesmo que saber de que maneira os recursos serão aplicados.

Na realidade, existem dois comportamentos distintos: o comportamento do doador se configura no momento em que envia o recurso a uma entidade, e o comportamento do investidor se materializa por meio do conhecimento a respeito da maneira como o recurso foi empregado e os resultados decorrentes.

O volume de solicitações, por parte das diversas instituições sociais, é revestido do caráter de urgência e com posicionamentos meritórios, fazendo com que os doadores efetuem a sua colaboração de forma casuística e pontual.

Boa parte das ações é feita com freqüência, de forma diluída, para atender aos apelos das mais diversas entidades, e o resultado desse comportamento faz com que o investimento se torne pouco efetivo por estar diluído. Por outro lado, o doador acaba não percebendo os resultados de sua colaboração e pode causar um desestímulo a novas doações.

Uma outra dificuldade consiste na avaliação, por parte do doador, da capacitação técnica. A maior parte das instituições que recebem os diferentes recursos é competente com relação à causa, mas, na maioria dos casos, elas não apresentam a mesma competência quanto a gestão dos recursos.

Capítulo 4 ■ Responsabilidade Social, um Problema de Todos

O importante é que haja uma mudança no comportamento do investidor corporativo ou individual, evitando o foco único e exclusivo na causa, mas apoiando a instituição beneficiada pela sua atividade gerencial. Dessa forma, os investidores estarão não só protegendo seu próprio investimento, mas também auxiliando outros investidores a se sentirem mais seguros na doação de recursos a essas entidades.

Nos dias atuais, os investidores de todo o mundo observam os aspectos qualitativos da entidade nos mesmos moldes de uma análise financeira, compreendendo o planejamento estratégico, a captação dos recursos, a estratégia de comunicação e o gerenciamento dos projetos, entre outras coisas.

Os investidores sociais têm a obrigação de questionar os aspectos relativos à liquidez do projeto, os riscos envolvidos, o prazo e a taxa de retorno do investimento, bem como responder por eles

Segundo os estudiosos, o investimento social apresenta características específicas.

A primeira característica é a de ser impulsionadora, ou seja, ter a capacidade de acelerar um processo, facilitando a obtenção dos resultados, de uma forma mais rápida, mesmo que o projeto seja de longo prazo.

A segunda característica é a capacidade de provocar mudanças efetivas. Um exemplo de projeto contendo a referida característica é o desenvolvido pelo Banco Itaú, com o objetivo de aperfeiçoar o conhecimento da língua portuguesa, formando professores com a finalidade de desenvolver a habilidade da escrita para alunos da 4ª e 5ª séries do Ensino Fundamental. Essa ação passou a influenciar as políticas públicas e vêm tendo um grande desenvolvimento em outras instituições.

A terceira característica é o poder de contaminação. Um investimento que resulte em um projeto bem elaborado estimula a ação de outros investidores, formando, em conseqüência disso, uma rede de filantropia forte. Várias instituições voltadas para os projetos sociais têm formado parcerias com outros investidores, sensibilizados pelos projetos desenvolvidos.

A quarta característica é a criatividade, que pode ser entendida pela procura e aplicação de formas diferenciadas de resolver determinados problemas.Os riscos de empreendimentos inovadores trazem consigo um risco mais elevado, mas podem oferecer altas taxas de retorno aos investidores.

Qualquer que seja o projeto, o investidor deverá dar atenção a pelo menos três aspectos: as características de criatividade, o poder de contaminação e a capacidade de provocar mudanças; todos devem estar em consonância com o contexto que se apresenta. Programas que eventualmente tenham sido testados em outras regiões, ou elaborados com outros grupos, e não tenham tido o resultado esperado, podem, em um outro contexto, se tornar efetivos.

Não adianta aplicar uma idéia que é revolucionária em determinado contexto, mas que aplicada em outra situação não produza os resultados esperados.

A análise e o conhecimento das características da liderança, ou seja, se os líderes e responsáveis por sua aplicação têm as condições técnicas para a execução, e as qualidades são fundamentais para que o projeto possa atender aos objetivos propostos.

A avaliação cuidadosa da entidade para verificar a sua capacitação e adequação deve ser outra fonte de análise para o investidor social. A instituição escolhida para a implantação de um projeto deve estar preparada para possíveis mudanças, uma vez que, em muitos casos, ocorre uma séria resistência às modificações, pois elas vão alterar o *status quo* vigente.

A preocupação final deve estar voltada para a taxa de retorno do capital investido.

Os desafios da inclusão digital

A sociedade atual vive sob o impacto da revolução do conhecimento e da comunicação e, dessa forma, caminha em direção a uma valorização do conhecimento, às mudanças sensíveis das economias e transformações que levarão a uma nova relação de trabalho.

Em conseqüência, diante desse panorama, torna-se obrigatória a adoção de políticas e ações capazes de garantir a inserção de excluídos, permitindo, dessa forma, a incorporação de novos contingentes em direção a direitos fundamentais, com a utilização da tecnologia.

A tecnologia potencializa a ação humana e não pode ser considerada boa ou ruim.

Os projetos necessitam do envolvimento e comprometimento das organizações locais desde o início de sua implantação, incluindo a responsabilidade com relação à operação, ao design, e à produção do conteúdo.

A estratégia mais adequada para a transferência da tecnologia tem de ser voltada para o desenvolvimento local de capacidade e de autonomia.

Merece referência o trabalho desenvolvido pelo Centro de Inclusão Digital e Educação Comunitária (Cidec), pertencente à Escola do Futuro da USP, que tem como escopo o estudo e a apreciação de todas as experiências levadas a efeito pela inclusão digital no País e no mundo, bem como realizando a capacitação e o desenvolvimento das competências de monitores de 50 *infocenters* do programa Acessa São Paulo.

Algumas preocupações baseadas em experiências práticas, decorrentes do aprendizado desenvolvido na Escola do Futuro, norteiam os caminhos a serem seguidos.

A primeira dessas preocupações se revela na análise das finalidades dos cursos. A simples obtenção de um certificado ou diploma não preenche as necessidades dos envolvidos e, na realidade, é um condicionamento demagógico, visando uma capacitação que, dentro do formato e do tempo disponível, não atende às verdadeiras necessidades da inclusão.

A verdadeira formação depende de um acompanhamento pedagógico individualizado e que não pode ser desenvolvido por meio do formato de cursos, os quais atendem às expectativas imediatas dos interessados, mas não oferecem a real apropriação do conteúdo necessário.

Outra transformação deve levar em consideração a modificação do ambiente de um centro de inclusão digital.

Não basta a existência de salas providas de equipamentos, como computadores, impressoras e demais aparelhos, e é importante que existam outros espaços que venham a oferecer a possibilidade da socialização e a troca de conhecimentos adquiridos. A tecnologia deve ser um aprimoramento do relacionamento humano.

Um outro aspecto a ser considerado consiste na inclusão dos não-excluídos, ou seja, outros segmentos da sociedade devem ser potencializados, pois a cidadania digital só poderá ser alcançada quando for estendida tanto aos excluídos como aos não-excluídos.

Projetos Sociais

Área da Educação

Banco Itaú — Escrevendo o Futuro em Todo o País.

Programa permanente voltado para a melhoria da qualidade de ensino de língua portuguesa. Teve como ação mais recente a formação de professores que vão estimular o desenvolvimento da habilidade da escrita, pesquisando os pontos fracos dos alunos de 4ª e 5ª séries do Ensino Fundamental.

C&A — Formação e Desenvolvimento do Profissional de Educação em 12 Municípios. Proporciona a educadores e gestores a oportunidade de formação e aperfeiçoamento.

Em 2003, 1.558 educadores participaram do projeto e ocorreu o fortalecimento de nove grupos de instituições sociais voltadas para o atendimento das crianças e adolescentes. Também concretizou a parceria com Secretarias Municipais de Educação de municípios em que há lojas da rede e com o Instituto Avisa Lá.

Natura — Crer para Ver em 21 Estados.

Arrecadação de recursos por meio da venda de produtos da marca Crer para Ver. Desde que foi criado, em 1995, em parceria com a Fundação Abrinq, o programa levantou cerca de 15 milhões de reais, que permitiram o funcionamento de 146 projetos educacionais.

3M — Cidade dos Meninos — Escola de Funilaria e Pintura em 19 municípios da região de Campinas.

A empresa contribui com produtos e para a capacitação técnica de professores da oficina que construiu e ajudou a equipar. A instituição ajuda jovens menores de 18 anos em situação de risco.

Alcoa — Fábrica de Farinha Multimistura em 15 Municípios de Minas Gerais.

Construção de uma fábrica que produz farinha para as crianças e para a comunidade carente da região de Itajubá. Trata-se de um importante complemento alimentar para o combate à desnutrição.

Camargo Corrêa — Programa Funcionário Voluntário — abrange seis municípios de São Paulo, Santa Catarina e Mato Grosso do Sul.

Incentiva a prática do voluntariado entre os funcionários e seus familiares. Os projetos apresentados têm o apoio do Instituto Camargo Corrêa por meio de recursos ou serviços.

Capítulo 4 ■ Responsabilidade Social, um Problema de Todos

Projetos Meio Ambiente

Daimler-Crysler — Pobreza e Meio Ambiente na Amazônia, em Ananindeua. A criação de uma empresa para fabricar produtos para diversos segmentos industriais com matérias-primas como fibra de coco e látex, trazendo benefícios ao meio ambiente e gerando empregos.

Embraco — Prêmio Embraco de Tecnologia — aplicado em Joinville e Itaiópolis (SC). Tem o objetivo de despertar nas novas gerações a preservação pelos recursos naturais. Alunos de 152 escolas desenvolvem projetos de melhoria do meio ambiente, com premiação dos melhores projetos e oferecendo apoio para sua implementação.

IBM — Rua dos Inventos (Salvador). Exposição reunindo trabalhos dos moradores de rua, criados com materiais e objetos encontrados no lixo. A iniciativa gerou um livro e um CD-ROM acessível pela Internet.

Projetos Saúde

Eli Lilly — Voluntariado Lilly em Ação, na Grande São Paulo. Programa de voluntariado dirigido aos funcionários do escritório central, cujas arrecadações beneficiam diversas instituições.

Fleury — Gestação em São Paulo. Ampliação e complementação do trabalho oferecido pelo Centro Assistencial da Cruz de Malta, que atende à comunidade carente residente em cinco favelas do Jabaquara, acompanhando as futuras mães com todo tipo de atendimento.

Roche — Família é Tudo em São Paulo. Palestras com foco em saúde para grupos de gestantes e mulheres em idade fértil.

Projetos Cultura

American Express — Restauração do Museu Castelinho, da Vila de Paranapiacaba, em Santo André (SP).

Patrocínio para a restauração do castelinho, um dos principais marcos arquitetônicos de Paranapiacaba, construído no final do século XIX, por engenheiros ingleses, em estilo vitoriano.

Bosch — Jogos Indígenas do Brasil em Seis Estados.

A finalidade do projeto é estender a cultura indígena a todas as escolas nativas e à rede pública do País com a distribuição de kits didáticos e documentários.

Embratel — Biblioteca Multimídia — Tesouros da Cidade de São Paulo.

Transposição para o meio digital de milhares de documentos do acervo de obras raras da Biblioteca Mário de Andrade.

CAPÍTULO 5

Marketing Cultural: Princípios e Práticas

Celi Langhi e Fernanda Czarnobai

"Dedicamos este trabalho às nossas famílias e aos nossos amigos, que sempre nos apoiaram. Agradecemos a todos que direta ou indiretamente colaboraram com suas opiniões e críticas, as quais sempre foram bem-vindas."

Introdução

> Um novo lugar para cultura está se preconizando no mundo atual. Um lugar de tolerância e respeito, de múltiplos contatos, com múltiplas formas de conexão e diálogo. A dura realidade dos países em desenvolvimento, no entanto, é o exato oposto desse cenário utópico, com predominância dos meios de comunicação de massa como via única de acesso a conteúdos culturais, restringindo a diversidade, comprometendo a autonomia de escolha e o senso cognitivo. (BRANT, L., 2004, p. 37).

Tratar de marketing cultural é uma tarefa um tanto quanto delicada, uma vez que a cultura e suas representações nas diversas manifestações não podem ser entendidas somente como uma *commodity*. A cultura traz consigo um valor maior, construído historicamente — o sociocultural. Apesar de a cultura ser um conceito abstrato, ela necessariamente pressupõe ações que envolvem pessoas e suas expressões artísticas, portanto, é necessário agir de maneira mais humanizada mesmo ao se discutirem questões operacionais e administrativas. O mercado entende a utilização de um bem cultural na construção e no fortalecimento das suas marcas e os benefícios alcançados por meio dessas ações. No entanto, não se pode sufocar a cultura nesse contexto estritamente mercadológico, pois o seu significado transcende a operacionalização administrativa.

Hoje, a cultura ocupa um lugar de destaque em diferentes áreas, tendo maior evidência no âmbito da política e do mercado, mas há séculos ela vem sendo discutida por teóricos, filósofos, historiadores, sociólogos e antropólogos, os quais, dentro de seu contexto, debateram sobre alguns pontos como: o que é arte e cultura na essência, se é possível que ambas tenham uma utilidade ou finalidade, qual é o lugar delas no contexto das sociedades. Por mais teóricas que essas questões pareçam, é importante ao menos conhecê-las, a fim de que a intersecção entre mercado, arte e cultura seja pensada de uma forma organizada, responsável, e que produza resultados positivos também para a sociedade.

Os debates sobre a cultura ganharam força e evidência dentro do contexto das sociedades industriais a partir das primeiras décadas do século XX, cujas mudanças políticas, econômicas, sociais e culturais se evidenciaram ou se agravaram com uma velocidade nunca vista antes, provocando um desconforto endêmico, por meio do qual surgiram inúmeras críticas e indagações quanto a rapidez e a natureza dessas transformações, dentre as quais o maior desconforto foi sentido na esfera cultural.

Capítulo 5 ▪ Marketing Cultural: Princípios e Práticas

Os primeiros autores a questionar incisivamente a respeito da arte e da cultura e sua relação com a sociedade industrial foram Theodor W. Adorno, Max Horkheimer, Herbert Marcuse e Walter Benjamin, pertencentes à denominada Escola de Frankfurt. Adorno e Horkheimer, ao discutirem o problema da cultura de massa no século XX, empregaram um termo que vem sendo exaustivamente debatido, a indústria cultural[1]. De acordo com os autores:

> A indústria cultural [...] força a união dos domínios, separados há milênios, da arte superior e da arte inferior. Com prejuízo para ambos. A arte superior se vê frustrada de sua seriedade pela especulação sobre o efeito; a inferior perde, através de sua domesticação civilizadora, o elemento de natureza resistente e rude, que lhes era inerente enquanto o controle social não era total. [...] O consumidor não é o sujeito dessa indústria, mas seu objeto (ADORNO, InCOHN, 1986, p. 92).

Eles lamentavam a orientação das "mercadorias culturais", conforme sua possibilidade de comercialização e não por seu conteúdo (*autonomia*), atribuindo a essa lógica uma motivação pelo lucro, apesar de reconhecerem que, na essência, essa autonomia nunca existiu, mas que dentro do contexto da indústria cultural essa motivação pelo lucro torna-se a única finalidade.

Para os autores, tudo o que é produzido na indústria cultural obedece necessariamente a uma demanda, mas seus resultados possuem algum tipo de benefício, por exemplo, a difusão da informação e os "padrões aliviadores de tensão". No entanto, para eles, esses padrões são meras futilidades conformistas que ditam as formas de comportamento do *status quo*, os quais ninguém questiona, e apenas os seguem. Adorno e Horkheimer acreditavam que não era possível a existência de um "meio-termo" entre entretenimento e arte "socialmente responsável (...) As elucubrações da Indústria Cultural não são nem regras para uma vida feliz, nem uma nova arte da responsabilidade moral, mas exortações a conformar-se naquilo atrás do qual estão os interesses poderosos" (ADORNO, In COHN, 1986).

Walter Benjamin (1994) foi também um defensor da autonomia da arte, e foi ele quem sempre buscou resgatar sua "aura". Assim como os gregos, ele acreditava na natureza libertária da arte em todas as suas manifestações, e assim

---
[1] O termo "indústria cultural" foi utilizado pelos autores, pela primeira vez, no Dialetik der Aufklärung, escrito em 1947.

como os "frankfurtianos", criticou abertamente os avanços técnicos da sociedade industrial e a utilização desses processos nas obras de arte. Ele percebeu que a arte sempre carregou uma ligação com o sagrado, sempre esteve intrinsecamente ligada à esfera religiosa e, quando passa a ser reproduzida, sua função social se dá por meio da política.

Em seu mais famoso artigo, intitulado *A obra de arte na era de sua reproductibilidade técnica*[2], Benjamin (1994) acredita que qualquer tentativa de reproduzir tecnicamente uma manifestação artística aniquila a sua "aura", o seu "aqui e agora", a sua existência única que garante uma autenticidade, colocando-a numa "existência serial" — ou seja, reproduzir uma obra de arte por meio de uma máquina (seja ela um aparelho de som, uma câmera fotográfica ou um projetor de cinema) retira a autenticidade dessa obra.

> [...] a autenticidade de uma coisa é a quintessência de tudo o que foi transmitido pela tradição, a partir de sua origem, desde sua duração material até seu testemunho histórico. Como este depende da materialidade da obra, quando ela se esquiva do Homem através da reprodução, também o testemunho se perde (BENJAMIN, 1994, p. 28).

No entanto, ele reconhece que esse processo possui uma autonomia intrínseca e uma função social positiva, a de aproximar a obra de arte do indivíduo. Só que, dessa vez, o valor da obra não está a serviço do sagrado, mas no valor de exponibilidade profana para as massas, que procuram distração como única finalidade: "A recepção através da distração, que se observa crescentemente em todos os domínios da arte e constitui o sintoma de transformações profundas nas estruturas perceptivas" (BENJAMIN, 1994, p. 45).

Herbert Marcuse, em seu texto *Arte na sociedade unidimensional*, defende o poder libertador da arte. Ele busca compreender como se dá a sobrevivência da arte e sua função estética nesse novo modelo de sociedade, ou seja, "dentro de um caráter totalitário da sociedade que absorve todas as manifestações não conformistas e que invalidada a arte como comunicação e representação, [a arte] só cumpre sua missão revolucionária se não fizer parte de nenhum *establishment*, nem mesmo o *establishment* revolucionário" (MARCUSE, In LIMA, 2002, p. 261). A estética e a forma da arte conseguem criar um tipo de

---

[2] Publicado, em 1936, na revista *Zeitschrift für Sozialforschung*.

Capítulo 5 ■ Marketing Cultural: Princípios e Práticas

catarse pacificadora por causa da sua capacidade de capturar e transmitir sofrimento de uma forma bela. Marcuse acredita que, por mais que as forças sempre esmaguem as resistências, ainda assim, a arte prevalece, e que, portanto, seria necessário fazer da sociedade uma obra de arte, para que surja uma nova racionalidade na construção de uma sociedade livre.

Após toda essa argumentação teórica, é necessário localizar essas críticas, no tempo e no espaço, pois, atualmente, o cenário é um pouco diferente. Os membros da Escola de Frankfurt estavam inseridos no contexto da Alemanha entre guerras. Viveram de perto o apogeu e a queda da República de Weimar e a ascensão do nazismo, o que os fez exilaram-se nos Estados Unidos. A estrutura da sociedade alemã pós-Primeira Guerra, apesar de ter-se elevado ao *status* de República, era radicalmente dividida entre a aristocracia recém-destituída do poder e os republicanos no poder. Essa tensão gerava muitos conflitos e uma espécie de terror social, que produziu desdobramentos na esfera da cultura (*Kultur*). Além disso, a Alemanha estava totalmente destruída, humilhada e economicamente falida depois do fim da guerra. Esse "terror" tomou uma proporção imensa com a ascensão do Nacional Socialismo, regime totalitário que se utilizou incansavelmente de artifícios artístico-culturais como forma de propagação de seus ideais[3], e que, inclusive, seriam eles (os nazistas/nacionais-socialistas) os "pais" da propaganda.

Com base nessas informações, pode-se melhor compreender a natureza incisiva das críticas produzidas pelos membros dessa escola, que começaram a perceber a invasão desse regime na esfera da liberdade da produção artística, cuja função era servir aos ideais totalitários e aos anseios econômicos da Alemanha. Adorno acreditava que o nacional-socialismo era a expressão máxima do capitalismo. Mesmo após o fim do nazismo, os membros de Frankfurt que estavam exilados nos Estados Unidos perceberam que na "terra da liberdade" a cultura também estava a serviço do *status quo,* e que também era compreendida pelo seu valor de negociação.

Uma característica marcante nas produções dessa escola é a não-proposição de uma saída; apenas a crítica é feita, mas não existe uma espécie de caminho a ser seguido. Mesmo que houvesse, não nos caberia neste momento segui-los, por uma questão de anacronismo.

---
[3] Veja "Estado e indivíduo sob o nacional-socialismo", em *Tecnologia, guerra e fascismo*, de Herbert Marcuse.

A importância dos debates levantados por esse grupo não nos deixa esquecer de que, de fato, a cultura não tem como se colocar fora da lógica do sistema vigente, mas que ela tem uma natureza, em qualquer nível em que esteja inserida, que necessariamente nasce de um processo criativo significativo em termos de expressão e realização, seja de um indivíduo seja de um grupo, e que a cultura e suas manifestações possuem uma função social, a qual deve ser mais bem compreendida. Segundo Umberto Eco, Adorno fazia uma crítica progressista em relação às intenções dessa cultura de massas, "[...] a desconfiança em relação à cultura de massa é, para eles, desconfiança em relação a uma forma de poder intelectual capaz de levar os cidadãos a um estado de sujeição gregária, terreno fértil para qualquer aventura autoritária" (ECO, 2001, p. 37).

Na década de 1960, outro autor, desvinculado da Escola de Frankfurt, se propõe a analisar a questão da cultura de massa (*mass media*): Edgar Morin. Pensador e sociólogo, que dedicou sua vida às resistências, escreveu, em 1962, o livro *L'esprit du temps* (*Cultura de massas no século XX — o espírito do tempo*), no qual questiona o *Zeitgeist* (*L'esprit du temps*) dessa sociedade industrial, que rege os fenômenos sociais, culturais, econômicos e espirituais.

Para Morin (1969), os valores produzidos por essa cultura de massa — amor, felicidade e auto-realização — são precários e transitórios, cuja promessa é unicamente a salvação individual, desenvolvendo "[...] a mitologia do indivíduo no século XX [...], [e por isso] responde a um hiperindividualismo privado" (MORIN, 1969, p. 174). Isso significa que o imaginário mitológico, antes projetado no cosmos, passa a ser projetado na Terra, e que o consumo passa reger os processos de identificação. Essa nova relação indivíduo/consumo faz com que a cultura se realize em um nível MÉDIO nas sociedades, porque o processo de criação passa a ser um processo de produção.

> Pela primeira vez na história, é a divisão industrial do trabalho que faz surgir a unidade da criação artística, como a manufatura faz surgir o trabalho artesanal [...] essa divisão de trabalho tornado coletivo é um aspecto geral da racionalização que chama o sistema industrial, racionalização que começa na fabricação dos produtos, se segue nos planejamentos de produção, de distribuição, e termina nos estudos do mercado cultural. A essa racionalização corresponde a

Capítulo 5 ■ Marketing Cultural: Princípios e Práticas

'padronização': a padronização impõe ao produto cultural verdadeiros moldes espaço-temporais [...] (MORIN, 1969, p. 33).

Até aqui, existem pontos comuns entre Frankfurt e Morin, exceto quando Morin apresenta suas idéias a respeito da obra de arte e sua individualização, que, segundo ele, nem a "padronização" nem a divisão do trabalho descaracterizam individualização da obra. O que ocorre aqui é um processo dialético:

Quanto mais a indústria cultural se desenvolve, mais ela apela para a individuação, mas tende também a padronizar essa individuação. [...] Em outras palavras, a dialética padronização-individuação tende freqüentemente a se amortecer em uma espécie de termo médio (MORIN, 1969, p. 34).

Apesar de a obra ter sido colocada num lugar médio, a tensão entre o autor e a obra é constante por causa do salário. Para Morin, a relação entre a indústria cultural e o autor de uma obra se dá exclusivamente por meio do salário: quanto maior é a sua recompensa pela obra produzida, menos ele reconhece aquilo como seu. Morin, ao contrário dos autores de Frankfurt, enxerga opções para os autores e suas obras: eles podem existir em uma "zona marginal", com despesas e público restritos, ou "na zona central da indústria cultural", submetidos às padronizações e ao consumo irrestrito.

Marginalizar-se ou integrar-se só depende do desejo individual do autor. O público também possui desejos individuais em relação à arte, e, por mais que a segmentação de mercado exista, a subjetividade dos indivíduos os direciona para determinados tipos de arte, seja uma arte marginal seja integrada, ambas produzindo efeitos diversos, dependendo do *background* de cada um.

Esse conflito entre marginal e integrado na indústria cultural é bastante discutido por Umberto Eco em *Apocalípticos e integrados*, na década de 1970. Ele analisa os dois pontos de vista em relação à indústria cultural. Num primeiro momento, a questão da cultura de massas é vista com desconfiança pelos intelectuais elitistas, com medo da ascensão das multidões num contexto democrático, como Nietzsche, por exemplo: "Tinha uma desconfiança ante o igualitarismo, ascensão democrática das multidões, o discurso feito pelos fracos para os fracos, o universo construído pelo homem comum, e não pelo 'Übermensch'" (ECO, 2001, p. 36), ou seja:

> (...) na base de cada ato de intolerância para com a cultura de massa [existe] uma raiz aristocrática, um desprezo [que parece ser contra a cultura], mas que na verdade aponta contra as massas [...] porque, no fundo, há sempre uma nostalgia de uma época em que os valores da cultura eram um apanágio de classe e não estavam postos, [...], à disposição de todos (ECO, 2001, p. 36).

Eco repensa a cultura de massas por meio dos conceitos baseados em três níveis intelectuais: *highbrow, middlebrow* e *lowbrow*. Esses níveis não são divididos em classes, nem em graus de complexidade, nem de validade estética, mas cada um é um *lócus* distinto, por onde indivíduos de diferentes classes sociais e níveis intelectuais transitam livremente na busca por algo que está fora, seja entretenimento ou saber: "O homem de cultura que em determinadas horas ouve Bach, em outros momentos sente-se propenso a ligar o rádio para ritmar sua atividade [e não] formula exigências particulares ao produto que usa [...]" (ECO, 2001, p. 59).

Ao comparar as posições dos "apocalípticos" e dos "integrados", o autor observa que: "O erro dos apologistas é afirmar que a multiplicação dos produtos da indústria seja boa em si, segundo uma ideal homeostase do livre mercado, e não deva submeter-se a uma crítica e a novas orientações. O erro dos apocalípticos aristocráticos é pensar que a cultura de massa seja radicalmente má, justamente por ser um fato industrial, e que hoje se possa ministrar uma cultura subtraída ao condicionamento industrial. A falha está em formular o problema nesses termos: é bom ou mau que exista a cultura de massa?" (ECO, 2001, p. 49). Essas críticas, por mais que mudem o discurso, permanecem de caráter classista e aristocrático, enquanto o mais importante é a necessidade de uma política da cultura. O grande problema para ele é como intervir na cultura se ela é manobrada por grupos econômicos que miram exclusivamente os lucros?

> [...] do momento em que a presente situação de uma sociedade industrial torna inelimínável aquele tipo de relação comunicativa conhecido como conjunto dos meios de massa, qual ação cultural possível a fim de permitir que esses meios de massa possam veicular valores culturais? (ECO, 2001, p. 50).

Capítulo 5 ■ Marketing Cultural: Princípios e Práticas

Portanto, Eco cria novos questionamentos sobre a indústria cultural e a cultura de massas, preocupando-se com a propagação de valores culturais, propondo uma política cultural, levando em consideração as individualidades de cada fruidor de algum dos níveis de cultura.

Essa questão é perfeitamente cabível em nosso contexto, haja vista que a indústria cultural disponibiliza o acesso a qualquer tipo de bem cultural. No entanto, parece ter havido uma separação clara entre os níveis de cultura, a indústria do entretenimento parece ter ganhado autonomia dentre os outros níveis, pois atualmente fatura cada vez mais, impulsionando mais investimentos exclusivamente nessa área em detrimento das produções culturais voltadas ao conhecimento.

Felizmente, esses conflitos esbarram na questão do poder de escolha do indivíduo. Entretanto, é necessário que esse indivíduo consiga perceber sua autonomia dentro desse cenário e volte a buscar o seu *Bildung*, para que o trânsito entre os diferentes níveis de cultura retome seu movimento.

Assim, a pergunta permanece a mesma e o desafio é proposto: "Qual ação cultural é possível a fim de permitir que esses meios de massa possam veicular valores culturais?" (ECO, 2001, p. 50). Como promover o desenvolvimento humano com responsabilidade no contexto de uma sociedade industrial altamente desenvolvida tecnologicamente, na qual tudo pode ser comunicado e consumido em uma velocidade cada vez maior? Como resgatar o conceito de *Bildung* nos indivíduos? Como utiliza as políticas culturais?

São muitas as questões que envolvem essa discussão. Aqui, atentaremos nos pontos ligados às políticas culturais, aos processos do marketing cultural e à elaboração de projetos para captação de recursos, comparando o marketing cultural no Brasil e no mundo.

Marketing Cultural

A evolução dos mercados, a concorrência acirrada e a busca de diferenciação no mundo corporativo têm estimulado a busca de alternativas para o fortalecimento de determinadas marcas e a aproximação com o público-alvo, mediante processos de comunicação eficientes e eficazes.

O marketing cultural pode ser uma alternativa viável para atingir os objetivos de comunicação corporativa e construção de marca. Por meio de incentivos fiscais, proporcionados pela Lei Rouanet, do Audiovisual, e outras em âmbito estadual ou municipal, muitas empresas, ao adotarem o marketing cultural, são responsáveis pelo desenvolvimento cultural em várias localidades no exterior e, em especial, no Brasil.

A aplicação do marketing cultural não é recente, mas a realização de pesquisas e estudos acadêmicos nessa área ainda é pouco explorado. Isso faz com que a literatura sobre esse assunto não possa ser considerada suficiente ou consolidada, o que, de certa forma, dificulta a implantação de projetos no âmbito do marketing cultural na área corporativa.

Reconhecida a necessidade de estimular os estudos sobre marketing cultural, pretende-se, a seguir, apresentar ao leitor um texto de cunho didático sobre os principais fundamentos de marketing cultural e os procedimentos iniciais para a elaboração de projetos nessa área.

Conceito de marketing cultural

O conceito de marketing cultural está diretamente relacionado ao conceito geral de marketing. Apesar das várias alterações que sofreu no decorrer dos tempos, um dos conceitos mais aceitos sobre marketing é o proposto pela American Marketing Association (AMA). Para a AMA (www.ama.org), marketing é "o processo de planejamento e execução da concepção, da definição de preço, da promoção e da distribuição de idéias, produtos, serviços, organizações e eventos para criar trocas que irão satisfazer os objetivos das pessoas e empresas".

O marketing cultural se enquadra na definição proposta pela AMA, uma vez que utiliza a cultura como base e instrumento para transmitir determinada mensagem, bem como para desenvolver relacionamentos em longo prazo com um público específico, mas sem que a cultura seja a atividade-fim da empresa.

O marketing cultural é um recurso utilizado com a finalidade de fixar a marca de uma empresa ou entidade por meio de diversas ações culturais, tais como a música, a arte, o esporte, a literatura, o cinema, o teatro etc. (FISCHER, 2002, p.19).

O marketing cultural pode reforçar as relações institucionais com os poderes públicos, apresentando a empresa como um agente sociocultural, seja por meio de patrocínio seja pela valorização dos bens da organização, assumindo uma postura de responsabilidade social, política e econômica (FISCHER, 2002).

O marketing cultural também pode ser uma alternativa de comunicação da empresa, um instrumento para a construção de uma imagem corporativa.

Capítulo 5 ■ Marketing Cultural: Princípios e Práticas

Os investimentos em marketing cultural não podem estar relacionados a qualquer tipo de manifestação cultural. De acordo com o art. 1º da Lei nº 8.313, de 23 de dezembro de 1991, que ficou conhecida como **Lei Rouanet**:

Art. 1º Fica Instituído o Programa Nacional de Apoio à Cultura – PRONAC, com a finalidade de captar e canalizar recursos para o setor de modo a:

I – contribuir para facilitar, a todos, os meios para livre acesso às fontes da cultura e o pleno exercício dos direitos culturais;

II – promover e estimular a regionalização da produção cultural e artística brasileira, com valorização de recursos humanos e conteúdos locais;

III – apoiar, valorizar e difundir o conjunto das manifestações culturais e seus respectivos criadores;

IV – proteger as expressões culturais dos grupos formados da sociedade brasileira e responsáveis pelo pluralismo da cultura nacional;

V – salvaguardar a sobrevivência e o florescimento dos modos de criar, de lazer e de viver da sociedade brasileira;

VI – preservar os bens materiais e imateriais do patrimônio cultural e histórico brasileiro;

VII – desenvolver a consciência internacional e o respeito aos valores culturais de outros povos ou nações;

VIII – estimular a produção e difusão de bens culturais de valor universal, formadores e informadores de conhecimento, cultura e memória;

IX – priorizar o produto cultural originário do país.

Observa-se que as empresas que pretendem investir em marketing cultural deverão conhecer a Lei Rouanet com certa profundidade, para que possam receber os benefícios fiscais esperados. Caso não exista interesse em isenção fiscal, é possível investir nos mais diversos projetos culturais. De qualquer forma, é interessante analisar se esse projeto faz parte das estratégias de seu investidor.

O que não é marketing cultural

O conceito de marketing cultural não deve se confundir com ações culturais desenvolvidas por agentes, como o Estado, os artistas ou criadores culturais e as instituições ou os intermediários culturais. É importante esclarecer que esse público atua diretamente na produção e no desenvolvimento da cultura, e não atua na utilização das manifestações culturais como instrumentos para se atingir determinado fim. Por outro lado, não se pode descartar sua importância nos estudos sobre marketing cultural.

a) O **Estado** atua no setor cultural como planejador, produtor e avaliador. Cabe a ele delinear a política cultural do país, com objetivos claros e definidos. Esse delineamento deverá integrar a cultura às diretrizes definidas também para outros setores, como o social, o econômico e o educacional. Isso permitirá a formação de estratégias de atuação com a participação de órgãos públicos e da iniciativa privada.
b) Os **criadores culturais** podem ser tanto a sociedade em geral como os artistas, restauradores, historiadores e pesquisadores da cultura, ou seja, profissionais que fazem da criação sua atividade básica.
c) As **instituições culturais** são os museus, centros culturais, as galerias e demais instituições, públicas ou privadas, que têm por finalidade a organização de atividades relacionadas à cultura: exposições, concertos, debates, publicações, pesquisas, espetáculos em geral.
d) Os **intermediários culturais** são curadores, órgãos de representação estrangeira (consulados, câmaras de comércio) e produtores culturais, que tem por função básica estabelecer relações mais adequadas entre os demais agentes envolvidos no processo. Eles desenvolvem projetos tendo por base a política cultural e seus incentivos, as necessidades de comunicação de determinada empresa e os tipos de manifestações culturais que atendam a essa necessidade corporativa. Também cabe a eles implementar e avaliar seus projetos culturais.

É possível observar que esses quatro elementos não podem ser vistos como sinônimos de marketing cultural. Por outro lado, eles geralmente dependem do marketing cultural para sobreviver. O **Estado** não tem recursos suficientes para implantar todos os projetos culturais que são apresentados. Os **criadores culturais** geralmente dependem do marketing cultural para atingir seus objetivos. As **instituições culturais** dependem de fomento da área corporativa para or-

Capítulo 5 ■ Marketing Cultural: Princípios e Práticas

ganizar seus eventos e os **intermediários culturais** compreendem que seus projetos são desenvolvidos quando encontram o parceiro corporativo que investe os recursos necessários.

Conceitos associados a marketing cultural

Há vários conceitos que se associam a marketing cultural: mecenato, responsabilidade social, filantropia, patrocínio, doação, apoio, colaboração, promoção e realização. O conhecimento sobre esse conceito é importante para reconhecer os tipos de projetos culturais disponíveis e os investimentos mais adequados aos objetivos que se pretende atingir.

Mecenato

O mecenato pode ser definido como a proteção e o estímulo que incentivadores fornecem às atividades culturais e artísticas. Esses incentivadores têm por objetivo garantir a expressão artística para seu próprio deleite ou o dos que a ele têm acesso. Ele não tem finalidade comercial. No decorrer da história, os mecenas foram considerados os protetores dos grandes talentos e de suas respectivas obras.

Considera-se que o mecenato teve sua origem na Antigüidade. A palavra mecenato surgiu, possivelmente, como uma referência às atividades desenvolvidas por Gaius Maecenas, um dos ministros do imperador romano Caio Augusto (entre 30 a.C. e 10 d.C). Além de escritor e admirador da produção artística, Maecenas atuava como articulador entre o Estado romano e o mundo das artes. Foi uma das primeiras pessoas a perceber que a aproximação entre os "artistas" com o governo possibilitava ao Estado se apropriar da aceitação e do prestígio de que os artistas tinham na sociedade.

No decorrer da história, há vários registros de ações relacionadas ao mecenato. No Renascimento (do século XV ao XVII), famílias aristocráticas e altos membros do clero incentivavam produções artísticas grandiosas como forma de expressão de seu *status* em relação à sociedade. Aqui se encontram os trabalhos de Michelangelo e Rafael.

No período do Iluminismo (século XVIII) a Igreja não tinha mais o monopólio das artes, e a nobreza teve de compartilhar o mecenato com a classe média e a burguesia. Por meio das obras plásticas e literárias, a arte se firmou como veículo de difusão de novas idéias. Pela primeira vez, o mecenato foi reconhecido como tendo função socioeconômica, uma vez que os grandes artistas atraíam estrangeiros para suas escolas e ao retornarem a seus países divulgavam as obras dos mestres, o que incentivava a aquisição de obras de arte ou a contratação dos artistas para trabalharem em seus países. Ao retornarem ao país de origem, esses artistas levavam grandes somas de dinheiro.

No final do século XIX e no início do século XX, várias fortunas consolidadas começaram a investir em cultura, principalmente nos Estados Unidos, surgindo assim vários órgãos de apoio à cultura, como: Fundação Carnegie, Fundação Ford e Fundação Rockefeller.

O mecenato não explora seu incentivo por meio da publicidade paga. Ele não está ligado à estratégia de comunicação da empresa e não exige nenhuma contrapartida pelo incentivo.

Responsabilidade social

A responsabilidade social indica quais são os valores básicos que determinada empresa quer expressar. Por isso deverá indicar, para fins de desenvolvimento da comunidade em que atua, quais ações adota em termos econômico, social, ambiental, cultural, político e educacional, de forma integrada com o dia-a-dia de seu negócio. Nota-se que a responsabilidade social vai muito além do compromisso ético da empresa.

A responsabilidade social está diretamente relacionada aos negócios da empresa e às suas formas de conduzi-lo. Por isso ela deve se preocupar com acionistas, funcionários, prestadores de serviço, fornecedores, consumidores, comunidade, governo e meio ambiente, cujas demandas e necessidades a empresa deve buscar entender e incorporar em seus negócios.

Filantropia

Filantropia é o apoio a uma causa sem que haja qualquer tipo de interesse comercial. É a doação de fundos, tempo ou equipamentos que uma empresa ou pessoa física faz como cidadã, sem buscar qualquer benefício com essa ação, além do êxito da causa ou da entidade apoiada (COSTA, 2004, p. 17).

Ela trata basicamente da ação social externa da empresa, para beneficiar tanto a comunidade (conselhos comunitários, organizações não-governamentais, associações comunitárias etc.) como as organizações (museus, centros culturais etc.).

Patrocínio

De acordo com o Decreto n° 1.494/1995, art. 3°, que regulamenta a Lei Federal n° 8.313/91 – Lei Rouanet, patrocínio é:

> Transferência gratuita, em caráter definitivo, à pessoa física ou jurídica de natureza cultural com ou sem fins lucrativos, de numerário para a realização de projetos culturais com a finalidade promocional e institucional de publicidade.

> Cobertura de gastos ou utilização de bens móveis ou imóveis, do patrimônio do patrocinador, sem a transferência de domínio, para a realização de projetos culturais por pessoa física ou jurídica de natureza cultural, com ou sem fins lucrativos.

O patrocínio é a ação de viabilizar ações relacionadas à cultura, ao esporte, à educação, ecologia e sociedade (MACHADO NETO, 2002). Ele pode ser considerado o pagamento em dinheiro, produtos ou serviços a uma organização ou evento (cultural, esportivo, de entretenimento ou sem fins lucrativos), tendo como contrapartida o acesso à exploração do potencial comercial dessa atividade. Por isso, patrocínio pode estar relacionado com parte do processo de definição de marketing cultural de uma empresa, ou com uma ação pontual de empresas que buscam marcar sua presença na mídia e a seus novos consumidores, mas sem a preocupação de desenvolver uma estratégia para firmar um compromisso com a cultura.

O patrocínio está ligado à estratégia de comunicação da empresa. Por isso, pressupõe um retorno de investimento, como qualquer outra ferramenta de comunicação. Ele faz parte do composto de marketing da empresa e espera-se que atinja objetivos comerciais, como fortalecimento da imagem, divulgação da marca, publicidade gratuita, aumento do nível de lealdade dos funcionários etc. Para ter sucesso, ele deverá ser desenvolvido ao longo do tempo.

O patrocínio cultural poderá assumir diversas formas: produtos, serviços, artistas, grupos, construção de edifícios culturais e das atividades desenvolvidas neles, fornecimento de produtos, prestação de serviços gratuitos (impressão de material gráfico, transporte, seguro, hospedagem, alimentação, iluminação, sonorização, refrigeração por ar-condicionado, criação ou veiculação de propaganda e material promocional), fornecimento de espaço para a realização do projeto (auditório, saguão) ou de recursos humanos (consultores, peritos em restauração, administradores de espaços culturais).

Para Costa (2004), o patrocínio difere de outras formas de comunicação em vários sentidos; os principais são:

a) Controle – o patrocinador tem pouco controle sobre a cobertura dada ao evento patrocinado;
b) Encaminhamento da mensagem – a mensagem transmitida será mais passiva nas ações de patrocínio do que na comunicação tradicional;
c) Implementação – geralmente o investimento é feito para que o patrocinador possa associar seu nome ao evento. Outros tipos de investimentos dependerão de investimento extra.

Há empresas que investem em uma única linha cultural (artes plásticas, teatro, música) ou em estabelecimentos (museus, teatro, instituto cultural). Outras empresas preferem investir em vários campos ao mesmo tempo, além da cultura, como esporte, ecologia, tecnologia e projetos sociais.

Doação

A doação indica a transferência gratuita, em caráter definitivo, à pessoa física ou pessoa jurídica de natureza cultural sem fins lucrativos, de numerário, bens ou serviços para a realização de projetos culturais, vedado o uso de publicidade paga para a divulgação desse ato (COSTA, 2004, p. 17).

Doação é o ato de ceder um objeto de arte ou dar apoio a qualquer tipo de atividade cultural, sem nenhuma característica comercial ou econômica. É um ato de cidadania, pois se trata de uma transferência gratuita, sem fins lucrativos e de caráter definitivo (FISCHER, 2002, p.41).

Apoio

O apoio é um patrocínio secundário diante do oferecido pelo principal patrocinador. Geralmente, quando não se exige exclusividade do patrocínio, o projeto poderá ter cotas diferenciadas para patrocínio, apoio ou colaboração, conforme o montante de recursos aportados. Quando há a possibilidade de apoio, o valor do patrocínio poderá ser menor.

Colaboração

A colaboração pode envolver o sistema de permuta, ou seja, a troca de produtos ou serviços. Ao fornecerem seus produtos ou serviços, os colaboradores recebem em troca um pacote de benefícios (impressão de seu nome nos produtos gerados, gratuidade de um número de ingressos, convites especiais a quem indicar etc.).

Promoção

A promoção refere-se às diversas formas de promoção de um projeto em si. Divulgação de lançamento de um livro, da abertura de uma exposição ou da programação de um espaço cultural são alguns exemplos de promoção.

Realização

A realização está relacionada à execução do projeto. O realizador é quem implementou o projeto, tornando-se seu produto. Normalmente, a realização está a cargo de produtores privados, instituições sem fins lucrativos ou órgãos públicos.

Objetivos do marketing cultural

As empresas que investem em marketing cultural geralmente procuram atingir objetivos relacionados à sua marca mais do que buscam incentivos fiscais.

De acordo com a Fundação João Pinheiro (www.fjp.gov.br), em uma pesquisa realizada com 111 empresas no Brasil, detectou-se que os principais objetivos pelos quais investiram em marketing cultural foi, em ordem decrescente:

a) Ganho de imagem.
b) Agregação de valor à marca.
c) Reforço do papel social da empresa.
d) Obtenção de benefícios fiscais.
e) Retorno de mídia.
f) Aproximação do público-alvo.

Observa-se que o fortalecimento da imagem da empresa, a valorização da marca e a divulgação de seu papel social são os principais motivos pelos quais as empresas brasileiras investem em marketing cultural. Com base nesse levantamento, Reis (2003), indicou que os objetivos mais comuns do marketing cultural são:

a) Estabelecer uma comunicação direta com o público-alvo.
   As empresas podem se comunicar de forma eficiente e eficaz com seu público-alvo, atingindo pessoas de todas as classes sociais e em regiões geográficas diversas. Isso é adequado para redes de varejo e demais empresas que desejam distribuir seus produtos e serviços para um público diversificado.
b) Atrair, manter e treinar funcionários.
   As empresas que investem em marketing cultural podem aproveitar essas ações para fortalecer o *endomarketing*, de forma que os colaboradores se sintam mais motivados para desenvolver suas tarefas.
c) Estabelecer e manter relações duradouras com a comunidade.
   Por meio do marketing cultural também é possível estabelecer relações que indiquem a responsabilidade social da empresa em relação à comunidade na qual se está inserida. Isso poderá fortalecer o respeito e o compromisso do público diante dos produtos ou serviços que a empresa fornece.
d) Reforçar ou aprimorar a imagem corporativa ou da marca.
   A imagem corporativa ou a marca se fortalecem porque se associam aos atributos relacionados à própria cultura, como a criatividade, inovação, modernidade e flexibilidade, dentre outros.
e) Manter ou incrementar o conhecimento da marca ou da empresa.
   Tornar uma marca ou empresa conhecida é um dos propósitos mais comuns pelos quais as empresas investem em marketing cultural. Isso porque, além do nome da empresa ficar atrelado a um projeto cultural, também contará com a publicidade gerada pela mídia espontânea.
f) Potencializar o composto de comunicação da marca.
   As ações de marketing cultural podem ser integradas a outras ferramentas de comunicação menos tradicionais. Elas podem ser utilizadas como um tipo de reforço ou como um canal complementar de uma estratégia de comunicação corporativa.

Dos objetivos propostos para o marketing cultural, observa-se que as empresas passam a contar com uma infinidade de estratégias para atingir seus propósitos. Mas é importante notar que as ações ligadas ao marketing cultural não devem ser consideradas de forma isolada. Para que os objetivos sejam atingidos de maneira eficiente, é importante que estejam atrelados a outras ações de marketing e de comunicação da empresa.

Marketing Cultural no Brasil e no Mundo

A experiência brasileira

Historicamente, no Brasil, o primeiro momento no qual houve uma preocupação com a cultura se deu na ocasião em que a Família Real, fugindo das tropas de Napoleão, veio para o Brasil (1808). Em 1816, D. João VI mandou trazer uma missão artística da França e criou a Escola de Artes e Ofícios do Rio de Janeiro. Esse processo fez com que a corte, seus hábitos e sua cultura fossem trazidos e incorporados ao cotidiano, de forma que passaram a reproduzir e a valorizar em excesso os valores e as concepções artísticas de origem européia, enquanto a cultura brasileira era menosprezada.

A cultura da elite, produzida e consumida por ela própria, obtinha financiamentos públicos e privados, afinal, não havia nenhum órgão responsável pela cultura em nenhum aspecto, muito menos em relação ao acesso para todos, nem políticas culturais. Até mesmo porque essa distinção entre público e privado tem sido um tanto tênue durante nossa história, na realidade, ela não passa de uma mera distinção conceitual, pois os cofres públicos parecem ser sempre acessíveis a um número restrito de beneficiados, e, segundo Reis (2003), isso se deve ao fato de o Brasil sempre ter sido governado pelos poderes privados, o que faz do País uma grande sesmaria. A elite brasileira do Império financiou a construção dos teatros municipais, das faculdades e escolas de Direito, Medicina, Comércio etc.

As práticas políticas coronelistas das oligarquias, as quais poucos governavam e a prioridade não era o bem comum, não favoreciam em nada o desenvolvimento de políticas públicas, e muito menos o das culturais. Essas práticas políticas eram reflexo da fragilidade do poder público local e da falta de autonomia do poder municipal. Não havia uma organização nem poder público, e nesse contexto não era possível construir bases democráticas em uma estrutura social.

No período que se seguiu, final do século XIX — proclamação da República e abolição da escravidão — e a entrada no século XX, apesar de inúmeras proclamações, libertações e revoluções, a mentalidade brasileira modificou-se muito pouco, as práticas cotidianas permaneceram quase paralisadas no tempo, elitizando, esbarrando e emperrando as questões relacionadas ao acesso à cultura e às artes. O surgimento da República não significava que havia um projeto coeso de Brasil, estruturado e pensado.

Nesse contexto, segundo o historiador e sociólogo Oliveira Viana (1955), havia a necessidade de uma mudança brusca com o surgimento de um Estado central forte, pois não possuíamos as condições sociais e políticas necessárias para a construção de bases democráticas. E a Revolução de 30, de Getúlio Vargas, foi a realização desse Estado central forte, que, apesar de paternalista, aumentou a participação do povo na vida política, formou uma sociedade civil, criou um poder executivo forte expandindo as agências federais. Vargas modernizou o País, criou práticas políticas centralizadas. Por outro lado, ele burocratizou o Estado, não desenvolveu nenhum tipo de política cultural e deu origem a uma nova gramática política baseada na gramática do período oligárquico — clientelismo, personalismo, paternalismo. O modelo varguista perdurou de 1930 ao governo militar com Vargas e sem Vargas.

Durante o período militar, apesar da dura perseguição e censura dos artistas, as Secretarias Estaduais da Cultura foram criadas. Em 1985, já no retorno da democracia, foi fundado o Ministério da Cultura, com o objetivo de fomentar e difundir a produção cultural no País. Em 1986, a Lei Sarney é promulgada para estimular a participação de investidores privados na cultura. Ela deduzia 2% do Imposto de Renda de pessoas jurídicas e 10% de pessoas físicas que investissem em atividades culturais. No governo Collor, o Ministério da Cultura foi rebaixado à condição de Secretaria da Cultura, e os investimentos públicos nessa área foram quase todos extintos. No entanto, o secretário da Cultura, na época, Sérgio Paulo Rouanet, criou a Lei Federal de Incentivo à Cultura, em 1991, junto com a criação do Fundo de Investimento Cultural e Artístico e o Fundo Nacional de Cultura (FNC). Em 1992, Itamar Franco refez o Ministério da Cultura e, em 1993, criou a Lei do Audiovisual, reinstaurou o Instituto do Patrimônio Histórico e Artístico Nacional (Iphan) e a Fundação Nacional da Arte (Funarte). Até meados de 1994, o marketing cultural não era um conceito consolidado como ferramenta de marketing e de imagem de marca, e não era conhecido pelas empresas, por isso os investimentos privados, até esse ano, não foram muito significativos.

A partir de 1994, inicia-se um novo período para o setor cultural. O Ministério da Cultura passa a ter uma nova estrutura, incorporando o Conselho Nacional de Política Cultural, a Comissão Nacional de Incentivo à Cultura e a Comissão Nacional de Cinema — enquanto o Instituto do Patrimônio Histórico

Capítulo 5 ▪ Marketing Cultural: Princípios e Práticas

e Artístico Nacional também incorporou quatro novas Delegacias Regionais e quatro Fundações:

1. Funarte — Criada, em 1975, com a finalidade de promover, estimular, desenvolver atividades culturais em todo o Brasil (www.funarte.gov.br).
2. Fundação Casa de Rui Barbosa — Criada, em 1930, reúne material pessoal e produção intelectual do autor, tem a missão de difundir a cultura e ainda possui um centro de pesquisas (www.casaruibarbosa.gov.br).
3. Fundação Cultural Palmares — Criada, em 1988, para formular e implementar políticas públicas, com o objetivo de potencializar a participação da população negra no processo de desenvolvimento (www.palmares.gov.br).
4. Fundação Biblioteca Nacional — Fundada, em 1808, quando a Família Real mudou-se para o Brasil, trazendo consigo a Real Biblioteca Portuguesa. Depositária do patrimônio bibliográfico e documental do Brasil, a Biblioteca Nacional tem o objetivo de garantir a todos os cidadãos, desta e das futuras gerações, o acesso a toda memória cultural que integra seu acervo (www.bn.br/).

Durante o governo de Fernando Henrique Cardoso, os debates sobre a cultura voltaram a fazer parte da agenda, e parte da verba passou a ser destinada realmente para investimentos em cultura e aumentou o orçamento do Ministério da Cultura. Algumas alterações na Lei Rouanet foram feitas, em 1995, e tiveram resultados positivos em relação à participação da iniciativa privada. O FNC obteve aumento de recursos. Essas mudanças resultaram em um aumento de cerca de 420%, em relação ao ano anterior, no número de projetos culturais financiados pelas empresas, segundo Reis (2003).

No período entre 1996 e 2000, percebe-se um crescimento do volume de projetos submetidos às leis, abertura das empresas para investimentos culturais, novas fontes de captação de recursos surgem, o marketing cultural começa a amadurecer e o setor cultural ganha muita força.

Conforme pesquisa realizada pelo Ministério da Cultura (Tabela 5.1), observamos que "aspectos motivadores para o investimento em cultura, apresentados pelas empresas pesquisadas, foram: ganho de imagem institucional (65,4%), agregação de valor à marca da empresa (27,64%), reforço do papel social da empresa (23,58%) e benefícios fiscais (21,14%). Os percentuais expressam respostas múltiplas e não excludentes" (www.cultura.gov.br).

Estratégias de Diferenciação

Tabela 5.1 Lista de motivações das empresas para investimento em cultura.

Motivo	%
1. Ganho de imagem institucional	65,4
2. Agregação de valor à marca da empresa	27,64
3. Reforço do papel social da empresa	23,58
4. Benefícios fiscais	21,14
5. Retorno de mídia	6,5
6. Aproximação de público-alvo	5,69
7. Outro	3,25
8. Não citou	11,38

Fonte: Fundação João Pinheiro (FJP).

No entanto, ainda existem as dificuldades de patrocínio e a urgência na criação de alternativas para financiar a cultura.

O Gráfico 5.1 mostra o aumento da participação de empresas privadas no financiamento da cultura.

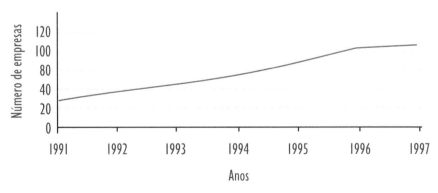

Fonte: Fundação João Pinheiro (FJP).

Gráfico 5.1 Participação de empresas privadas no financiamento da cultura.

Capítulo 5 ■ Marketing Cultural: Princípios e Práticas

Com base nos dados do Ministério da Cultura, pode-se observar o investimento em cultura por empresas públicas e privadas (www.cultura.gov.br).

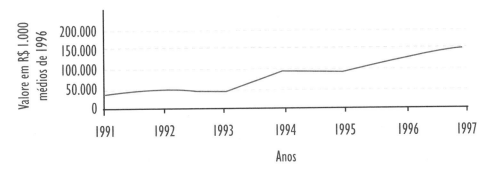

Fonte: Fundação João Pinheiro (FJP).

Gráfico 5.2 Gastos com cultura entre 1990 e 1997.

Entretanto, percebe-se que, entre 1990 e 1997, as empresas públicas gastaram menos com cultura que as empresas privadas, como mostra o Gráfico 5.3.

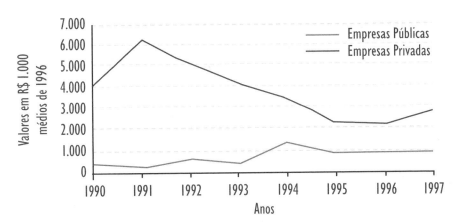

Fonte: Fundação João Pinheiro (FJP).

Gráfico 5.3 Gastos de empresas públicas e empresas privadas entre 1990 e 1997.

O Gráfico 5.4, a seguir, mostra o crescimento do número de projetos culturais patrocinados por empresas públicas e privadas no Brasil, no mesmo período, de 1990 a 1997.

Estratégias de Diferenciação

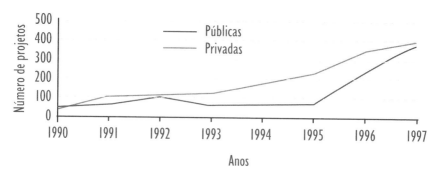

Fonte: Fundação João Pinheiro (FJP).

Gráfico 5.4 Projetos culturais patrocinados por empresas públicas e privadas, entre 1990 e 1997.

O governo federal criou, em 1999, o projeto *Mais Cultura*, uma parceria do BNDES, Ministério da Cultura, Banco do Brasil e Sebrae, que injetava 80 milhões de reais para o audiovisual, com a expectativa de realizar cerca de 60 projetos, por ano, até 2002, incluindo a comercialização e a divulgação dos filmes. No entanto, o maior problema sempre foi o da distribuição, pois é muito difícil concorrer com as grandes empresas de Hollywood. Além de ajudar na distribuição dos filmes, o governo deveria também estimular as produções culturais fora do eixo Rio–São Paulo, criando alternativas de financiamento em regiões afastadas, que nem por isso são desprovidas de manifestações culturais.

Legislação

Federal

1) Lei Rouanet: Lei n°. 8.313, de 23 de dezembro de 1991, com alterações em 23 de novembro de 1999 (Lei n°. 9.874) — deduz até 6% do IR para pessoa física e 4% do IR para pessoa jurídica. Possui dois tipos de transferência:

   - Doação: sem fins lucrativos. Promoção e propaganda da empresa ou pessoal estão proibidas.
   - Patrocínio: com fins lucrativos, propaganda e promoção são permitidas.

Essa lei abrange: artes cênicas, produção literária, música, exposições de artes visuais, doações de acervos para bibliotecas, museus, arquivos públicos, cinematecas, treinamento de pessoal e compra de equipamentos para manter os acervos, produção de obras cinematográficas e videofonográficas de curta e média metragem, preservação e difusão do acervo audiovisual, preservação do patrimônio cultural, material e imaterial.

2) Lei do Áudio Visual: Lei nº. 8.685, de 20 de julho de 1993 — cria mecanismos de fomento à atividade audiovisual. Foram criados instituições e instrumentos para operacionalizar essa lei.

- *Conselho Superior de Cinema*: define políticas nacionais do cinema.
- *Agência Nacional do Cinema (Ancine)*: fomenta, regula e fiscaliza as indústrias cinematográficas e videofonográficas.
- *Contribuição para Desenvolvimento da Indústria Cinematográfica Nacional (Condecine)*: encarregada de tributar a produção, o licenciamento, produção e distribuição de obras cinematográficas e videofonográficas com fins comerciais.
- *Fundos de financiamento da indústria cinematográfica Nacional (Funcines)*: incentivo fiscal de 3% sobre o incentivo do audiovisual, que beneficia obras brasileiras de produções independentes e a construção e reforma de salas de cinema.
- *Programa de apoio ao Desenvolvimento do Cinema Nacional (Prodecine)*: arrecada verba de diferentes fontes para produção, distribuição, comércio e exibição de produções independentes.

Estaduais e Municipais

São criadas para atender às necessidades de atividades culturais locais, e reforçar a parceria público-privada. Podem ser de dois tipos:

1) Fundos Públicos: usa os fundos de incentivo à cultura para alocar uma parte da receita pública em projetos culturais. Exemplo: Distrito Federal, Paraíba, Juiz de Fora.
2) Renúncia Fiscal: "O governo abre mão de parte da sua receita em favor de contribuintes que direcionarem parcela de seus impostos para pagar projetos culturais" (REIS, p. 189).

Portanto, segundo Ana Carla Reis (2003), a urgência das políticas culturais no Brasil está justamente na descentralização e na democratização do acesso à cultura. Se por um lado percebe-se um aumento constante na quantidade de projetos financiados, e também a sinergia no debate entre o governo, que cria as leis, as empresas que financiam a cultura, os artistas beneficiados e os produtores culturais, cada vez mais empreendedores, por outro lado, falta uma divulgação das leis de forma mais eficiente, assim como é necessário criar maior articulação entre as leis federais, estaduais e municipais.

Marketing Cultural e Financiamento da Cultura nos Estados Unidos

Este país possui uma raiz histórica de iniciativa privada das grandes famílias, por volta do fim do século XIX e início do XX. As famílias — Rockefeller, Vanderbilt, Carnegie — tinham o hábito de circular no ambiente cultural da Europa, e, como forma de aumentar sua visibilidade social e seu *status*, resolveram criar um circuito cultural na América do Norte.

David Rockefeller criou, em 1967, o Business Committee for the Arts — BCA (www.bcainc.org). Trata-se de uma organização sem fins lucrativos que une a arte aos negócios. Ela promove serviços e pesquisas a todos os níveis e tamanhos de empresas para desenvolver parcerias com as artes, a fim de beneficiar os negócios, a cultura e a comunidade. Promove programas e serviços para fomentar o desenvolvimento dos negócios colaborando com a arte.

Para o BCA, as artes são essenciais para a qualidade de vida em uma comunidade; as artes são um componente importante na educação, como forma de melhorar o desempenho acadêmico, e essencial para a criação de uma força de trabalho criativa e melhor capacitada; são excelentes para os negócios, pois ajudam a construir relacionamento com os clientes, melhoram as relações entre os empregados e a comunidade, atraem e retêm empregados, e, além disso, dão vitalidade à economia, incentivando a venda de produtos e serviços variados; e, finalmente, as artes afirmam e celebram quem somos, porque estimulam o raciocínio criativo, aumentando a compreensão de várias culturas. "Support the arts. It's good for the arts, the community, and your business."[4]

Até 1929, o governo não interferia no âmbito da cultura. Após a crise, o governo criou uma política de emergência para a geração de empregos, e um de seus projetos foi o Public Works of Art Project, em 1933. Esse projeto foi o primeiro subsídio governamental para a cultura nos Estados Unidos, até então, e empregava pintores e escultores para criação de trabalhos em edifícios públicos. Esse projeto acabou, em 1943, com a Segunda Guerra.

---

[4] "Apóie a arte. É bom para a arte, para a comunidade e seus negócios".

Capítulo 5 ■ Marketing Cultural: Princípios e Práticas

Ao mesmo tempo, em 1935, Roosevelt criou o National Historic Sites Act, junto com um decreto que incentivava a parceria pública e privada para manter os sítios históricos públicos.

Criou também o Federal Revenue Act, que deduzia os impostos para empresas que destinassem contribuições às instituições sem fins lucrativos. Também criou, em 1935, o Works Progress Administration, que oferecia áreas artístico-culturais, como teatro, literatura, artes, música e história, para que as empresas escolhessem qual delas patrocinar e, assim, obter a dedução dos impostos. Esse decreto trazia reconhecimento público, além de tudo, pois os nomes e as áreas escolhidas eram divulgados publicamente.

Nas décadas de 1940 e 1950, período do final da Segunda Guerra Mundial e início da guerra fria, a constante perseguição às atividades comunistas e subversivas rompeu o diálogo entre o governo e os artistas. As instituições culturais passaram a sobreviver por conta de patrocínios privados com dedução fiscal.

Até 1950, as empresas raramente patrocinavam a cultura, apenas quando a atividade agradava ao presidente da empresa, ou pela filantropia ou pelo *status*. Não existia uma formalidade nem profissionalismo nessa área, apenas puro amadorismo.

Em 1950, as empresas passaram a buscar novos territórios para estabelecer filiais, e esse movimento forçou a profissionalização das empresas em todos os aspectos. As multinacionais levaram sua cultura corporativa para outros países, entre elas a valorização cultural.

Quando uma empresa exibiu seu patrocínio no programa Play of the Week, em 1960, foi pioneira no quesito de visibilidade de marca, expandindo os horizontes para outras empresas descobrirem que esse tipo de ação agregava valor e que as pessoas, de fato, reconheciam o valor das artes. Essa atitude acabou trazendo benefícios para políticos e empresas. Kennedy defendia a idéia de que as artes precisavam de financiamento por um sistema de patrocínio misto, que agregava subsídios públicos, doações de pessoas físicas e empresas.

Em 1964, foi criado o National Council for the Arts e, em 1965, o National Endowment for the Arts (NEA). A criação dessa agência federal possuiu extrema importância para o movimento artístico nos Estados Unidos, que em conjunto com o Senado e o Congresso aprovavam orçamentos para as artes, traziam consciência política aos artistas, conseguiam muitos recursos e ainda serviam de relações-públicas para o governo.

Estratégias de Diferenciação

Atualmente, a cultura nos Estados Unidos é financiada da seguinte maneira:

- Os recursos públicos podem ser indiretos, por dedução fiscal, ou diretos, por meio de agências federais, estaduais ou locais, que repassam a verba aos projetos. Nesse caso, empresas culturais com fins comerciais só se beneficiam de dedução fiscal, e para os demais casos é possível escolher entre:

  1. *Matching grants* — são contribuições diretas do governo complementadas com outras fontes.
  2. *Reverse matching grants* — o governo complementa o financiamento já obtido.
  3. *Challenging grants* — o governo financia 23%, desde que o beneficiário obtenha os 75% de outras fontes.
  4. *Individual grants* — os fundos são repassados a artistas individuais, mas não é muito comum.
  5. Agências federais — Smithsonian Institution (www.si.edu) ["Eu então passo meu legado e minha propriedade para os Estados Unidos da América, para fundar um estabelecimento para o incentivo e a difusão do conhecimento". (James Smithson, 1765-1829)]; National Gallery of Art; Institute of Museum and Library Services (IMS) e o National Endowment for the Arts (NEA).
  6. Agências estaduais — variam de acordo com a legislação de cada Estado e variam também para cada uma das agências ao repasse dos recursos. Por exemplo, a National Assembly of State Arts Agencies (NASAA) (www.nasaa-arts.org), que une e representa as agências estaduais. É uma organização sem fins lucrativos e isenta de impostos. Cada um dos 56 Estados e jurisdições criou uma agência para apoiar e promover o acesso à arte. Sua missão é promover um papel significativo para as artes no âmbito individual, familiar e da comunidade nos Estados Unidos. A NASAA pretende, no plano nacional, estadual e local, assegurar que cada indivíduo tenha uma experiência artística; que as artes tenham um papel no desenvolvimento educacional, econômico, cultural e no bem-estar da comunidade; que os artistas e as organizações de arte sejam as peças-chave para benefícios públicos; e que a diversidade cultural da nação seja reconhecida e celebrada por meio da arte. A agência se propõe a estimular os benefícios públicos no

Capítulo 5 ■ Marketing Cultural: Princípios e Práticas

sentido de aumentar o acesso e a divulgação às artes, criar empregos nos setores relacionados à arte, atrair investimentos públicos e privados nas atividades culturais e preservar a herança cultural do país. Essas atividades são endossadas pela parceria entre as agências estaduais e o NEA.

7. Agências locais — públicas ou privadas, sem fins lucrativos, estão mais integradas à comunidade. Elas são extremamente importantes por criarem espaço para a arte, e facilitam o diálogo artístico por estarem mais próximas às comunidades.

- Os recursos privados formam uma categoria mais expressiva. O Business for Social Responsibility (BSR) (www.bsr.org) é uma organização global sem fins lucrativos, que ajuda as companhias a obter sucesso de forma social, ética e ecologicamente responsável — promove vantagem competitiva, agrega valor à marca, atrai e retém força de trabalho, gerencia riscos e reduz custos com responsabilidade social. A filantropia realizada pelas Fundações são o segundo maior contribuinte. A Ford Foundation (www.fordfound.org), por exemplo, fundada por Henry e Edsel Ford, em 1936, é uma organização que age no âmbito nacional e internacional, independente e separada da Ford Motor Company. Ela tem a missão de reforçar os valores democráticos, reduzir a pobreza e a injustiça, promover a cooperação internacional e desenvolver a realização humana por meio de subsídios ou empréstimos para a construção do conhecimento e da cultura. O desafio é criar mecanismos políticos, econômicos e sociais que promovam a paz, bem-estar humano e sustentabilidade do ambiente para garantir a vida. O Foundation Center (www.fdncenter.org), fundado em 1956, é a autoridade nacional em filantropia e se dedica a atender os financiadores, os financiados, a mídia, enfim, todos os interessados em oferecer ou receber subsídios, acreditando que a filantropia é vital em uma sociedade democrática. De acordo com o relatório publicado pelo Foundation Center, em 2004, o período foi muito satisfatório para o setor não lucrativo, e, com esse cenário, foi lançado um plano de alocação de recursos, discursos públicos sobre filantropia e contribuições de organizações não lucrativas à sociedade, para aumentar o conhecimento sobre as fundações e suas atividades e estimular os subsídios.
- Os recursos próprios podem ser gerados com a venda de ingressos, produtos e serviços e pelas instituições culturais.

De acordo com Reis (2003), na América do Norte, a principal questão a ser levantada é a falta de um organismo mediador entre público e privado, pois o governo transfere à iniciativa privada a responsabilidade pela decisão da produção cultural e sua distribuição.

Marketing Cultural e Financiamento da Cultura na Alemanha

As fundações são as principais investidoras em cultura no país. A participação pública é descentralizada, ou seja, varia de província para província. Cada uma delas se responsabiliza por sua política cultural, portanto, cada uma possui seu próprio ministro da Cultura. No entanto, existe um órgão federal responsável pelo patrimônio cultural, por projetos culturais de caráter federal, chamado de Abteilung K, ou departamento cultural. De forma geral, cada província se responsabiliza e se envolve com as suas questões e políticas culturais.

O Conselho de Artes, Deutscher Kulturrat (www.kulturrat.de), também possui um importante papel no âmbito cultural. Conforme Ana Carla F. Reis, ele possui cerca de 200 instituições e associados autônomos. É uma agência intermediária entre público e privado na discussão de políticas culturais.

Essa discussão acerca de criar formas de ampliar a participação da esfera privada vem se tornando fundamental desde a década de 1980.

A partir de 1950, as fundações ganharam mais força no cenário. Atualmente, o patrocínio é realizado por muitas empresas. De acordo com Reis (2003), existem cerca de 7 mil fundações em muitas áreas, entre elas muitas multinacionais. As doações são em longo prazo, com recursos próprios.

Existem quatro formas de participar do setor privado:

1. Doações fiscais ou jurídicas
2. Patrocínio
3. Propaganda
4. Transferências de fundações

O Arbeitskreis Kultursponsoring (www.aks-online.org) é formado por um grupo de empresas que partilham do interesse comum em integrar, de forma contínua, o patrocínio às artes em sua cultura corporativa. Seu objetivo é conseguir apoio entre a comunidade empresarial, partindo do pressuposto de que o patrocínio às artes é algo de extrema relevância e importância dentro do concei-

Capítulo 5 ▪ Marketing Cultural: Princípios e Práticas

to da comunicação contemporânea. O AKS foi fundado, em 1996, em Colônia, a partir da iniciativa dos membros do Kulturkreis der deutschen Wirtschaft im Bundesverband der Deutschen Industrie, um grupo de indústrias alemãs, com experiências prévias em patrocínio das artes, com a finalidade de firmar posições comuns entre as empresas para uma parceria clara e justa entre as artes e o *business*. O AKS é o *lobby* para o patrocínio das artes na Alemanha em todas as suas formas, efeitos, condições e meios para aproximar os dois lados. Esse objetivo tem construído uma eficiente estrutura de comunicação no país, com palestras, fóruns, *workshops*, e outros meios.

O Kulturstiftung der Länder e o Kulturkreis der deutschen Wirtschaft são responsáveis em garantir a ligação entre arte, instituições culturais e empresas. O primeiro tem a função de manutenção dos museus, bibliotecas e arquivos, e preservar a herança cultural. O segundo seria uma associação para estimular a participação de empresas alemãs e estrangeiras a patrocinar a cultura no país.

Kulturstiftung der Länder (www.kulturstiftung.de), oficializado em 1988, em Berlim, e finalizado em 2002, fez esforços para unir a cultura nacional alemã. O Kulturstiftung fez a junção entre as políticas culturais das regiões (*Länder*) e da Federação (*Bundes*). Sua força está na ligação que mantém com todos os Ministérios envolvidos em questões culturais nas regiões e na Federação, assim como em seu intensivo trabalho conjunto com os mais importantes museus, bibliotecas e arquivos da Alemanha. Segundo eles, "A cultura é o oxigênio de uma Nação" (Kultur ist keine Zutat, Kultur ist der Sauerstoff einer Nation). Promover e conservar a arte e a cultura nacional é a tarefa do Kulturstiftung der Länder. Trabalhos importantes de pintura, artes gráficas, escultura, fotografia, música, e literatura podem ser adquiridos com a ajuda dos museus, arquivos e das bibliotecas nacionais.

Com a reunificação da Alemanha, em 1989/1990, o Kulturstiftung produziu novas tarefas, internamente, no âmbito da cultura e na sua relação com países vizinhos. Nos últimos cinco anos, as discussões têm-se focado nos seguintes temas: conseqüências da reunificação alemã; assuntos culturais de caráter federal; seguro social para os artistas, direitos autorais etc.; incentivo à participação de grupos e associações de pessoas para trabalho voluntário na esfera cultural; respeito à diversidade cultural e estímulo às práticas culturais dos imigrantes na Alemanha no plano federal, como tarefa do Estado, não só nas localidades isoladas; e finalmente uma reforma administrativa deve ser pensada.

Marketing Cultural e Financiamento da Cultura na França

A França é pioneira em políticas culturais. A participação do governo no processo de difusão e nacionalização da cultura e da democratização das artes para a sociedade tem raízes históricas, principalmente com o partido comunista francês, que, em 1934, propunha "uma reintegração maior entre cultura e educação, visando a reapropriação popular da cultura" (REIS, 2003, p. 254).

Na Segunda Guerra, a cultura tinha um papel de orientar as massas para os conceitos de honra, pátria e identidade nacional. No período pós-guerra, entre 1945 e 1959, houve um movimento de expansão da política cultural, no qual as instituições culturais ganharam mais espaço e, ao mesmo tempo, a profissionalização dos agentes culturais.

Em 1968, começa uma discussão sobre uma nova forma de democratizar a cultura. Foi fundada, então, em 1979, a *Associacion pour de Développement du Mécénat Industriel et Commercial (Admical)* (www.admical.org). Trate-se de uma associação, sem fins lucrativos, para o desenvolvimento de patrocínio da indústria e do comércio à cultura e às causas sociais e humanitárias. Ela representa os interesses dos patrocinadores da cultura diante das autoridades governamentais, da mídia e dos principais *players* na esfera cultural e social.

Entre 1977 e 2001, deu-se um rico processo de estímulo à diversidade cultural, à igualdade de acesso à cultura, ao desenvolvimento do aprendizado artístico, ao apoio a artistas amadores, à ênfase no papel da tecnologia, à descentralização cultural, ou seja, uma melhoria na distribuição dos recursos do Ministério da Cultura entre as regiões, os departamentos e as comunas.

Nos anos 1980 e 1990, segundo Ana Carla Reis, notou-se um significativo crescimento de investimento privado e o marketing cultural começa a se profissionalizar. Hoje "a maioria das empresas somente se engaja numa atividade de patrocínio tendo claramente definida sua política interna de patrocínios e contrata intermediários culturais e fornecedores com grau de profissionalismo compatível. Essa postura reflete o desenvolvimento do patrocínio proativo [...]" (REIS, 2003, p. 265) ou seja, um projeto sob medida para a empresa e um compromisso a longo prazo com garantias de retorno.

Legislação de mecenato, patrocínio e subsídios a artistas

Mecenato, normalmente associado a estabelecimentos culturais ou câmaras de comércio, é caracterizado por doação sem contrapartida — pode ser dedutível até 2,5% de impostos do faturamento bruto da empresa.

Patrocínio (com contrapartida) é a associação pública do nome da empresa ao evento, e, dependendo da forma, é possível deduzir do imposto até 2%, caso não tenha contrapartida, se for em benefício de obra educativa, cultural ou social; até 3%, se beneficiar um organismo de utilidade pública, ensino superior ou artístico; dedução ao longo de dez anos do valor referente à compra de obras de arte de alto valor histórico ou artístico.

Além do mais, o governo oferece subsídios aos artistas. Eles podem pedir, além de uma dedução fixa, entre 20% e 30 % de deduções adicionais. O governo também oferece mais subvenções e prêmios pagos a autores, cantores e músicos; os artistas que estiverem viajando podem ficar livres de impostos, e os autores de trabalhos intelectuais são isentos de imposto, dependendo da renda com direitos autorais.

Portanto, podemos perceber que a relação entre Estado e iniciativa privada possui dois extremos: nos Estados Unidos, vimos uma forte iniciativa privada com pouca participação do governo, enquanto na França temos uma forte iniciativa do Estado e políticas culturais bem estruturadas, e só recentemente a iniciativa privada vem abrindo caminho.

De qualquer forma, no cenário europeu, citando Daniel Cardon de Lichtbuer, presidente do European Heritage Group (EHG) de preservação do patrimônio cultural europeu,

> a cultura é a nova prioridade, conforme nosso continente se integra. O patrimônio cultural é central para a política cultural de amanhã. Estamos falando das próprias raízes de nossa cultura. Artistas e criatividade são a força da Europa. Não somos mais líderes do desenvolvimento econômico mundial mas continuamos sendo no campo cultural. Entretanto devemos considerar a diversidade de oitenta culturas, cada uma delas contribuindo para riqueza da tapeçaria européia (REIS, p. 224).

O Processo de Marketing Cultural

O processo de marketing cultural envolve ações que devem ser desencadeadas pelos investidores e pelos organizadores do projeto. Essas ações são fundamentais para que o marketing cultural seja utilizado como uma ferramenta de marketing potente, capaz de auxiliar os investidores e organizadores do projeto a atingir seus objetivos.

Em 1998, a Fundação João Pinheiro[5] desenvolveu uma pesquisa sobre a experiência de diversas empresas quanto às ações de patrocínio cultural na qual já investiram. Foram questionados quais eram os pontos facilitadores e os dificultadores nesses projetos. Após elaborarem um levantamento de dados detalhado, verificaram que:

a) As empresas esperam que um projeto cultural seja objetivo e bem planejado.
b) Os custos dos projetos, para fins de patrocínio, geralmente são inadequados.
c) O público-alvo nem sempre é delimitado de forma adequada e isso dificulta a avaliação do retorno que o investidor do projeto poderá obter.
d) Há forte amadorismo dos que buscam parcerias empresariais para seus projetos.
e) Os patrocinadores temem pela não-realização ou insucesso do projeto cultural.
f) Os incentivos fiscais são os principais facilitadores para ações de investimento em cultura.
g) As leis de incentivo não são divulgadas adequadamente e também sofrem constantes modificações o que poderá gerar desconhecimento e confusão quanto a seu funcionamento.

Os dados levantados pela Fundação João Pinheiro deixam clara a necessidade de uma gestão adequada de projetos para que haja maior volume no incentivo à cultura, e, conseqüentemente, para o desenvolvimento do marketing cultural no Brasil. Por isso é importante que haja interação entre as principais

---

[5] FUNDAÇÃO JOÃO PINHEIRO. Diagnóstico dos investimentos em cultura no Brasil. Belo Horizonte, nov. 1998, p. 76-78. Relatório disponível no website do Ministério da Cultura: www.cultura.gov.br.

partes envolvidas nos projetos culturais, ou seja, entre o artista, o agente ou produtor cultural, o investidor e o fruidor (Costa, 2004).

O **artista** é o idealizador e realizador do evento cultural, e o destinatário dos recursos. Ele pode ser o diretor de cinema ou teatro, maestro, diretor de um museu e artista plástico.

O **agente ou produtor cultural** é o facilitador entre o artista e o possível patrocinador. A ele cabe elaborar e submeter projetos culturais aos possíveis investidores. Geralmente, é ele quem elabora o projeto de investimento e busca recursos de empresas para sua realização. Para isso, utiliza as leis de incentivo e procura interligar o investidor com o artista.

O **investidor** fornece a fonte de recursos para a viabilização total ou parcial do projeto. Ele deve ser proativo, para que possa detectar eventos que coincidam com as estratégias de marketing de sua empresa. Quando não há esse tipo de preocupação, o investimento poderá ser semelhante a um mecenato, conforme já foi visto anteriormente. Grandes empresas brasileiras criam institutos e fundações para direcionar ou gerir os projetos culturais nos quais investem.

O **fruidor** é o público-alvo do produto ou serviço cultural. Do ponto de vista do investidor, ele inclui consumidores atuais, consumidores potenciais, consumidores ocasionais, fornecedores, distribuidores, funcionários, formadores de opinião e a comunidade local, desde que se enquadrem nas estratégias da empresa investidora.

Observa-se que, para o evento cultural ocorrer, diversos agentes com ações distintas deverão assumir suas responsabilidades.

Além dos agentes envolvidos, o processo de marketing cultural deverá considerar o projeto em sua totalidade, com todas as etapas que o compõe: elaboração e apresentação, seleção, gestão e avaliação.

Elaboração e apresentação de projetos culturais

A apresentação de projetos culturais para fins de captação de recursos deverá conter alguns itens básicos, como mostra o Quadro 5.1, a seguir, que são necessários para avaliar e analisar sua viabilidade e também para apurar seu potencial do ponto de vista do investidor.

Estratégias de Diferenciação

Quadro 5.1 Sugestões para a elaboração de um projeto cultural.

Título do projeto	
Objetivo do projeto	
Descritivo do produto ou serviço cultural	
Público-alvo	
Currículo e portfólio do artista ou autor	
Dados sobre a equipe realizadora (caso haja)	
Cronograma de atividades	
Plano de divulgação	
Valor do investimento	

Além dos itens propostos, o projeto poderá apresentar outros tópicos capazes de facilitar a tomada de decisão do investidor.

Seleção de projetos culturais

Quando uma empresa decidir investir em marketing cultural, deverá selecionar os projetos mais indicados para que seus objetivos sejam atingidos. Por isso, os responsáveis por essa seleção deverão fazer uma análise objetiva do que o projeto oferece.

Para facilitar o processo de seleção e análise de projetos culturais, pode-se elaborar um *checklist* com perguntas relacionadas a cada objetivo do marketing cultural a ser atingidos. O formulário para o *checklist* poderá ser elaborado de acordo com as recomendações e critérios de cada empresa. A seguir, será apresentado um exemplo desse *checklist* em função dos objetivos de marketing cultural propostos por Reis (2000).

Quadro 5.2 *Checklist* para a seleção de projetos culturais.

Objetivo de Marketing Cultural	*Checklist*
1. Criar uma comunicação direta com o público-alvo.	1. Qual é o público que este projeto realmente pode atingir, em termos de perfil demográfico (idade, sexo, estado civil, localização geográfica, nível socioeconômico), psicográfico (estilo de vida, personalidade, preferências pessoais) e atitudinal (postura diante de temas sociais, engajamento político etc.)?
	2. Qual é a expectativa de público ou a amplitude de alcance do projeto para o público-alvo?
	3. O que a concorrência e o mercado, de forma geral, têm feito, e o que provavelmente estarão fazendo na época da realização do projeto?
	4. Para qual época do ano ou dia da semana a realização do projeto está programada? Qual a concorrência de audiência esperada para esse período?
	5. A linguagem e o tema apresentados podem ter receptividade negativa?
	6. O tema e o projeto são originais?

(continua...)

Estratégias de Diferenciação

Quadro 5.2 *Checklist* para a seleção de projetos culturais. *(continuação)*

Objetivo de Marketing Cultural	*Checklist*
2. Atrair, manter e treinar funcionários.	1. Qual é a possibilidade de atingir um celeiro de potenciais funcionários qualificados?
	2. Quantos funcionários o projeto deve atingir? Como se dividem, por área administrativa, esses funcionários?
	3. Como se daria o envolvimento dos funcionários?
	4. Quais são as possibilidades de treinamento interno que o projeto oferece? Quais as habilidades e competências que ele estaria estimulando?
	5. O projeto prevê melhoria do ambiente de trabalho e da qualidade de vida interna?
	6. Qual seria o envolvimento da empresa com o time de funcionários?
	7. Como se pretende reforçar os laços entre empresa e funcionários? Quais os canais de promoção de lealdade são oferecidos pelo projeto?

(continua...)

Quadro 5.2 *Checklist* para a seleção de projetos culturais. *(continuação)*

Objetivo de Marketing Cultural	*Checklist*
3. Estabelecer relações duradouras com a comunidade.	1. Qual parcela da comunidade o programa vai potencialmente atingir, e de que forma?
	2. O projeto tem flexibilidade para ser reformulado, conforme a participação e as sugestões da comunidade?
	3. O programa permite reedições em longo prazo?
	4. Qual é a contribuição social que o projeto trará à comunidade, mesmo após seu encerramento?
	5. O projeto será franqueado ao público ou prevê cobrança para sua participação?
	6. Quão integrado às necessidades e aos valores da comunidade o projeto está?
	7. O projeto prevê a articulação com órgãos públicos e instituições sem fins lucrativos voltadas ao desenvolvimento da comunidade?
	8. As atividades desenvolvidas pelas diferentes ferramentas são coerentes ao longo do tempo? Qual é o orçamento final do projeto, contemplando todo o composto de comunicação?

(continua...)

Estratégias de Diferenciação

Quadro 5.2 *Checklist* para a seleção de projetos culturais. *(continuação)*

Objetivo de Marketing Cultural	*Checklist*
4. Reforçar ou aprimorar a imagem corporativa ou de marca.	1. Quão compatível o projeto é com a imagem atual da empresa? É essa a imagem que lhe interessa manter? Se não, o projeto é coerente com a imagem que pretende ter no futuro, contribuindo para essa transição?
	2. Qual é o grau de adequação do projeto ao comportamento da empresa e ao que seus produtos ou serviços oferecem?
	3. A linha de atuação do projeto já é livremente associada a alguma outra empresa, concorrente ou não?
	4. Há flexibilidade para uma repetição periódica do projeto?
	5. Qual é o grau de aderência do projeto à atividade da empresa?
	6. Há margem para organizar patrocínios cruzados, como de atividades socioculturais, educacionais, ambientais, científicas ou esportivas associadas à proposta cultural do projeto?
	7. As atividades desenvolvidas pelas diferentes ferramentas são coerentes ao longo do tempo? Qual é o orçamento final do projeto, contemplando todo o composto de comunicação?

(continua...)

Quadro 5.2 Checklist para a seleção de projetos culturais. *(continuação)*

Objetivo de Marketing Cultural	*Checklist*
5. Manter ou incrementar o conhecimento da marca ou da empresa.	1. Qual é o potencial de impacto de mídia para este projeto?
	2. Por quanto tempo o evento contará com divulgação na mídia?
	3. Quantos patrocinadores participarão e qual é o espaço franqueado a cada um? De que forma o projeto será divulgado? Em quais meios e regiões?
	4. Alguma outra empresa é fortemente associada ao tipo de atividade cultural proposto?
	5. O projeto prevê a divulgação por distintas formas de comunicação?
	6. O projeto é abrangente o suficiente para contemplar diferentes subprojetos, caso a empresa pretenda investir um orçamento significativo de forma focada?
	7. Há margem para organizar patrocínios cruzados, como de atividades socioculturais, educacionais, ambientais, científicas ou esportivas associadas à proposta cultural do projeto?
	8. As atividades desenvolvidas pelas diferentes ferramentas são coerentes ao longo do tempo? Qual é o orçamento final do projeto, contemplando todo o composto de comunicação?

(continua...)

Quadro 5.2 *Checklist* para a seleção de projetos culturais. *(continuação)*

Objetivo de Marketing Cultural	*Checklist*
6. Potencializar o composto de comunicação da marca.	1. O projeto gera sinergia com a campanha publicitária? Permite o desenvolvimento de uma campanha específica?
	2. Qual é a verba de divulgação prevista para o projeto?
	3. O projeto contribui para atingir os objetivos da estratégia de relações públicas? Dá margem à divulgação de impacto aos públicos-alvo?
	4. Há flexibilidade para implementar promoções associadas? Como poderiam ser geradas as atividades promocionais que reforçassem a mensagem do patrocínio e a associação do projeto ao nome da empresa?
	5. O projeto permite o desdobramento em produtos intimamente relacionados a ele?
	6. O projeto terá a participação pessoal de personalidades relacionadas ao tema proposto?
	7. O projeto prevê alguma articulação com atividades de marketing direto?
	8. Há margem para organizar patrocínios cruzados, como de atividades socioculturais, educacionais, ambientais, científicas ou esportivas associadas à proposta cultural do projeto?
	9. As atividades desenvolvidas pelas diferentes ferramentas são coerentes ao longo do tempo? Qual é o orçamento final do projeto, contemplando todo o composto de comunicação?

Fonte: Adaptado de Reis, 2000.

Capítulo 5 ■ Marketing Cultural: Princípios e Práticas

A análise e seleção de projetos culturais também deverão considerar outros aspectos, como: profissionalismo de quem desenvolverá o projeto cultural e a respectiva experiência nessa área; número de profissionais envolvidos no planejamento, execução, implantação e avaliação do projeto; custos associados ao projeto em função do objetivo que a empresa pretende atingir.

Gestão de projetos culturais

A gestão adequada de projetos culturais depende do desenvolvimento de uma boa gestão administrativa por parte dos produtores. A análise e o controle dos processos são fundamentais tanto para o êxito do projeto quanto para o retorno obtido nele pelo investidor, principalmente se esse investidor se beneficiou de Leis de Incentivo Fiscal.

Desde o início, é importante que se faça relatórios sobre:

a) o progresso das atividades;
b) os perfis dos públicos;
c) as listas de convidados;
d) a recepção;
e) a cópia de material promocional;
f) os *clippings* e exposição na mídia; e
g) a finalização do projeto.

Avaliação dos resultados

A avaliação dos resultados que uma empresa pode obter com base no investimento em marketing cultural não conta ainda com ferramentas específicas, capazes de traduzir com fidedignidade os retornos financeiros e socioculturais que a empresa obteve.

Mas, dado o caráter de investimento do marketing cultural e não de simples despesa, é importante registrar quais os retornos implícitos e explícitos que foram obtidos. Por isso, as principais ferramentas de análise empregadas para avaliar esse tipo de retorno são as pesquisas de mercado em suas formas básicas: qualitativa e quantitativa.

Por meio da pesquisa qualitativa, é possível entender o que o entrevistado achou sobre determinado projeto, os motivos de sua análise, o como ele se sente em relação a empresas que prestigiam cultura e demais perguntas pertinentes ao investidor.

Com a pesquisa quantitativa, é possível avaliar o evento, como o número de participantes, e a quantidade de inserções sobre o projeto em mídias, como jornais, televisão, revistas especializadas, rádio e demais veículos de comunicação.

Para que a avaliação seja o mais efetiva possível, sugere-se a aplicação dos dois tipos de pesquisa, qualitativa e quantitativa, antes do início do projeto, durante a execução e após a concretização. O cruzamento desses dados permitirá uma avaliação mais precisa, para fins de análise dos objetivos que foram atingidos, bem como para que sejam adotadas as melhores decisões nos futuros investimentos em projetos culturais.

Conclusão

O marketing cultural é uma ferramenta que apresenta bons resultados se for aplicado pelos investidores por meio de objetivos definidos com clareza e precisão.

Cada projeto cultural apresenta especificações próprias, o que o torna único. A possibilidade de ter uma marca, um produto ou um serviço vinculado a algo exclusivo e com grande penetração no público-alvo é o que torna o marketing cultural uma ferramenta que vale a pena ser explorada.

Para que essa ferramenta seja utilizada de forma plena, não basta, porém, que o projeto cultural seja adequado ou bem selecionado. É necessário que ele tenha uma gestão eficiente, que seja avaliado de maneira consistente e capaz de indicar novos direcionamentos para projetos culturais e também para investimentos.

Bibliografia

ADORNO. In: COHN, G. (Org.). **Theodor W. Adorno** São Paulo: Atica, 1986.

BENJAMIN, Walter. **Obras escolhidas** — magia e técnica, arte e política. São Paulo: Brasiliense, 1994.

BRANT, Leonardo. **Mercado cultural**: panorama crítico e guia prático para gestão e captação de recursos. São Paulo: Escrituras, 2004.

COSTA, Ivan Freitas da. **Marketing cultural, o patrocínio de atividades culturais como ferramenta de construção da marca**. São Paulo: Atlas, 2004.

ECO, Umberto. **Apocalípticos e integrados**. São Paulo: Perspectiva, 2001.

FISHER, Micky. **Marketing Cultural**. São Paulo: Global, 2002.

LIMA, Luiz Costa. **Teoria da cultura de massa**. Rio de Janeiro: Paz e Terra, 2002.

MARCUSE. In: LIMA, L. C. (Org.). **Teoria da cultura de massa**. Rio de Janeiro. Paz e Terra, 2002.

MORIN, Edgar. **Cultura de massa no século XX** — o espírito do tempo. São Paulo: Forense, 1969.

REIS, Ana Carla Fonseca. **Marketing cultural e financiamento da cultura**. São Paulo: Pioneira Thomson Learning, 2003.

Oliveira, Viana. **Instituições políticas brasileiras**. Rio de Janeiro: José Olímpio, 1955.

Webgrafia

Arbeitskreis Kultursponsoring: www.aks-online.org
Arts: www.arts.org
Association Française d'Action Artistique: www.afaa.asso.fr
Association pour de Développement du Mécénat Industriel et Commercial: www.admical.org
Banlieues d'Europe: www.banlieues-europe.com
BN: www.bn.br/
BRASIL, Lei Rouanet: www.cultura.gov.br
Business Committee for the Arts: www.bcainc.org
Business for Social Responsibility: www.bsr.org ee
Casa de Rui Barbosa: www.casaruibarbosa...gov.br
La Comédie-Française: www.comedie-francaise.fr
Ministério da Cultura: www.cultura.gov.br
Cultural Policies: www.culturalpolicies.net
Deutscher Kulturrat: www.kulturrat.de
Econsumer: www.econsumer.gov
Eli Lilly and CO. Foundation: www.lilly.com/products/access/foundation

Fondation de France: www.fdf.org
Ford Foundation: www.fordfound.org
The Foundation Center: www.fdncenter.org
Funarte: www.funarte.gov.br
Fundação João Pinheiro: www.fjp.gov.br
Kultusminister Konferenz: www.kmk.org
Kulturstiftung der Länder: www.kulturstiftung.de
Kunstfonds: www.kunstfonds.de
Ministère de la Culture et de la Communication: www.culture.fr
Nasaa - arts: www.nasaa-arts.org
NGA: www.nga.org
Comité Européen pour le Rapprochemet de l'Économie et de la Culture: www.cerec-network.org
Fundação Cultural Palmares: www.palmares.gov.br
Smithsonian Institution: www.si.edu
Knight Foundation: www.knightfdn.org
Unesco: www.unesco.org

Anexo A

Lei Rouanet:
nº 8.313, de 23/12/91

O Presidente da República,

Faço saber que o Congresso Nacional decreta e eu sanciono a seguinte Lei:

Capítulo I

Disposições Preliminares

Art. 1º Fica instituído o Programa Nacional de Apoio à Cultura – PRONAC, com a finalidade de captar e canalizar recursos para o setor de modo a:

I - contribuir para facilitar, a todos, os meios para o livre acesso às fontes da cultura e o pleno exercício dos direitos culturais;

II - promover e estimular a regionalização da produção cultural e artística brasileira, com valorização de recursos humanos e conteúdos locais;

III - apoiar, valorizar e difundir o conjunto das manifestações culturais e seus respectivos criadores;

IV - proteger as expressões culturais dos grupos formadores da sociedade brasileira e responsáveis pelo pluralismo da cultura nacional;

V - salvaguardar a sobrevivência e o florescimento dos modos de criar, fazer e viver da sociedade brasileira;

VI - preservar os bens materiais e imateriais do patrimônio cultural e histórico brasileiro;

VII - desenvolver a consciência internacional e o respeito aos valores culturais de outros povos ou nações;

VIII - estimular a produção e difusão de bens culturais, de valor universal, formadores e informadores de conhecimento, cultura e memória;

IX - priorizar o produto cultural originário do País.

Anexo A — Lei Rouanet: nº 8.313, de 23/12/91

Art. 2º O PRONAC será implementado através dos seguintes mecanismos:

I - Fundo Nacional da Cultura - FNC;

II - Fundos de Investimento Cultural e Artístico - FICART;

III - Incentivo a projetos culturais.

Parágrafo Único. Os incentivos criados pela presente Lei somente serão concedidos a projetos culturais que visem a exibição, utilização e circulação públicas dos bens culturais deles resultantes, vedada a concessão de incentivo a obras, produtos, eventos ou outros decorrentes, destinados ou circunscritos a circuitos privados ou a coleções particulares.

Art. 3º Para cumprimento das finalidades expressas no artigo 1º desta Lei, os projetos culturais em cujo favor serão captados e canalizados os recursos do PRONAC atenderão, pelo menos, a um dos seguintes objetivos:

I - Incentivo à formação artística e cultural, mediante:

a) concessão de bolsas de estudo, pesquisa e trabalho, no Brasil ou no exterior, a autores, artistas e técnicos brasileiros ou estrangeiros residentes no Brasil;

b) concessão de prêmios a criadores, autores, artistas, técnicos e suas obras, filmes, espetáculos musicais e de artes cênicas em concursos e festivais realizados no Brasil;

c) instalação e manutenção de cursos de caráter cultural ou artístico, destinados à formação, especialização e aperfeiçoamento de pessoal da área da cultura, em estabelecimentos de ensino sem fins lucrativos.

II - Fomento à produção cultural e artística, mediante:

a) produção de discos, vídeos, filmes e outras formas de reprodução fonovideográfica de caráter cultural;

b) edição de obras relativas às ciências humanas, às letras e às artes;

c) realização de exposições, festivais de arte, espetáculos de artes cênicas, de música e de folclore;

d) cobertura de despesas com transporte e seguro de objetos de valor cultural destinados a exposições públicas no País e no exterior;

e) realização de exposições, festivais de arte e espetáculos de artes cênicas ou congêneres.

III - Preservação e difusão do patrimônio artístico, cultural e histórico, mediante:

a) construção, formação, organização, manutenção, ampliação e equipamento de museus, bibliotecas, arquivos e outras organizações culturais, bem como de suas coleções e acervos;

b) conservação e restauração de prédios, monumentos, logradouros, sítios e demais espaços, inclusive naturais, tombados pelos Poderes Públicos;

c) restauração de obras de arte e bens móveis e imóveis de reconhecido valor cultural;

d) proteção do folclore, do artesanato e das tradições populares nacionais.

IV - Estímulo ao conhecimento dos bens e valores culturais, mediante:

a) distribuição gratuita e pública de ingressos para espetáculos culturais e artísticos;

b) levantamentos, estudos e pesquisas na área da cultura e da arte e de seus vários segmentos;

c) fornecimento de recursos para o FNC e para as fundações culturais com fins específicos ou para museus, bibliotecas, arquivos ou outras entidades de caráter cultural.

V - Apoio a outras atividades culturais e artísticas, mediante:

a) realização de missões culturais no País e no exterior, inclusive através do fornecimento de passagens;

b) contratação de serviços para elaboração de projetos culturais;

c) ações não previstas nos incisos anteriores e consideradas relevantes pelo Ministro de Estado da Cultura, consultada a Comissão Nacional de Apoio à Cultura.

CAPÍTULO 2
Do Fundo Nacional da Cultura – FNC

Art. 4º Fica ratificado o Fundo de Promoção Cultural, criado pela Lei nº 7.5055, de 2 de julho de 1986, que passará a denominar-se Fundo Nacional da Cultura – FNC, com o objetivo de captar e destinar recursos para projetos culturais compatíveis com as finalidades do PRONAC e de:

I - estimular a distribuição regional eqüitativa dos recursos a serem aplicados na execução de projetos culturais e artísticos;

II - favorecer a visão interestadual, estimulando projetos que explorem propostas culturais conjuntas, de enfoque regional;

III - apoiar projetos dotados de conteúdo cultural que enfatizem o aperfeiçoamento profissional e artístico dos recursos humanos na área da cultura, a criatividade e a diversidade cultural brasileira;

IV - contribuir para a preservação e proteção do patrimônio cultural e histórico brasileiro;

V - favorecer projetos que atendam às necessidades da produção cultural e aos interesses da coletividade, aí considerados os níveis qualitativos e quantitativos de atendimentos às demandas culturais existentes, o caráter multiplicador dos projetos através de seus aspectos socioculturais e a priorização de projetos em áreas artísticas e culturais com menos possibilidade de desenvolvimento com recursos próprios.

§ 1º O FNC será administrado pelo Ministério da Cultura e gerido por seu titular, para cumprimento do Programa de Trabalho Anual, segundo os princípios estabelecidos nos artigos 1º e 3º.

§ 2° Os recursos do FNC somente serão aplicados em projetos culturais após aprovados, com parecer do órgão técnico competente, pelo Ministro de Estado da Cultura.

§ 3° Os projetos aprovados serão acompanhados e avaliados tecnicamente pelas entidades supervisionadas, cabendo a execução financeira à SEC/PR.

§ 4° Sempre que necessário, as entidades supervisionadas utilizarão peritos para análise e parecer sobre os projetos, permitida a indenização de despesas com o deslocamento, quando houver, e respectivos "pró-labore" e ajuda de custos, conforme ficar definido no regulamento.

§ 5° O Secretário da Cultura da Presidência da República designará a unidade da estrutura básica da SEC/PR que funcionará como secretaria executiva do FNC.

§ 6° Os recursos do FNC não poderão ser utilizados para despesas de manutenção administrativa do Ministério da Cultura, exceto para a aquisição ou locação de equipamentos e bens necessários ao cumprimento das finalidades do Fundo.

§ 7° Ao término do projeto, a SEC/PR efetuará uma avaliação final de forma a verificar a fiel aplicação dos recursos, observando as normas e procedimentos a serem definidos no regulamento desta Lei, bem como a legislação em vigor.

§ 8° As instituições públicas ou privadas recebedoras de recursos do FNC e executoras de projetos culturais, cuja avaliação final não for aprovada pela SEC/PR, nos termos do parágrafo anterior, ficarão inabilitadas pelo prazo de três anos ao recebimento de novos recursos, ou enquanto a SEC/PR não proceder a reavaliação do parecer inicial.

Art. 5° O FNC é um fundo de natureza contábil, com prazo indeterminado de duração, que funcionará sob as formas de apoio a fundo perdido ou de empréstimos reembolsáveis, conforme estabelecer o regulamento, e constituído dos seguintes recursos:

I - recursos do Tesouro Nacional;

II - doações, nos termos da legislação vigente;

Anexo A — Lei Rouanet: nº 8.313, de 23/12/91

III - legados;

IV - subvenções e auxílios de entidades de qualquer natureza, inclusive de organismos internacionais;

V - saldos não utilizados na execução dos projetos a que se referem o Capítulo IV e o presente Capítulo desta Lei;

VI - devolução de recursos de projetos previstos no Capítulo IV e no presente Capítulo desta Lei, e não iniciados ou interrompidos, com ou sem justa causa;

VII - um por cento da arrecadação dos Fundos de Investimentos Regionais a que se refere a Lei nº 8.1679, de 16 de janeiro de 1991, obedecida na aplicação a respectiva origem geográfica regional;

VIII - três por cento da arrecadação bruta dos concursos de prognósticos e loterias federais e similares cuja realização estiver sujeita a autorização federal, deduzindo-se este valor do montante destinado aos prêmios;

IX - reembolso das operações de empréstimos realizadas através do Fundo, a título de financiamento reembolsável, observados os critérios de remuneração que, no mínimo, lhes preserve o valor real;

X - resultado das aplicações em títulos públicos federais, obedecida a legislação vigente sobre a matéria;

XI - conversão da dívida externa com entidades e órgãos estrangeiros, unicamente mediante doações, no limite a ser fixado pelo Ministério da Economia, Fazenda e Planejamento, observadas as normas e procedimentos do Banco Central do Brasil;

XII - saldo de exercícios anteriores;

XIII - recursos de outras fontes.

Art. 6º O FNC financiará até oitenta por cento do custo total de cada projeto, mediante comprovação, por parte do proponente, ainda que pessoa jurídica de direito público, da circunstância de dispor do montante remanescente ou estar habilitado à obtenção do respectivo financiamento, através de outra fonte devidamente identificada, exceto quanto aos recursos com destinação especificada na origem.

§ 1º (vetado).

§ 2º Poderão ser considerados, para efeito de totalização do valor restante, bens e serviços oferecidos pelo proponente para implementação do projeto, a serem devidamente avaliados pela SEC/PR.

Art. 7º A SEC/PR estimulará, através do FNC, a composição, por parte de instituições financeiras, de carteiras para financiamento de projetos culturais, que levem em conta o caráter social da iniciativa, mediante critérios, normas, garantias e taxas de juros especiais a serem aprovados pelo Banco Central do Brasil.

Capítulo 3

Dos Fundos de Investimento Cultural e Artístico — FICART

Art. 8º Fica autorizada a constituição de Fundos de Investimento Cultural e Artístico - FICART, sob a forma de condomínio, sem personalidade jurídica, caracterizando comunhão de recursos destinados à aplicação em projetos culturais e artísticos.

Art. 9º São considerados projetos culturais e artísticos, para fins de aplicação de recursos do FICART, além de outros que venham a ser declarados pelo Ministério da Cultura:

I - a produção comercial de instrumentos musicais, bem como de discos, fitas, vídeos, filmes e outras formas de reprodução fonovideográficas;

II - a produção comercial de espetáculos teatrais, de dança, música, canto, circo e demais atividades congêneres;

III - a edição comercial de obras relativas às ciências, às letras e às artes, bem como de obras de referência e outras de cunho cultural;

IV - construção, restauração, reparação ou equipamento de salas e outros ambientes destinados a atividades com objetivos culturais, de propriedade de entidades com fins lucrativos;

V - outras atividades comerciais ou industriais, de interesse cultural, assim consideradas pelo Ministério da Cultura.

Art. 10. Compete à Comissão de Valores Mobiliários, ouvida a SEC/PR, disciplinar a constituição, o funcionamento e a administração dos FICART, observadas as disposições desta Lei e as normas gerais aplicáveis aos fundos de investimento.

Art. 11. As quotas dos FICART, emitidas sempre sob a forma nominativa ou escritural, constituem valores mobiliários sujeitos ao regime da Lei n° 6.38516, de 7 de dezembro de 1976.

Art. 12. O titular das quotas de FICART:

I - não poderá exercer qualquer direito real sobre os bens e direitos integrantes do Patrimônio do Fundo;

II - não responde pessoalmente por qualquer obrigação legal ou contratual, relativamente aos empreendimentos do Fundo ou da instituição administradora, salvo quanto à obrigação de pagamento do valor integral das quotas subscritas.

Art. 13. À instituição administradora de FICART compete:

I - representá-lo ativa e passivamente, judicial e extrajudicialmente;

II - responder pessoalmente pela evicção de direito, na eventualidade da liquidação deste.

Art. 14. Os rendimentos e ganhos de capital auferidos pelos FICART ficam isentos do Imposto sobre Operações de Crédito, Câmbio e Seguro, assim como do Imposto sobre a Renda e Proventos de Qualquer Natureza.

Art. 15. Os rendimentos e ganhos de capital distribuídos pelos FICART, sob qualquer forma, sujeitam-se à incidência do Imposto sobre a Renda na fonte à alíquota de vinte e cinco por cento.

Parágrafo Único. Ficam excluídos da incidência na fonte de que trata este artigo, os rendimentos distribuídos a beneficiário pessoa jurídica tributada com base no lucro real, os quais deverão ser computados na declaração anual de rendimentos.

Art. 16. Os ganhos de capital auferidos por pessoas físicas ou jurídicas não tributadas com base no lucro real, inclusive isentas, decorrentes da alienação ou resgate de quotas dos FICART, sujeitam-se à incidência do Imposto sobre a Renda, à mesma alíquota prevista para a tributação de rendimentos obtidos na alienação ou resgate de quotas de Fundos Mútuos de Ações.

§ 1º Consideram-se ganho de capital a diferença positiva entre o valor de cessão ou regaste da quota e o custo médio atualizado da aplicação, observadas as datas de aplicação, resgate ou cessão, nos termos da legislação pertinente.

§ 2º O ganho de capital será apurado em relação a cada resgate ou cessão, sendo permitida a compensação do prejuízo havido em uma operação com o lucro obtido em outra, da mesma ou diferente espécie, desde que de renda variável, dentro do mesmo exercício fiscal.

§ 3º O imposto será pago até o último dia útil da primeira quinzena do mês subseqüente àquele em que o ganho de capital foi auferido.

§ 4º Os rendimentos e ganhos de capital a que se referem o "caput" deste artigo e o artigo anterior, quando auferidos por investidores residentes ou domiciliados no exterior, sujeitam-se à tributação pelo Imposto sobre a Renda, nos termos da legislação aplicável a esta classe de contribuinte.

Art. 17. O tratamento fiscal previsto nos artigos precedentes somente incide sobre os rendimentos decorrentes de aplicações em FICART que atendam a todos os requisitos previstos na presente Lei e na respectiva regulamentação a ser baixada pela Comissão de Valores Mobiliários.

Parágrafo Único. Os rendimentos e ganhos de capital auferidos por FICART, que deixem de atender os requisitos específicos desse tipo de Fundo, sujeitar-se-ão à tributação prevista no artigo 4321 da Lei nº 7.713, de 22 de dezembro de 1988.

Anexo A ▪ Lei Rouanet: nº 8.313, de 23/12/91

CAPÍTULO 4

Do Incentivo a Projetos Culturais

Art. 18. Com o objetivo de incentivar as atividades culturais, a União facultará às pessoas físicas ou jurídicas a opção pela aplicação de parcelas do Imposto sobre a Renda, a título de doações ou patrocínios, tanto no apoio direto a projetos culturais apresentados por pessoas físicas ou por pessoas jurídicas de natureza cultural, como através de contribuições ao FNC, nos termos do artigo 5°, inciso II desta Lei, desde que os projetos atendam aos critérios estabelecidos no artigo 1° desta Lei.

§ 1° Os contribuintes poderão deduzir do imposto de renda devido as quantias efetivamente despendidas nos projetos elencados no § 3°, previamente aprovados pelo Ministério da Cultura, nos limites e condições estabelecidos na legislação do imposto de renda vigente, na forma de:

a) doações; e,

b) patrocínios.

§ 2° As pessoas jurídicas tributadas com base no lucro real não poderão deduzir o valor da doação e/ou do patrocínio como despesa operacional.

§ 3° As doações e os patrocínios na produção cultural, a que se refere o § 1°, atenderão exclusivamente os seguintes segmentos:

a) artes cênicas;

b) livros de valor artístico, literário ou humanístico;

c) música erudita ou instrumental;

d) circulação de exposições de artes visuais;

e) doações de acervos para bibliotecas públicas, museus, arquivos públicos e cinematecas, bem como treinamento de pessoal e aquisição de equipamentos para a manutenção desses acervos;

f) produção de obras cinematográficas e videofonográficas de curta e média metragem e preservação e difusão do acervo audiovisual;

g) preservação do patrimônio cultural material e imaterial.

Art. 19. Os projetos culturais previstos nesta Lei serão apresentados ao Ministério da Cultura, ou a quem este delegar atribuição, acompanhados do orçamento analítico, para aprovação de seu enquadramento nos objetivos do PRONAC.

§ 1º O proponente será notificado dos motivos da decisão que não tenha aprovado o projeto, no prazo máximo de cinco dias.

§ 2º Da notificação a que se refere o parágrafo anterior, caberá pedido de reconsideração ao Ministro de Estado da Cultura, a ser decidido no prazo de sessenta dias.

§ 3º (vetado).

§ 4º (vetado).

§ 5º (vetado).

§ 6º A aprovação somente terá eficácia após publicação de ato oficial contendo o título do projeto aprovado e a instituição por ele responsável, o valor autorizado para obtenção de doação ou patrocínio e o prazo de validade da autorização.

§ 7º O Ministério da Cultura publicará anualmente, até 28 de fevereiro, o montante dos recursos autorizados pelo Ministério da Fazenda para a renúncia fiscal no exercício anterior, devidamente discriminados por beneficiário.

§ 8º Para a aprovação dos projetos será observado o princípio da não-concentração por segmento e por beneficiário, a ser aferido pelo montante de recursos, pela quantidade de projetos, pela respectiva capacidade executiva e pela disponibilidade do valor absoluto anual de renúncia fiscal.

Art. 20. Os projetos aprovados na forma do artigo anterior serão, durante a sua execução, acompanhados e avaliados pela SEC/PR ou por quem receber a delegação destas atribuições.

Anexo A — Lei Rouanet: nº 8.313, de 23/12/91

§ 1º A SEC/PR, após o término da execução dos projetos previstos neste artigo, deverá, no prazo de seis meses, fazer uma avaliação final da aplicação correta dos recursos recebidos, podendo inabilitar seus responsáveis pelo prazo de até três anos.

§ 2º Da decisão a que se refere o parágrafo anterior, caberá pedido de reconsideração ao Ministro do Estado da Cultura, a ser decidido no prazo de sessenta dias.

§ 3º O Tribunal de Contas da União incluirá em seu parecer prévio sobre as contas do Presidente da República análise relativa à avaliação de que trata este artigo.

Art. 21. As entidades incentivadoras e captadoras de que trata este Capítulo deverão comunicar, na forma que venha a ser estipulada pelo Ministério da Economia, Fazenda e Planejamento, e SEC/PR, os aportes financeiros realizados e recebidos, bem como as entidades captadoras efetuar a comprovação de sua aplicação.

Art. 22. Os projetos enquadrados nos objetivos desta Lei não poderão ser objeto de apreciação subjetiva quanto ao seu valor artístico ou cultural.

Art. 23. Para os fins desta Lei, considera-se:

I - (vetado).

II - patrocínio: a transferência de numerário, com finalidade promocional ou a cobertura pelo contribuinte do Imposto sobre a Renda e Proventos de Qualquer Natureza, de gastos ou a utilização de bem móvel ou imóvel do seu patrimônio, sem a transferência de domínio, para a realização, por outra pessoa física ou jurídica de atividade cultural com ou sem finalidade lucrativa prevista no artigo 3º desta Lei.

§ 1º Constitui infração a esta Lei o recebimento pelo patrocinador, de qualquer vantagem financeira ou material em decorrência do patrocínio que efetuar.

§ 2º As transferências definidas neste artigo não estão sujeitas ao recolhimento do Imposto sobre a Renda na Fonte.

Art. 24. Para os fins deste Capítulo, equiparam-se a doações, nos termos do regulamento:

I - distribuições gratuitas de ingressos para eventos de caráter artístico-cultural por pessoas jurídicas a seus empregados e dependentes legais;

II - despesas efetuadas por pessoas físicas ou jurídicas com o objetivo de conservar, preservar ou restaurar bens de sua propriedade ou sob sua posse legítima, tombados pelo Governo Federal, desde que atendidas as seguintes disposições:

a) preliminar definição, pelo Instituto Brasileiro do Patrimônio Cultural - IBPC35, das normas e critérios técnicos que deverão reger os projetos e orçamentos de que trata este inciso;

b) aprovação prévia, pelo IBPC, dos projetos e respectivos orçamentos de execução das obras;

c) posterior certificação, pelo referido órgão, das despesas efetivamente realizadas e das circunstâncias de terem sido as obras executadas de acordo com os projetos aprovados.

Art. 25. Os projetos a serem apresentados por pessoas físicas ou pessoas jurídicas, de natureza cultural para fins de incentivo, objetivarão desenvolver as formas de expressão, os modos de criar e fazer, os processos de preservação e proteção do patrimônio cultural brasileiro, e os estudos e métodos de interpretação da realidade cultural, bem como contribuir para propiciar meios, à população em geral, que permitam o conhecimento dos bens e valores artísticos e culturais, compreendendo entre outros, os seguintes segmentos:

I - teatro, dança, circo, ópera, mímica e congêneres;

II - produção cinematográfica, videográfica, fotográfica, discográfica e congêneres;

III - literatura, inclusive obras de referência;

IV - música;

V - artes plásticas, artes gráficas, gravuras, cartazes, filatelia e outras congêneres;

Anexo A — Lei Rouanet: nº 8.313, de 23/12/91

VI - folclore e artesanato;

VII - patrimônio cultural, inclusive histórico, arquitetônico, arqueológico, bibliotecas, museus, arquivos e demais acervos;

VIII - humanidades; e

IX - rádio e televisão, educativas e culturais, de caráter não-comercial.

Parágrafo Único. Os projetos culturais relacionados com os segmentos do inciso II deste artigo deverão beneficiar exclusivamente as produções independentes, bem como as produções culturais-educativas de caráter não-comercial, realizadas por empresas de rádio e televisão.

Art. 26. O doador ou patrocinador poderá deduzir do imposto devido na declaração do Imposto sobre a Renda os valores efetivamente contribuídos em favor de projetos culturais aprovados de acordo com os dispositivos desta Lei, tendo como base os seguintes percentuais:

I - no caso das pessoas físicas, oitenta por cento das doações e sessenta por cento dos patrocínios;

II - no caso das pessoas jurídicas tributadas com base no lucro real, quarenta por cento das doações e trinta por cento dos patrocínios.

§ 1º A pessoa jurídica tributada com base no lucro real poderá abater as doações e patrocínios como despesa operacional.

§ 2º O valor máximo das deduções de que trata o "caput" deste artigo será fixado anualmente pelo Presidente da República, com base em um percentual da renda tributável das pessoas físicas e do imposto devido por pessoas jurídicas tributadas com base no lucro real.

§ 3º Os benefícios de que trata este artigo não excluem ou reduzem outros benefícios, abatimentos e deduções em vigor, em especial as doações a entidades de utilidade pública efetuadas por pessoas físicas ou jurídicas.

§ 4º (vetado).

§ 5º O Poder Executivo estabelecerá mecanismo de preservação do valor real das contribuições em favor dos projetos culturais, relativamente a este Capítulo.

Art. 27. A doação ou o patrocínio não poderá ser efetuada a pessoa ou instituição vinculada ao agente.

§ 1º Consideram-se vinculados ao doador ou patrocinador:

a) a pessoa jurídica da qual o doador ou patrocinador seja titular, administrador, gerente, acionista ou sócio, na data da operação, ou nos doze meses anteriores;

b) o cônjuge, os parentes até terceiro grau, inclusive os afins, e os dependentes do doador ou patrocinador ou dos titulares, administradores, acionistas ou sócios de pessoa jurídica vinculada ao doador ou patrocinador, nos termos da alínea anterior;

c) outra pessoa jurídica da qual o doador ou patrocinador seja sócio.

§ 2º Não se consideram vinculadas as instituições culturais sem fins lucrativos, criadas pelo doador ou patrocinador, desde que devidamente constituídas e em funcionamento, na forma da legislação em vigor.

Art. 28. Nenhuma aplicação dos recursos previstos nesta Lei poderá ser feita através de qualquer tipo de intermediação.

Parágrafo Único. A contratação de serviços necessários à elaboração de projetos para a obtenção de doação, patrocínio ou investimento, bem como a captação de recursos ou a sua execução por pessoa jurídica de natureza cultural, não configura a intermediação referida neste artigo.

Art. 29. Os recursos provenientes de doações ou patrocínios deverão ser depositados e movimentados, em conta bancária específica, em nome do beneficiário, e a respectiva prestação de contas deverá ser feita nos termos do regulamento da presente Lei.

Parágrafo Único. Não serão consideradas, para fins de comprovação do incentivo, as contribuições em relação às quais não se observe esta determinação.

Art. 30. As infrações aos dispositivos deste Capítulo, sem prejuízo das sanções penais cabíveis, sujeitarão o doador ou patrocinador ao pagamento do valor atualizado do Imposto sobre a Renda devido em relação a cada exercício financeiro, além das penalidades e demais acréscimos previstos na legislação que rege a espécie.

§ 1º Para os efeitos deste artigo, considera-se solidariamente responsável por inadimplência ou irregularidade verificada a pessoa física ou jurídica propositora do projeto.

§ 2º A existência de pendências ou irregularidades na execução de projetos da proponente junto ao Ministério da Cultura suspenderá a análise ou concessão de novos incentivos, até a efetiva regularização.

§ 3º Sem prejuízo do parágrafo anterior, aplica-se, no que couber, cumulativamente, o disposto nos arts. 38 e seguintes desta Lei.

Capítulo 5

Das Disposições Gerais e Transitórias

Art. 31. Com a finalidade de garantir a participação comunitária, a representação de artistas e criadores no trato oficial dos assuntos da cultura e a organização nacional sistêmica da área, o Governo Federal estimulará a institucionalização de Conselhos de Cultura no Distrito Federal, nos Estados e nos Municípios.

Art. 32. Fica instituída a Comissão Nacional de Incentivo à Cultura - CNIC, com a seguinte composição:

I - Secretário da Cultura da Presidência da República;

II - os Presidentes das entidades supervisionadas pela SEC/PR;

III - o Presidente da entidade nacional que congregar os Secretários de Cultura das Unidades Federadas;

IV - um representante do empresariado brasileiro;

V - seis representantes de entidades associativas dos setores culturais e artísticos de âmbito nacional.

§ 1º A CNIC será presidida pela autoridade referida no inciso I deste artigo que, para fins de desempate, terá voto de qualidade.

§ 2º Os mandatos, a indicação e a escolha dos representantes a que se referem os incisos IV e V deste artigo, assim como a competência da CNIC, serão estipulados e definidos pelo regulamento desta Lei.

Art. 33. A SEC/PR, com a finalidade de estimular e valorizar a arte e a cultura, estabelecerá um sistema de premiação anual que reconheça as contribuições mais significativas para a área:

I - de artistas ou grupos de artistas brasileiros ou residentes no Brasil, pelo conjunto de sua obra ou por obras individuais;

II - de profissionais de área do patrimônio cultural;

III - de estudiosos e autores na interpretação crítica da cultura nacional, através de ensaios, estudos e pesquisas.

Art. 34. Fica instituída a Ordem do Mérito Cultural, cujo estatuto será aprovado por decreto do Poder Executivo, sendo que as distinções serão concedidas pelo Presidente da República, em ato solene, a pessoas que, por sua atuação profissional ou como incentivadoras das artes e da cultura, mereçam reconhecimento.

Art. 35. Os recursos destinados ao então Fundo de Promoção Cultural, nos termos do artigo 1º, § 6º, da Lei nº 7.505, de 2 de julho de 1986, serão recolhidos ao Tesouro Nacional para aplicação pelo FNC, observada a sua finalidade.

Art. 36. O Departamento da Receita Federal, do Ministério da Economia, Fazenda e Planejamento, no exercício de suas atribuições específicas, fiscalizará a efetiva execução desta Lei, no que se refere à aplicação de incentivos fiscais nela previstos.

Art. 37. O Poder Executivo a fim de atender o disposto no artigo 26, § 2º desta Lei, adequando-o às disposições da Lei de Diretrizes Orçamentárias, enviará, no prazo de trinta dias, Mensagem ao Congresso Nacional, estabelecendo o total da renúncia fiscal e correspondente cancelamento de despesas orçamentárias.

Art. 38. Na hipótese de dolo, fraude ou simulação, inclusive no caso de desvio de objeto, será aplicada, ao doador e ao beneficiário, a multa correspondente a duas vezes o valor da vantagem recebida indevidamente.

Art. 39. Constitui crime, punível com a reclusão de dois a seis meses e multa de vinte por cento do valor do projeto, qualquer discriminação de natureza política que atente contra a liberdade de expressão, de atividade intelectual e artística, de consciência ou crença, no andamento dos projetos a que se referem esta Lei.

Art. 40. Constitui crime, punível com reclusão de dois a seis meses e multa de vinte por cento do valor do projeto, obter redução do Imposto sobre a Renda utilizando-se fraudulentamente de qualquer benefício desta Lei.

§ 1º No caso de pessoa jurídica respondem pelo crime o acionista controlador e os administradores que para ele tenham concorrido.

§ 2º Na mesma pena incorre aquele que, recebendo recursos, bens ou valores em função desta Lei, deixe de promover, sem justa causa, atividade cultural objeto do incentivo.

Art. 41. O Poder Executivo, no prazo de sessenta dias, regulamentará a presente Lei.

Art. 42. Esta Lei entra em vigor na data de sua publicação.

Art. 43. Revogam-se as disposições em contrário.

FERNANDO COLLOR
Jarbas Passarinho

Anexo **B**

Lei
nº **9.874, de 23/11/99**

Faço saber que o Presidente da República adotou a seguinte Medida Provisória nº 1.871-27, de 1999, que o Congresso Nacional aprovou, e eu, Antonio Carlos Magalhães, Presidente, para os efeitos do disposto no parágrafo único do art. 62 da Constituição Federal, promulgo a seguinte Lei:

Art. 1º Os arts. 3º, 4º, 9º, 18, 19, 20, 25, 27, 28 e 30 da Lei nº 8.313, de 23 de dezembro de 1991, passam a vigorar com a seguinte redação:

"Art. 3º ....

....

V - ....

....

c) ações não previstas nos incisos anteriores e consideradas relevantes pelo Ministro de Estado da Cultura, consultada a Comissão Nacional de Apoio à Cultura." (NR)

"Art. 4º ....

....

§ 1º O FNC será administrado pelo Ministério da Cultura e gerido por seu titular, para cumprimento do Programa de Trabalho Anual, segundo os princípios estabelecidos nos artigos 1º e 3º.

§ 2º Os recursos do FNC somente serão aplicados em projetos culturais após aprovados, com parecer órgão técnico competente, pelo Ministro de Estado da Cultura.

....

§ 6º Os recursos do FNC não poderão ser utilizados para despesas de manutenção administrativa do Ministério da Cultura, exceto para a aquisição ou locação de equipamentos e bens necessários ao cumprimento das finalidades do Fundo.

...."

(NR)

"Art. 9º São considerados projetos culturais e artísticos, para fins de aplicação de recursos do FICART, além de outros que venham a ser declarados pelo Ministério da Cultura:

...."

V - outras atividades comerciais ou industriais, de interesse cultural, assim consideradas pelo Ministério da Cultura." (NR)

"Art. 18. Com o objetivo de incentivar as atividades culturais, a União facultará às pessoas físicas ou jurídicas a opção pela aplicação de parcelas do Imposto sobre a Renda, a título de doações ou patrocínios, tanto no apoio direto a projetos culturais apresentados por pessoas físicas ou por pessoas jurídicas de natureza cultural, como através de contribuições ao FNC, nos termos do artigo 5º, inciso II desta Lei, desde que os projetos atendam aos critérios estabelecidos no artigo 1º desta Lei.

§ 1º Os contribuintes poderão deduzir do imposto de renda devido as quantias efetivamente despendidas nos projetos elencados no § 3º, previamente aprovados pelo Ministério da Cultura, nos limites e condições estabelecidos na legislação do imposto de renda vigente, na forma de:

a) doações; e,

b) patrocínios.

§ 2º As pessoas jurídicas tributadas com base no lucro real não poderão deduzir o valor da doação e/ou do patrocínio como despesa operacional.

§ 3º As doações e os patrocínios na produção cultural, a que se refere o § 1º, atenderão exclusivamente os seguintes segmentos:

a) artes cênicas;

b) livros de valor artístico, literário ou humanístico;

c) música erudita ou instrumental;

d) circulação de exposições de artes plásticas;

e) doações de acervos para bibliotecas públicas e para museus." (NR)

"Art. 19. Os projetos culturais previstos nesta Lei serão apresentados ao Ministério da Cultura, ou a quem este delegar atribuição, acompanhados do orçamento analítico, para aprovação de seu enquadramento nos objetivos do PRONAC.

§ 1º O proponente será notificado dos motivos da decisão que não tenha aprovado o projeto, no prazo máximo de cinco dias.

§ 2º Da notificação a que se refere o parágrafo anterior, caberá pedido de reconsideração ao Ministro de Estado da Cultura, a ser decidido no prazo de sessenta dias.

....

§ 7º O Ministério da Cultura publicará anualmente, até 28 de fevereiro, o montante dos recursos autorizados pelo Ministério da Fazenda para a renúncia fiscal no exercício anterior, devidamente discriminados por beneficiário.

§ 8º Para a aprovação dos projetos será observado o princípio da não-concentração por segmento e por beneficiário, a ser aferido pelo montante de recursos, pela quantidade de projetos, pela respectiva capacidade executiva e pela disponibilidade do valor absoluto anual de renúncia fiscal." (NR)

"Art. 20. ....

....

§ 2º Da decisão a que se refere o parágrafo anterior, caberá pedido de reconsideração ao Ministro do Estado da Cultura, a ser decidido no prazo de sessenta dias.

...."

(NR)

"Art. 25. ....

....

Parágrafo Único. Os projetos culturais relacionados com os segmentos do inciso II deste artigo deverão beneficiar exclusivamente as produções independentes, bem como as produções culturais-educativas de caráter não-comercial, realizadas por empresas de rádio e televisão." (NR)

"Art. 27. ....

....

§ 2º Não se consideram vinculadas as instituições culturais sem fins lucrativos, criadas pelo doador ou patrocinador, desde que devidamente constituídas e em funcionamento, na forma da legislação em vigor." (NR)

"Art. 28. ....

Parágrafo Único. A contratação de serviços necessários à elaboração de projetos para a obtenção de doação, patrocínio ou investimento, bem como a captação de recursos ou a sua execução por pessoa jurídica de natureza cultural, não configura a intermediação referida neste artigo." (NR)

"Art. 30. ....

§ 1º Para os efeitos deste artigo, considera-se solidariamente responsável por inadimplência ou irregularidade verificada a pessoa física ou jurídica propositora do projeto.

§ 2º A existência de pendências ou irregularidades na execução de projetos da proponente junto ao Ministério da Cultura suspenderá a análise ou concessão de novos incentivos, até a efetiva regularização.

§ 3º Sem prejuízo do parágrafo anterior, aplica-se, no que couber, cumulativamente, o disposto nos arts. 38 e seguintes desta Lei". (NR)

Art. 2º Ficam convalidados os atos praticados com base na Medida Provisória nº 1.871-26, de 24 de setembro de 1999.

Art. 3º Esta Lei entra em vigor na data de sua publicação.

Senador
ANTONIO CARLOS MAGALHÃES
Presidente